RÊVERIES DU PROMENEUR SOLITAIRE

Paru dans Le Livre de Poche :

CONFESSIONS
(2 volumes)

DISCOURS SUR L'ORIGINE ET LES FONDEMENTS
DE L'INÉGALITÉ PARMI LES HOMMES

DU CONTRAT SOCIAL

Collection dirigée par Michel Zink et Michel Jarrety

JEAN-JACQUES ROUSSEAU

Rêveries
du
promeneur solitaire

ÉDITION PRÉSENTÉE ET ANNOTÉE PAR MICHÈLE CROGIEZ

LE LIVRE DE POCHE
classique

Professeur de littérature française à l'Université de Berne, Michèle Crogiez a consacré deux livres à Rousseau : *Solitude et méditation. Essai sur* Les Rêveries *de Rousseau*, et *Rousseau et le paradoxe* (Champion, 1997). Elle a également participé à l'édition des *Confessions* dans Le Livre de Poche classique.

© Librairie Générale Française 2001 pour la présente édition.

ISBN : 2-253-16099-7- 1re publication - LGF
ISBN : 978-2-253-16099-1- 1re publication - LGF

INTRODUCTION

> « Mes maux sont l'ouvrage de
> la nature, mais mon bonheur est le
> mien. »
> *Troisième Lettre à Malesherbes.*

Est-il bien sérieux pour un philosophe de se mettre à rêver ? Cet état de rêverie, remarquable par la force des sensations qu'il apporte, a été jugé assez puissant par Rousseau pour mériter d'intituler sa dernière œuvre, qu'il a rédigée lentement, une centaine de pages de l'automne de 1776 au printemps de 1778, réparties en unités auxquelles il donne le nom inusité de *Promenades*. Œuvre ultime d'un homme qui déclare avoir renoncé depuis longtemps au métier d'écrivain, ces *Rêveries du promeneur solitaire* prouvent qu'il n'a pas renoncé pour autant au besoin ou au bonheur d'écrire. « Je médite, je ne rêve jamais plus délicieusement que quand je m'oublie moi-même. Je sens des extases, des ravissements inexprimables à me fondre pour ainsi dire dans le système des êtres, à m'identifier avec la nature entière » : l'expansion de son être, le bonheur cosmique qu'il ressent au contact de la nature lui sont une occasion de méditer en solitaire sur sa condition d'homme.

Néanmoins, puisque l'auteur prétend n'écrire que pour lui, le lecteur qui prend ce livre en main pourrait se demander à quel viol d'intimité ou de secret il s'apprête. Ce serait prendre au pied de la lettre des déclarations radicales qui ont besoin d'être comprises comme une incitation à une autre manière de lire, à un autre rapport à l'auteur et à son texte. Car ici Rousseau achève sa carrière d'écrivain, donnant le point ultime de sa réflexion sur celui des objets philosophiques qui permet de comprendre tous les autres : sa nature singulière qu'il analyse une nouvelle fois dans cette dernière œuvre, en toute liberté puisqu'il ne l'écrit que pour lui, jusqu'à revenir au point de départ qui lui a donné son identité, sa naissance à l'écriture.

« *Seul au milieu d'eux* »

La carrière littéraire de Rousseau aura été hautement atypique, de part en part. Né en 1712 à Genève, orphelin de mère dès sa naissance, grand lecteur de Plutarque et de romans dès son plus jeune âge, apprenti graveur malmené par son maître, il s'enfuit et passe en Savoie. À Annecy, il rencontre Mme de Warens, rencontre dont le souvenir habite la toute dernière page qu'il écrivit, la *Dixième Promenade*, rencontre qu'il estime fondatrice de son caractère : « Ce premier moment décida de moi pour toute ma vie », écrit-il, ému, cinquante ans plus tard. Après diverses tentatives pour acquérir un métier, comme choriste à la maîtrise de la cathédrale ou comme employé au cadastre, il va finalement étudier en autodidacte la musique, l'astronomie et la géométrie, lire la littérature de son temps, le poète Voltaire au premier chef. C'est la période heureuse des Charmettes, « une maison isolée au penchant d'un vallon » (p. 183), proche de Chambéry, qu'il occupe de 1736 à 1740.

Il se lance dans les travaux habituels des apprentis littérateurs : quelques vers de jeunesse, de brefs écrits pédagogiques, des ébauches de pièces de théâtre, et même des recherches scientifiques d'astronomie et de chimie. Mais c'est grâce à la musique qu'il fait ses premiers pas dans la République des Lettres lorsqu'il s'installe à Paris. Il publie en 1743 une *Dissertation sur la musique moderne* et Diderot, devenu son ami depuis 1742, lui confie la rédaction des articles de musicologie de l'*Encyclopédie* (1749). Il approche donc de « cette époque de quarante ans [fixée] comme le terme de [s]es efforts pour parvenir et celui de [s]es prétentions en tout genre » (p. 69) quand il lit par hasard une question mise au concours par l'Académie de Dijon : *si le rétablissement des arts et des sciences a contribué à épurer les mœurs.* Il s'enflamme pour le sujet, rédige dans la fièvre son premier *Discours*, remporte le prix (1750), publie cette œuvre brève sous le titre de *Discours sur les sciences et les arts* (janvier 1751) et devient célèbre du jour au lendemain. Rousseau se trouve alors engagé dans une carrière qu'il a recherchée par quinze ans d'efforts, mais « la gloriole littéraire » va lui peser presque immédiatement.

Il ferraille contre ceux qui s'opposent à sa préférence pour la musique italienne (1753), écrit le deuxième *Discours*, beaucoup plus profond et plus dense que le premier, *sur l'origine et les fondements de l'inégalité parmi les hommes* (1755), se lasse de l'agitation parisienne et part vivre à Montmorency : « Je n'ai commencé de vivre que le 9 avril 1756[1]. » Là, en six ans, outre une défense polémique de ses idées sur le théâtre, la *Lettre à d'Alembert sur les spectacles*, il rédige de très grandes œuvres : *Julie ou La Nouvelle Héloïse*, le *Contrat social*, l'*Émile*. Contraint à la fuite en raison de la condamnation des idées sur la religion énoncées dans ce dernier livre, il se réfugie à Môtiers, dans le Val-de-Travers en Suisse, où en trois ans, malgré sa mauvaise santé, il défend ses œuvres précédentes par la remarquable *Lettre à Christophe de Beaumont* et par les *Lettres de la montagne*, s'occupe à un *Projet de Constitution pour la Corse*, commence à rassembler les pièces utiles à la rédaction des *Confessions*. Dans l'exil imposé puis volontaire dans les montagnes suisses, dans la campagne anglaise, puis dans les résidences françaises où il a vécu sous un faux nom, Rousseau connaît la solitude. Il se sent de plus en plus méconnu de ses contemporains et finalement étranger à

---

1. Lettre à Malesherbes, le 26 janvier 1762.

toute l'humanité ; sa maladie, entre dépression et manie de la persécution, ne fait pas de doute, ainsi qu'il en convient lui-même à l'issue de chaque crise. Chassé une nouvelle fois, il va séjourner six semaines à l'île de Saint-Pierre sur le lac de Bienne au début de l'automne de 1765, avant d'errer pendant cinq ans, successivement en Angleterre, chez le prince de Conti, dans le Dauphiné, toujours rédigeant ses *Confessions* et compilant son *Dictionnaire de musique* (1768), jusqu'au moment où il se réinstalle à Paris, en juin 1770.

Les lectures orales de ses *Confessions* — toujours manuscrites — étant interdites par la police, il se renferme dans l'écriture d'une autre œuvre autobiographique, *Rousseau juge de Jean-Jacques*, souvent désignée par son sous-titre, les *Dialogues*, dans son gagne-pain de copiste de partitions musicales, dans la musique, les promenades et la botanique. Se forme alors en lui et s'exprime parfois par des crises de folie la conviction qu'un sort aussi triste que le sien est le fruit d'un « complot », d'un « accord unanime » (p. 44). La fermeture du chœur de Notre-Dame, le 24 février 1776, jour où il voulait y déposer son manuscrit, le persuade douloureusement que Dieu même ne veut pas entendre sa souffrance. Il passe l'été suivant dans un grand égarement d'esprit.

Henri Guillemin, un des biographes de Rousseau et celui qui s'est le plus intéressé au thème du « complot », interprétant la décennie écoulée, les errances et combats que Rousseau a affrontés, de 1766 à 1776, est conduit à cette conviction : « Au printemps de 1776, consentie la dernière offrande, souscrite la dernière preuve de sa fidélité, Jean-Jacques a terminé sa tâche. La paix descendait enfin sur ce voyageur exténué[1]. » Il semble ainsi confirmer les déclarations de Rousseau parvenu, à la fin de sa vie, au point de sérénité et de renoncement d'un homme « détaché de tout ».

1. *Les Philosophes contre Jean-Jacques*, « *Cette affaire infernale* », Paris, Plon, 1942, p. 354.

Le promeneur solitaire

La théorie du complot est pourtant encore très présente dans les *Rêveries du promeneur solitaire*, quoique Rousseau prétende qu'elles sont issues de sa résignation à ce complot. Aussi énigmatique qu'important est l'« événement aussi triste qu'imprévu » (p. 46) dont Rousseau fait le point de départ de sa résignation dernière et d'une nouvelle écriture de soi. S'agit-il de la mort du prince de Conti, survenue le 2 août 1776 ? La disparition de cet homme riche et influent qui lui avait offert l'hospitalité dans son château de Trye, avant de prendre les soins nécessaires à son éloignement en Dauphiné, pouvait donner à Rousseau l'impression de rester sans protecteur. Le caractère allusif de cette remarque de la *Première Promenade* donne à l'événement auquel il renvoie une touche de mystère et de pudeur caractéristique de l'écriture des *Rêveries*. Référence personnelle que Rousseau, peiné, n'a pas la force ou la volonté d'expliciter, elle exige du lecteur qu'il se fasse compatissant pour *sentir*, dans la tonalité de cette datation qu'il ne peut *connaître*, combien elle est inaugurale. En 1776, et quoi qu'il en soit de cette allusion obscure[1], Rousseau est un vieil homme souffreteux, presque pauvre, entouré de rares quoique fidèles amis[2], fermant sa porte par principe aux curieux, célèbre dans toute l'Europe par ses grandes œuvres et se consacrant aux plaisirs de la musique et de la botanique, mais se considérant comme rejeté de toute l'espèce humaine. Alors que son œuvre a de plus en plus de lecteurs, notamment dans la jeune génération, il se sent victime d'un complot universel qui lui fait constater comme on sonne le glas : « Me voici donc seul sur la terre, n'ayant plus de frère, d'ami, de société, de prochain que moi-même ».

Même si Rousseau affirme, n'étant plus rien pour qui-

---

1. L'explication convaincante de Jean Fabre que Conti serait ici désigné n'empêche pas la lettre même du texte d'être allusive. **2.** Bernardin de Saint-Pierre, Corancez, Dussaulx, Coindet ou Grétry, pour citer ceux qui ont laissé des témoignages sur ces dernières années.

conque, ne plus écrire pour personne d'autre que pour lui, il continue à écrire. L'incidence de cet effort ne peut pas être tenue pour négligeable sur un homme qui a toujours écrit, même s'il s'est fait un nom à maudire la vanité des lettres, en dénonçant ses conséquences néfastes sur l'épanouissement individuel autant que sur l'harmonie sociale.

En mai 1778, il accepte à l'invitation du marquis de Girardin de se rendre à Ermenonville et s'installe dans une petite maison située à proximité du château. Il y meurt le 2 juillet, vraisemblablement d'une apoplexie. La mort de Rousseau à Ermenonville, suivie de l'initiative d'inhumer l'écrivain dans l'île des Peupliers, située au milieu du parc à l'anglaise, rendit l'endroit immédiatement célèbre. Il devint un but de « pèlerinage » et reçut dans les années suivantes de nombreux visiteurs, Marie-Antoinette entre beaucoup d'autres.

Le manuscrit

Au cours de ses errances, Rousseau avait confié en plusieurs fois certains de ses manuscrits à des amis, Du Peyrou ou Moultou principalement. Mais on ne dispose d'aucun témoignage externe sur ce qu'il entendait faire du manuscrit des *Rêveries*, aucun non plus prouvant qu'il ait mis qui que ce soit au fait de leur rédaction. À la mort de l'écrivain, Girardin se trouve, de fait, en possession de ceux des manuscrits que Rousseau laisse après lui et il est donc le premier, en recensant les « Écrits posthumes » de son hôte, à décrire le manuscrit : « Les Rêveries du Promeneur solitaire en 128 pages in-12, sur un cahier où il reste environ un tiers de papier en blanc. Cet ouvrage dans l'état actuel consiste en 7 promenades qui en font les divisions. En rassemblant avec beaucoup de peines tout ce qu'il serait possible de tirer de différentes cartes [1] et brouillons presque indéchiffrables, je crois qu'on pour-

---

1. Voir les « Cartes à jouer » en annexe, p. 202.

rait encore trouver de la matière pour deux promenades. Cet ouvrage philosophique qui est une espèce de journal de ses pensées pendant les promenades auxquelles il s'était livré dans les derniers temps de sa vie serait fort intéressant. »

Il est possible de prendre connaissance de l'état du manuscrit grâce à l'édition en fac-similé[1]. Rousseau a recopié au net sept promenades dans un cahier autographe aujourd'hui conservé à la Bibliothèque Publique et Universitaire de Neuchâtel ; les trois dernières « divisions » ont été délimitées par les trois amis éditeurs, Du Peyrou, Girardin et Moultou, dans les pages, elles aussi autographes mais à l'état de brouillon, de la fin du même manuscrit. Que le manuscrit présente des signes d'inachèvement ne l'empêche pas d'être en grande partie calligraphié, preuve de l'intérêt que Rousseau prenait à ses pages.

Ce cahier contient la seule rédaction que l'on possède du texte des *Promenades*. Le manuscrit fut l'objet d'un nécessaire travail de déchiffrement, doublé, par les détenteurs des papiers de Rousseau, d'un travail de mise en forme, voire de censure de la part de Girardin. La réécriture à laquelle il se livre indigne et réjouit en même temps Du Peyrou qui en fait part à Moultou : « Malgré mon indignation contre l'homme, je ne puis m'empêcher de m'épanouir la rate, en voyant la suffisance avec laquelle il a prétendu corriger le style de Rousseau dans la copie qu'il a fournie des trois dernières *Promenades* en brouillons et que je suis occupé à collationner sur l'original. C'est un régal que je vous réserve, d'autant plus piquant que les corrections verbeuses, lâches et impropres par les expressions, font un contraste parfait avec le style chaud, serré et vigoureux de Jean-Jacques. Ô Dieux ! que devenaient[2] les manuscrits entre les mains d'un pareil homme ! » (27 juin 1780).

---

1. Procurée avec une introduction de Marc Eigeldinger et une notice de Frédéric Eigeldinger, Genève, Slatkine, 1978. **2.** Au sens de « que seraient devenus... ».

« Que suis-je moi-même ? »

Rédigées dans les deux dernières années de sa vie, après deux longues œuvres autobiographiques alors inédites, les *Confessions* et les *Dialogues*, ces *Promenades* oscillent entre l'apaisement que procurent sagesse et vieillesse et une angoisse que l'auteur avoue et exhale, quand elle se présente, comme pour mieux la dominer. Que Rousseau se laisse aller parfois à sa détresse, que ces promenades ne soient pas uniformément sereines ne retire rien au caractère concerté et maîtrisé de son écriture. De la part de cet homme déjà âgé et qui se plaint de « facultés affaiblies et relâchées », ces pages traduisent une volonté, un effort conscient pour se connaître qui l'apparente aux grandes figures de la philosophie morale.

Car l'exigence morale de se connaître et de se faire connaître est bien au principe des *Rêveries du promeneur solitaire*. Dès le premier paragraphe, Rousseau annonce son projet, non pas se plaindre de son sort mais faire son introspection : « détaché d'eux et de tout, que suis-je moi-même ? » Il note comme une difficulté pour se connaître la situation inédite dans laquelle il se trouve, celle d'un homme isolé, bien avant que la psychologie n'ait établi que nous devenons ce que nous sommes au contact de nos congénères. Cette enquête sur soi appelle rigueur et méthode. Mais celles-ci peuvent s'exercer et se manifester autrement qu'on ne les a utilisées jusque-là : pour se dévoiler à lui-même, Rousseau va trouver un nouveau pas. Un témoin oculaire, Pierre Prevost, rapporte dans un *Mémoire* publié en 1804 que Rousseau conservait à la fin de sa vie une méthode impulsive qu'il avait décrite dans sa jeunesse : « L'activité de son génie forçait cette espèce d'entrave où il voulait s'assujettir, et dans le temps même où il cherchait à tenir son imagination captive, elle l'entraînait dans des méditations, et le jetait dans des rêveries, dont il ne sortait que pour répandre sur le papier les sentiments qui l'agitaient »[1].

---

1. *Correspondance complète*, éd. Leigh, t. XL, p. 268.

Le désespoir radical de Rousseau est aussi, paradoxalement, son appui le plus ferme pour vivre au présent et envisager ses dernières années. Il n'a plus d'horizon humain, n'ayant plus de frère, d'ami... mais il semble bien qu'à ses yeux, ce soit la littérature qui offre, non pas même sa survie, par la gloire littéraire à laquelle il est promis, mais son existence hédoniste et son identité, aussi longtemps qu'il vit : elle lui redonnera en effet le bonheur de revivre ces rêveries que, vieillissant, il aura peut-être du mal à vivre encore par expérience, ces rêveries qui font tout le bonheur de sa vie ; or, explique-t-il, « chaque fois que je les relirai m'en rendra la jouissance ». Cette œuvre montre Rousseau réconcilié et parvenant à se redonner la sérénité, mais par un effort volontaire. Il admet qu'il va mourir et décide de vivre heureux ce qu'à son âge et dans sa solitude la vie lui donne, bonheur qui lui viendra plus par la mémoire que par l'expérience : « Je revenais avec complaisance sur toutes les affections de mon cœur [...] et je me préparais à les rappeler assez pour les décrire avec un plaisir *presque* égal à celui que j'avais pris à m'y livrer » (p. 56). Ainsi la rêverie rédigée pourra suppléer, au moins en partie, à la perte de vivacité de la capacité à rêver.

La suite des Confessions ?

L'apparente identité de thème des *Confessions*, des *Dialogues* et des *Rêveries* contraste avec la méthode de dévoilement de soi choisie pour chaque œuvre : parlant toujours de soi, Rousseau a composé successivement un récit à la première personne pour raconter sa vie en expliquant les traits naturels de son caractère, se montrant tel qu'il était ; puis trois dialogues pour défendre son honneur, pour lesquels il avait inventé ce scénario étonnant de se peindre tel que (croyait-il) le public le voyait : un homme qui le lit sans le connaître conversant avec un homme qui le connaît mais ne l'a jamais lu ; et enfin des commentaires de « rêveries » anciennes ou récentes. Les

Confessions sont regardées à juste titre comme l'œuvre fondatrice de l'autobiographie moderne, Rousseau y ayant atteint un niveau jamais connu avant lui dans le dévoilement de soi et surtout d'explication de soi, au moyen de l'analyse des sources vécues de ses mouvements les plus intimes ou de ses traits de caractère les plus notables ; il n'en reste pas moins que ces trois œuvres « autobiographiques » sont bien différentes les unes des autres.

En déclarant explicitement envisager les *Rêveries du promeneur solitaire* comme la suite des *Confessions* (I et II), Rousseau pouvait laisser croire à une identité de projet ou de démarche. Mais il découvre dans la *Quatrième Promenade* pourquoi il n'en est rien : les *Rêveries* sont une œuvre tout autre car il pressent que « le *Connais-toi toi-même* du Temple de Delphes n'était pas une maxime si facile à suivre que je l'avais cru dans mes Confessions » (p. 84), et se met à douter de l'immédiateté de la conscience de soi. Il recourt alors plus que jamais à la rigueur de la méthode introspective. Devenu plus faible mais plus lucide, il a la sérénité d'un être certes fragile mais que rien ne peut plus atteindre. Les *Rêveries* ont le même sujet que les *Confessions* mais ne partagent pas leur mission explicative voire apologétique : « Ces feuilles peuvent donc être regardées comme un appendice de mes Confessions, mais je ne leur en donne plus le titre, ne sentant plus rien à dire qui puisse le mériter » (p. 49). Il n'y a plus ici d'histoire linéaire, mais seulement des souvenirs épars, et l'ambition d'expliquer son caractère au public — qui est constitutive des *Confessions* — est caduque, tout prochain ayant disparu. Il ne s'agit plus que de raconter pour soi les souvenirs qui reviennent, d'examiner toujours son âme mais le faire dans la solitude, tourné vers soi-même, détaché de tout souci apologétique envers le lecteur, au point qu'il déclare ne plus se soucier même du devenir de ses œuvres : « le désir d'être mieux connu des hommes s'étant éteint dans mon cœur n'y laisse qu'une indifférence profonde sur le sort et de mes vrais écrits et des monuments de mon innocence » (p. 51).

Les *Confessions* avaient été écrites en réponse aux attaques dont il faisait l'objet de toutes parts, notamment de la part de Voltaire et, contrairement à toutes ses œuvres, les *Rêveries du promeneur solitaire* n'ont d'autre impulsion que le désir de faire le point pour lui-même. Marc Eigeldinger suggère le même point de vue quand il résume les différences essentielles entre les *Rêveries* et les deux œuvres autobiographiques qui les précèdent par ces deux remarques : dans les *Rêveries*, Rousseau tend à se justifier « à l'égard de lui-même » et non plus « au regard de Dieu et du lecteur »[1] ; les *Rêveries* sont « écrites sous le signe de l'autarcie spirituelle, de la solitude irréductible et de la rupture avec l'autre, qu'il soit le semblable ou le lecteur, cet "hypocrite lecteur" auquel s'adresse le poème liminaire des *Fleurs du Mal*[2] ».

L'écriture conduit Rousseau à mieux se connaître, entreprise que les *Confessions* n'avaient pas entièrement achevée, comme il le constate lui-même. Une fois désabusé sur la prétendue immédiateté de l'introspection, il se montre fragile, touchant et moins arrogant que l'auteur des *Confessions* qui les écrivait sans mettre en doute un instant la certitude que triompher de la honte liée à l'aveu de ses fautes lui ferait atteindre *de facto* la sincérité. En effet, alors qu'il avait cru que les raisons de sa conduite lui étaient toujours claires et que si l'aveu requérait bien un effort, la connaissance de soi était immédiate et transparente, il constate que la recherche même des motifs de nos actes exige un effort. Cet approfondissement de sa science psychologique ne le conduit pas à regretter la méthode des *Confessions*, mais lui offre un nouveau défi : celui de tendre à se connaître enfin pleinement, mieux en tout cas qu'il ne le faisait à l'époque des *Confessions* ; merveilleux cadeau de la littérature que de repousser plus loin les bornes de la connaissance de soi afin que la promenade soit plus longue.

---

1. « Les *Rêveries*, solitude et poésie », *Jean-Jacques Rousseau, Quatre études*, Neuchâtel, À la Baconnière, 1978, p. 98.
2. *Ibid.*

Du complot à la solitude

Quand Rousseau découvre ne plus pouvoir lutter contre le malheur polymorphe, anonyme, hypocrite dont on l'accable, il décide qu'il peut vivre à l'écart, en retrouvant les joies de la solitude qu'il avait pratiquées dans sa jeunesse. Rousseau constate qu'il est *trop* sensible qu'il ne sait pas endurer calmement les regards méchants : « Toujours trop affecté des objets sensibles et surtout de ceux qui portent signe de plaisir ou de peine, de bienveillance ou d'aversion, je me laisse entraîner par ces impressions extérieures sans pouvoir jamais m'y dérober autrement que par la fuite. [...] Je ne suis à moi que quand je suis seul, hors de là je suis le jouet de tous ceux qui m'entourent » (p. 176). Au fil du temps, il va préférer, comme un pis-aller, se resserrer dans sa solitude : « À travers le cheminement de la méditation dédommageante, à travers l'opération qui consiste à écrire les mots qui rassurent, la solitude persécutée est peu à peu transmuée en plénitude, le manque en suffisance, le malheur en tranquillité heureuse. Le dédommagement s'accomplit au fil d'un discours consolateur (plus rhétorique que véritablement rêveur), qui se dévide pour se substituer à toute l'hostilité de la société, et qui ainsi procure à la conscience les reflets d'elle-même grâce auxquels — de façon narcissique — elle espère jouir de soi, dans un entretien éternellement clos [1]. »

Le renoncement qui inaugure les *Rêveries* est un choix médité et légitime : « Ne pouvant plus faire aucun bien qui ne tourne à mal, ne pouvant plus agir sans nuire à autrui ou à moi-même, m'abstenir est devenu mon unique devoir, et je le remplis autant qu'il est en moi » (p. 50). La *Seconde Promenade* explicite clairement comment son âme aimante le confirme dans la solitude : les besoins affectifs d'expansion de son cœur, toujours frustrés à côté d'humains qui ne le comprennent pas, ne peuvent se

---

1. Jean Starobinski, « La mise en accusation de la société », *Jean-Jacques Rousseau, Quatre Études*, Neuchâtel, À La Baconnière, 1978, p. 36.

déployer librement que dans la solitude, et donc envers lui-même. Mais c'est un choix par défaut, auquel il s'est rangé tardivement, à regret et par scrupule moral, se voyant « forcé de tâcher d'oublier les hommes, qui m'accablent d'ignominie et d'outrages, de peur que l'indignation ne m'aigrît enfin contre eux » (p. 139).

La solitude entraîne naturellement l'égocentrisme, thématique explicite et consciente des *Rêveries* : « Il y sera beaucoup question de moi parce qu'un solitaire qui réfléchit s'occupe nécessairement beaucoup de lui-même » (p. 49). Mais si la solitude et l'oisive liberté qu'elle procure poussent à s'occuper de soi, elles ne poussent pas nécessairement à la méditation ni à la connaissance de soi. Méditer est un effort, de plus en plus pesant au fur et à mesure qu'il vieillit, mais qu'il s'impose comme un devoir, par exemple lorsqu'il prend l'allusion de l'abbé Rozier à sa devise pour un sarcasme qui l'oblige à un examen de conscience. La solitude qui pèse tant aux oisifs parce qu'elle les renvoie à leur propre inconsistance lui est un mode de vie propice à l'examen spirituel et moral. Jusque-là, choix ou fatalité, elle lui avait permis de se consacrer à sa pensée et à ses livres ; à partir des *Rêveries*, il n'en fait plus un cadre de vie ou une condition de l'écriture mais un moyen d'enquête sur soi-même.

Promenade et association d'idées

Contrairement à une lecture superficielle qui en a été faite trop longtemps, les *Promenades* des *Rêveries* ne sont pas des textes éthérés, qui seraient nécessairement heureux par leur détachement idyllique de toute réalité de souffrance. La thématique des *Rêveries* est multiple et fuyante : la plupart des thèmes, celui de la rêverie, bien sûr, mais aussi ceux du complot, de la nature, du plaisir de la solitude se retrouvent d'une *Promenade* à l'autre. La parenté entre ces unités de texte différentes n'est cependant pas dans le thème mais dans la démarche, c'est-à-dire dans la ressemblance mélodique, l'écoulement, le rythme de la durée de chacune des promenades. Et malgré une indéniable originalité, elles oscillent toutes entre l'intime et le général : parti d'une observation générale, Rousseau se l'applique à lui-même, à moins qu'une sensation personnelle ne le conduise à autrui.

Le terme de « promenade » est employé dans l'œuvre avec son sens propre deux fois seulement : pour désigner la « promenade du lendemain » de la *Quatrième* et le « tour de promenade » de la *Cinquième*. Mais le sens générique que « promenade » a gagné[1], sous la plume de Rousseau, à désigner figurément les unités de cette réflexion, est aussi riche que trompeur. Trompeur parce qu'il laisse attendre une œuvre oisive, lente et insouciante, voire insignifiante ou verbeuse, ce que n'est en rien la prose dense des *Rêveries*. Mais riche aussi parce qu'il donne au lecteur plus qu'il n'attendait et qu'il définit un rythme d'écriture et un mode de transition d'une idée à l'autre. La promenade rousseauiste est une métaphore et une métonymie : elle appelle certes les images de liberté et de loisir, évoque un espace et un temps qui compensent la contrainte et l'angoisse, mais elle va bien au-delà du sens descriptif qui la réduirait à un vagabondage en liberté, elle désigne par métonymie une nouvelle façon d'écrire et de composer.

« Je ne puis méditer qu'en marchant ; sitôt que je m'arrête, je ne pense plus, et ma tête ne va qu'avec mes pieds », écrivait-il déjà dans les *Confessions*[2]. Il a créé une ambiguïté féconde en dénommant « promenade » l'unité de composition des *Rêveries*, ni chant ni chapitre, mais mouvement agréable dans un lieu plaisant qui accueille la rêverie sans la déranger ni la solliciter. Ce n'est ni l'aventure ni l'errance, ce qui métaphoriserait une pensée pleine d'audace et d'imprévu, mais un parcours libre sans effort.

La *Promenade* semble devoir être une unité de temps

---

1. Fontenelle et Diderot l'ont utilisé avant lui, dans un contexte philosophique, pour intituler une œuvre. Mais ils ne métaphorisaient par là ni un rythme de déroulement de la prose ni une forme de construction de la pensée.   **2.** Le Livre de Poche, t. II, p. 211.

et de lieu. Or les dix textes réunis sous ce nom ont une unité thématique mais, pris entre souvenirs, présent et projets, n'ont pas d'unité de temps ni de lieu, à l'exception du dernier. Le terme de « promenade » prend donc nécessairement un sens figuré : l'unité autour de laquelle s'organisent ces promenades est celle du geste d'écriture, leur mouvement et leur parcours est par nature littéraire.

Il est logique que la psychanalyse se soit intéressée à Rousseau. Il a donné, sur la place — et la force — des souvenirs d'enfance dans la vie de l'adulte, des descriptions d'une acuité inouïe à son époque et qui n'ont pas manqué de faire scandale lors de la publication des *Confessions* ; la dimension intime de son œuvre en faisait un champ d'application inespéré pour les théories de l'inconscient. Mais au chapitre des relations entre Rousseau et la future psychanalyse, il conviendrait surtout de remarquer qu'il a composé les pages des *Rêveries* en recourant à l'association d'idées : ce mode de succession discursive a dérouté les premiers lecteurs et leur a paru une confirmation de la folie ou du moins de la « dépression » de Rousseau, mais il importe plutôt d'y voir une sensibilité, rendue manifeste dans la suite des pages, aux liens que les idées doivent bien avoir entre elles, alors même que ces liens ne se révèlent pas clairement, ni sans effort, au sujet lui-même. La *Sixième Promenade* analyse *en théorie* cette relation des idées entre elles, mais Rousseau use de ce mode de composition dans toutes les *Promenades*. Pas plus que l'effort de mise en mots, l'effort de connaissance de soi n'est laissé au hasard des associations d'idées : il s'agit pour Rousseau d'une exposition littéraire, plus fluide et ostensiblement moins intellectuelle, mais la structure rationnelle de la pensée est fondamentale. Quand on aura montré qu'il s'appuie sur la technique de l'association d'idées, il restera toujours à noter qu'il l'utilise dans un discours maîtrisé, dans ces structures fermées comme le sont des questions qui ont trouvé leur réponse, dans ces proses poétiques qui se referment sur leur thème et qu'il a baptisées *Promenades*.

Car la démarche d'ensemble n'est ni descriptive ni

impulsive, mais analytique et volontariste. L'effort moral, la rigueur de Rousseau se lisent dans la construction ordonnée et démonstrative des *Rêveries*. Cherchant toujours à se connaître, solitaire mais non détaché des hommes, Rousseau continue à étudier les ressorts de l'esprit humain, au cœur même de l'expérience du sensible qu'il analyse comme personne ne l'avait fait avant lui. Car l'importance de la réflexion métaphysique dans l'œuvre ne doit pas nous rendre inattentifs à la valeur concrète, sensible voire sensuelle des expériences vécues rapportées dans les *Promenades*.

Ces pages ne sont en réalité ni disjointes ni aléatoirement juxtaposées. Elles forment un arc tendu entre sa situation présente : « Me voici donc seul sur la terre » et ses attentes spirituelles : l'attente du « prix qu'avait mérité [s]on cœur ». Elles cherchent et trouvent comment vivre dans ce monde social, humain, ce monde marqué aussi par l'âge, qui est devenu le sien et qui se constitue d'ingrédients disparates mais définitivement fixés : l'opposition universelle dûment constatée et irrémédiable, le mode affectif de son caractère personnel, le vieillissement et ses contraintes. Elles sont un parcours philosophique et spirituel actif, fondé sur la volonté de se connaître, dont Rousseau mesure mieux que jamais la difficulté. L'écriture n'expose pas les états d'âme d'un orgueilleux, elle cherche une conduite, elle correspond à une délibération introspective qui tend à établir et dessine en effet une règle de vie légitime, une morale d'homme digne. Non en théorie ou en général, mais une morale de vie légitime dans la situation inédite qui est la sienne. Son effort, nécessité par une situation unique, est donc philosophique en ce qu'il offre au lecteur un mode de réflexion que chacun doit transposer selon ses propres singularités.

« Suivre en tout son penchant sans contrainte »

L'attention portée à ce mécanisme mental de l'association d'idées a des conséquences sur la construction des

Promenades. La déduction logique n'est plus la seule instance légitime pour conduire la pensée ; dans l'écriture de
la rêverie qu'est la *Promenade*, la liberté de son esprit est
préservée. Rousseau se représente comme dispensateur de
liberté à son esprit et, simultanément, comme observateur
des mouvements pris par cet esprit libéré. Il en résulte,
après une mise en liberté choisie, une contiguïté thématique mais non rhétorique dans le mouvement du texte. Or
les tours et détours de son esprit sont des phénomènes
potentiellement instructifs. Pourquoi faire un crochet « machinal » (p. 117) en arrivant à la barrière d'Enfer ? Une fois
l'observation relevée et notée, il lui est plaisant de découvrir que c'est pour échapper au bavardage d'un enfant
mendiant et à l'habitude de lui donner une obole ; l'introspection, en s'approfondissant, révèle que dans le tempérament de Rousseau ce n'est pas l'habitude qui lui est pénible
mais la contrainte, qui l'a toujours rendu rétif. La fluidité
thématique des *Promenades* est à la fois l'image et le résultat de cet abandon à la marche propre de l'esprit.

   Sous couvert d'une nonchalance moralement permise
à un vieil homme fatigué, Rousseau continue en fait sa
recherche anthropologique sur l'esprit : il ne substitue pas
l'indolence à la pensée philosophique, mais la liberté de
la rêverie à la progression méthodique de la méditation.
Les passages émotifs, ou lyriques, miment les élans de
colère, de ressentiment, ou de souffrance et illustrent le
raisonnement sans en interrompre pour autant le cheminement. La beauté de l'exposé ne doit pas cacher, mais au
contraire révéler, la tension vers une démonstration et une
conclusion de ces *Promenades*. La « chaîne des idées
accessoires » est une innovation littéraire mais un processus rigoureux. Cette façon d'écrire va de pair avec une
façon de vivre et c'est parce qu'il n'a aucune propension
au vice qu'il peut se fixer comme choix moral de la suivre.
Il se prétend certes, dans les toutes premières lignes des
Rêveries, le « plus sociable et le plus aimant des humains ».
Néanmoins, il découvre que le pur bonheur de la vie est
celui de la conscience d'exister. Cela explique qu'il puisse
écrire, au sens fort, que « la source du vrai bonheur est en

nous » (p. 54). Dans le bonheur intraduisible de cette sensation intime, de nature mystique, il est entièrement détaché des autres. Mais il ne l'a appris que « par [s]a propre expérience » (p. 54). Les *Rêveries* sont l'expression d'expériences existentielles et mentales authentiques. Il lui importe d'autant plus de retrouver le bonheur qu'il estime y avoir une prédisposition naturelle : il évoque la « vie heureuse et douce pour laquelle [il] étai[t] né » (p. 160). Le seul obstacle existentiel au bonheur, bien d'autant plus désirable qu'il est rarement atteint, est la sollicitation des sens, et notamment de la vue, par un regard méchant porté sur lui. Mais plus fondamentalement, il réside dans l'impossibilité intrinsèque à toute réalité humaine de durer. Le bonheur est l'objet d'une recherche légitime mais ardue, permanente. Or la nature humaine étant incapable d'aucune forme de permanence, le bonheur est un idéal à désirer plus qu'à atteindre, sinon dans ces intermittences où « tout entier au moment présent », il vit des instants qui n'ont « rien de comparable dans toute l'activité des plaisirs connus » (p. 57).

« *Je ne désirais rien que*
la continuation d'un état si doux »

En toute rigueur, puisque le bonheur humain suppose la durée et qu'en ce monde tout change autour de lui, l'homme ne peut être heureux : « Aussi n'a-t-on guère ici-bas que du plaisir qui passe ; pour le bonheur qui dure je doute qu'il y soit connu » (p. 112). Le bonheur humain est imparfait parce qu'il manque de durée mais cela indique toutefois la possibilité *intermittente* de le connaître, expérience inoubliable, après laquelle l'âme qui l'a connue y aspire comme à un bonheur purement spirituel : « Délivré de toutes les passions terrestres qu'engendre le tumulte de la vie sociale, mon âme s'élancerait fréquemment au-dessus de cet atmosphère, et commercerait d'avance avec les intelligences célestes dont elle espère aller augmenter le nombre dans peu de temps » (p. 115).

L'aspect le plus paradoxal de sa mise en échec du plan de persécution dirigé contre lui tient à ce qu'il n'a qu'à être ce qu'il est pour que les méchants soient impuissants à l'atteindre : « Voilà le bien que m'ont fait mes persécuteurs en épuisant sans mesure tous les traits de leur animosité. Ils se sont ôté sur moi tout empire, et je puis désormais me moquer d'eux » (p. 46). Par l'indifférence, l'insensibilité aux méchancetés, il reconquiert sa liberté, celle de l'esprit, la seule qui lui importe encore, celle qui frustre ses ennemis du plaisir de le faire souffrir. Infiniment désirable et, dans sa perfection, quasi inaccessible, le bonheur vient à Rousseau par des voies inattendues ; comme pour prouver que vouloir être heureux dépend de nous, il explique comment il y réussit, paradoxalement, au sein du malheur voulu par les hommes. Rusant avec le malheur qui l'accable, il a appris à en extraire le seul bonheur qui lui convienne. Sa situation de proscrit de l'intérieur fait du bonheur une sorte de conquête morale, une preuve qu'il ne se laisse pas anéantir par le désespoir.

Rousseau se considère comme un vieillard, à qui la question de la mort importe. Mais « le compte que je ne tarderai pas à rendre de moi » (p. 49) n'est pas tant pour lui une question métaphysique qu'une question morale préalable à l'autre. Il lui faut, dans l'attente d'un jugement posthume qui prendrait en compte ses mérites, « mettre en meilleur ordre [ses dispositions intérieures] » (p. 49), c'est-à-dire persévérer dans le perfectionnement moral, qui « [lui] a fait chercher dans tous les temps à connaître la nature et la destination de [s]on être avec plus d'intérêt et de soin qu'[il] n'en [a] trouvé dans aucun autre homme » (p. 67).

Après une brève autobiographie morale (pp. 67-71) la *Troisième Promenade* est une réexposition des débats qu'il a eus au temps de sa maturité, dans les cercles philosophiques où les idées déistes, voire matérialistes, étaient communément défendues. Mais il s'agit d'un compte rendu, d'une sorte d'historique, des positions qui s'affrontaient alors, débat qu'il expose en faisant alterner les discours en présence, mais où il ne veut plus entrer car

« tombé dans la langueur et l'appesantissement d'esprit, j'ai oublié jusqu'aux raisonnements sur lesquels je fondais ma croyance et mes maximes, mais je n'oublierai jamais les conclusions que j'en ai tirées avec l'approbation de ma conscience et de ma raison, et je m'y tiens désormais » (p. 80). Cette position est celle du sage vieillissant qui ne veut ni rejeter ni ajourner le débat mais profiter de la sagesse acquise, le débat étant considéré comme clos en ce qui le concerne.

« *Tout doit à la fin rentrer dans l'ordre* »

L'eschatologie des *Rêveries* est plus riche et présente qu'univoque. Rousseau fait dans la *Première* une profession de foi indéniable. Mais plus qu'une espérance, plus qu'une confiance en Dieu, ne traduit-elle pas un réel désespoir, ce que confirmerait l'expression peu orthodoxe « je ne trouve qu'en moi la consolation, l'espérance et la paix » ? Curieusement, Rousseau n'attend plus rien en cette vie, signe hérétique de désespérance, mais il reporte son espérance en Dieu pour l'au-delà de la mort : « Tout doit à la fin rentrer dans l'ordre » (p. 63) résonne alors comme un *credo*, moins en la bienveillance ou en la justice divine qu'en l'« ordre », dont le contexte ne permet pas de préciser si c'est l'ordre du monde ou l'ordre divin. Devenu humble devant la persécution après avoir longtemps « regimbé », il garde néanmoins la conscience fière de ce qui lui est dû : la *Huitième Promenade* évoque le bonheur qui résulte de la rêverie, le sentiment d'être « content de moi-même et déjà plein du bonheur que je sens m'être dû » (p. 160). Si la soumission de Rousseau à la fatalité est totale dès la *Première Promenade*, s'il déclare explicitement refuser de se venger, il jouit intérieurement de sa fuite. Il n'échappe pas corporellement mais mentalement, étant heureux « en dépit d'eux ».

La fin de la *Seconde Promenade* revient sur le sens spirituel de sa déréliction. Le « prodige » (p. 63) de l'aversion unanime des hommes est tel qu'il est « incompréhensible à la raison humaine » ; Rousseau n'en tire pas une haine de la Providence ou une conviction d'athéisme mais la certitude qu'il s'agit d'une marque d'élection. Sa « confiance » n'est toutefois pas « désintéressée »[1] : « Cette idée, loin de m'être cruelle et déchirante, me console, me tranquillise et m'aide à me résigner » (p. 63). Cette position conclut donc la recherche entreprise dans la *Première Promenade*, en lui faisant valoir, comme nécessaire, l'existence d'un ordre divin, par nature incompréhensible mais où ses souffrances ont un sens. Dans les *Rêveries du promeneur solitaire*, ultime étape de sa pensée sur ce sujet, Rousseau présente une image apparemment confuse de ses convictions religieuses. Le vocabulaire est souvent employé avec ses résonances chrétiennes, mais les positions énoncées sont peu orthodoxes.

Le paragraphe dernier de cette *Promenade* n'est ni une conclusion ni une solution. Sorte d'au-delà de l'espoir, c'est un mouvement désespéré qui pousse Rousseau dans la foi comme dans un moyen de ne pas devenir fou, de ne pas avoir à remettre en cause l'ordre du monde. Après avoir déclaré que le ciel doit être cause d'une situation si unanime qu'il la croyait être « un fruit de la méchanceté des hommes », se résigner plus aisément et proclamer sa « confiance » (p. 63) en Dieu[2] est un renversement inattendu qui étonne le lecteur : la croyance en Dieu est, au sens propre, dénuée de raison, illogique, pur abandon à la volonté de Dieu[3]. Par humilité, Rousseau se déclare moins aveuglément croyant que saint Augustin « qui se

---

1. Rousseau emploie le mot en son sens propre, pour désigner ce qui ne lui rapporte ni faveur ni avantage. Il doit juger que cet emploi rare peut prêter à confusion puisqu'il le paraphrase dans la *Neuvième Promenade* : « un plaisir désintéressé qui ne dépend pas de la part que j'y puis avoir » (p. 175). **2.** Sur la foi comme volonté, voir P. Hoffmann, *Théories et modèles de la liberté au XVIIIᵉ siècle*, Paris, PUF, 1996, p. 380 et, plus généralement sur la religion de Rousseau, les chapitres 2 et 4 de la quatrième partie. **3.** La *Lettre à M. de Saint-Germain* présente le même type de raisonnement, où l'absence de preuve invite à une foi aveugle : « Je me sens juste, bon, vertueux, autant qu'homme qui soit sur la terre : voilà le motif de mon espérance et de ma sécurité. Quoique

fût consolé d'être damné si telle eût été la volonté de Dieu » (p. 63) mais la damnation, évoquée à titre d'hypothèse par saint Augustin à son propre sujet, prend une résonance inquiétante à propos de Rousseau, dont la « damnation sur terre » vient d'être si cruellement décrite.

L'évocation de sa conversion, qu'il regrette, montre à quels hasards humains elle a tenu : faiblesse d'âge et de caractère, nécessité, habitude. « Enfant encore et livré à moi-même, alléché par des caresses, séduit par la vanité, leurré par l'espérance, forcé par la nécessité, je me fis catholique, mais je demeurai toujours chrétien, et bientôt gagné par l'habitude, mon cœur s'attacha sincèrement à ma nouvelle religion » (p. 68).

La sincérité vient-elle par des voies inattendues ou faut-il lire sous ce terme l'expression d'une illusion de sincérité ? L'emploi polémique avéré de l'adjectif « chrétien » affiche avec ironie que l'on peut être catholique sans être chrétien, puisqu'il se rend grâce de ne pas être tombé dans ce travers ; il recouvre toutefois une authentique profession de foi. Rousseau se déclare croyant, non dans le sens mesquin ou dogmatique que les hommes donnent à ce mot mais dans une espèce de rapport immédiat et inconditionnel à la divinité, forme de relation au sacré qui le fit « dévot presque à la manière de Fénelon » (p. 68).

Et en même temps, sans qu'il semble soupçonner la contradiction, il argumente et raisonne pour *prouver* qu'il a raison de croire. De la part d'un homme qui a dit qu'on croit par sentiment, par l'effet de la voix intérieure de la conscience, se donner des justifications rationnelles de croire prend une tonalité antiphrastique. Et le lecteur sen-

je paraisse absolument oublié de la Providence, je n'en désespérerai jamais. Que ses récompenses pour les bons doivent être belles puisqu'elle les néglige à ce point ici-bas ! J'avoue pourtant qu'en la voyant dormir si longtemps, il me prend des moments d'abattement. Ils sont rares, ils ne durent guère, et ne changent rien à ma disposition. J'espère que la mort ne viendra pas dans un de ces tristes moments ; mais quand elle y viendrait, elle me serait moins consolante, sans m'être plus redoutable. Je me dirais : je ne serai rien, ou je serai bien ; cela vaut toujours mieux pour moi que cette vie » (*Lettres philosophiques*, éd. H. Gouhier, p. 212).

sible à l'effort visible que Rousseau déploie pour persévérer dans sa foi en vient à douter qu'elle existe encore. Peut-être cette incertitude est-elle le dernier mot de l'auteur. Peut-être abandonne-t-il ici un questionnement insoluble, une fois qu'il en a tiré les conclusions utiles, c'est-à-dire morales, leur dimension métaphysique passant les forces intellectuelles du vieil homme qu'il est devenu. La question n'est donc pas réglée (d'ailleurs comment aurait-il l'audace de le prétendre ?), elle est tranchée en ce qui le concerne, c'est-à-dire du point de vue de la morale à adopter pour le reste de ses jours.

Dixième promenade et dernière ?

Plus courte que les autres et constituée d'un seul paragraphe, écrite sur un unique souffle, la *Dixième Promenade* ne comporte qu'un seul thème : l'éloge de Maman, c'est-à-dire Mme de Warens. Amoureux, en souvenir, de cette femme à qui il doit, pour le meilleur et pour le pire, d'être ce qu'il est, il lui tient enfin une promesse tacite. Sa réalisation littéraire lui est la vraie source du bonheur qui émane de cette page. Car enfin, sans douter du bonheur réellement ressenti par Rousseau aux Charmettes, ni du bonheur qui s'attache, cinquante ans plus tard, à évoquer cette époque heureuse, le lecteur constate cependant que Maman ne suffisait pas alors à son bonheur et que le sentiment le plus fort de cette page s'attache non à l'évocation de ses amours mais au projet d'entrer en littérature pour lui rendre un jour ses bienfaits, ce qui est l'annonce de toute la carrière d'écrivain de Rousseau. Par une sorte de retour à l'origine, l'écriture ramène le vieil écrivain à songer à ses débuts dans la littérature. Car cette époque heureuse a « fixé son être moral », il doit donc à Mme de Warens ce qu'il est devenu, c'est-à-dire ce qu'il est au moment où il écrit. Cette page évoque une naissance à laquelle Maman a présidé, celle de Rousseau écrivain, la (deuxième) naissance qui a fait de lui ce par quoi il existe le plus pleinement, son écriture, c'est-à-dire la naissance qui lui a donné la vraie vie. La *Dixième Promenade* expose, avec action de grâces, le mystère de sa naissance comme écrivain. Cette *Promenade* d'ailleurs est plus un hymne à l'amour entrevu comme un idéal qu'à l'amour vécu puisque Rousseau exprime ses regrets : « Ah si j'avais suffi à son cœur comme elle suffisait au mien Quels paisibles et délicieux jours nous eussions coulés ensemble. » Cette *Promenade* témoigne de l'importance de l'amour vrai dans la constitution de sa personnalité.

Le bonheur le plus parfait qu'il a tiré des Charmettes est donc celui qu'il porte encore en lui cinquante ans plus tard, souvenir, matière de mémoire, élan du cœur vers la rêverie et vers l'écriture, capacité à sentir et à connaître le goût du vrai bonheur. Rousseau fête l'anniversaire d'une rencontre qui a compté pour lui plus que tout. La reconnaissance littéraire, l'hommage rendu à Maman pour ce qu'elle fut alors pour lui, la source de son être moral, vaut plus que le récit d'une histoire qui eut aussi ses côtés sordides, puisque Mme de Warens mourut dans la misère sans qu'il puisse rien faire pour elle. Mais il ne s'agissait pas d'embellir mensongèrement, seulement de glorifier ce qu'elle avait été pour lui. La situation qui lui avait remis la plume à la main, le constat irrévocable : « Me voici donc seul sur la terre », cette posture inédite en littérature d'un écrivain sans public parce que le public le niait comme homme, cette situation s'expliquait enfin, trouvait enfin sa source dans ce que Maman avait été pour lui : une mère nourricière et une initiatrice pour qui il était devenu écrivain. Rousseau, qui avait toujours dénoncé son état d'écrivain comme une fatalité où il s'était engagé par une vocation missionnaire irréfléchie, découvrait, réconcilié avec elle, que cette vocation lui permettait de rendre hommage par-delà la mort à celle à qui il ne devait rien de moins que son « être moral », son identité d'écrivain. Cette interprétation de la dernière *Promenade* ne cadre pas avec les apparences formelles d'un texte plus bref que les autres, à la fin d'un manuscrit qui n'a pas l'air entièrement recopié. Elle ressort d'une analyse thématique et métaphorique de cet unique paragraphe, qui est intrinsèquement un paragraphe de clôture[1].

Herbier de rêveries

Rousseau a déclaré ne plus se soucier à la fin de sa vie que de botanique, passion qui fait l'objet de la *Septième Promenade*. Il avait commencé à y prendre goût en 1764, avait beaucoup étudié et composé même des *Lettres sur la botanique* construites comme une sorte de cours par correspondance. Une des grandes distractions de la fin de sa vie était de partir pour de longues promenades dans les villages proches de Paris. La dérision affective avec laquelle il parle du « foin » qui encombre sa chambre à l'île de Saint-Pierre a peut-être un sens social et esthétique. Rousseau ne devait pas ignorer que Voltaire et d'autres grands — comme Julie à l'Élysée, d'ailleurs — cultivaient des plantes rares et précieuses, signes parmi d'autres de la distinction sociale. Est-ce la raison pour laquelle il inflige à la généreuse et bien intentionnée duchesse de Portland cette rapide théorie de la propriété et du goût : « Je me suis défait de tous mes livres de botanique, j'en ai quitté l'agréable amusement, devenu trop fatigant pour mon âge. Je n'ai pas un pouce de terre pour y mettre du persil et des œillets, à plus forte raison des plantes d'Afrique, et dans ma plus grande passion pour la botanique, content du foin que je trouvais sous mes pas, je n'eus jamais de goût pour les plantes étrangères qu'on ne trouve parmi nous qu'en exil et dénaturées, dans les jardins des curieux[2]. »

Le goût de Rousseau pour la botanique s'est manifesté jusqu'à la fin de sa vie mais il lui est venu tard. Cette passion concurrente de l'écriture peut récréer simplement

---

1. Claudia Albes s'appuie sur la structure fermée des *Rêveries* prises une par une ainsi que sur la structure fermée de l'entreprise autobiographique pour se convaincre que ni la *Dixième Promenade*, ni, par voie de conséquence, l'œuvre des *Rêveries* n'est inachevée.
2. *Correspondance complète*, éd. Leigh, n° 7093.

de l'entreprise littéraire ou y mettre un terme. N'est-ce pas en effet le sens de cette remarque liminaire : « Le recueil de mes longs rêves est à peine commencé, et déjà je sens qu'il touche à sa fin » (p. 131) ? La botanique finit même par prendre la place de l'écriture en se substituant au ressort de cette dernière, la rêverie, puisqu'elle ôte au promeneur solitaire « même le temps de rêver » (p. 131). De fait, elle devient chez Rousseau une métaphore de la littérature. Il classe et compare les herbes ramassées, voire se contente de les engranger ; « à chaque nouveau brin d'herbe que je rencontre, je me dis avec satisfaction, voilà toujours une plante de plus » (p. 133). L'herbier s'oppose au livre comme une « œuvre d'amusement » à une « œuvre de travail ». Mais ces oppositions montrent quand même que Rousseau, tout en insistant sur la différence, est sensible à la parenté métaphorique entre le recueil — qui est bien le mot par lequel il désigne ses *Rêveries* — et l'herbier. Collectionner les plantes ramassées dans ses promenades, comme le *cerastium aquaticum* cueilli le jour de son accident (p. 55) et en évoquer les noms dans les *Rêveries* participent du même mouvement : conserver les tiges, ou les noms, qui préservent le souvenir de cette promenade. Cela doit suppléer à la déperdition de vivacité de la vie réelle, des sensations comme des sentiments : « Je revenais avec complaisance sur toutes les affections de mon cœur [...] et je me préparais à les rappeler assez pour les décrire avec un plaisir *presque* égal à celui que j'avais pris à m'y livrer » (p. 56).

Le passage de la promenade pédestre à son évocation par l'écriture littéraire est d'autant plus fluide que la nature est pour Rousseau un lieu symbolique ; elle est avant tout l'antonyme de la ville. Tranquillité et verdure quand la ville est bruit et fumée, elle est solitude alors que la ville est foule. Elle est aussi travail et méditation alors que la ville est dispersion et fébrilité stérile. La nature est pour lui, hors du monde des hommes, une échappée qui, indépendamment de sa beauté propre, vaut aussi comme asile : « Je ne puis mettre le pied dans la rue sans m'y voir entouré d'objets déchirants ; je me hâte de gagner à grands pas la campagne ; sitôt que je vois la verdure, je commence à respirer. Faut-il s'étonner si j'aime la solitude ? Je ne vois qu'animosité sur les visages des hommes, et la nature me rit toujours » (p. 177).

C'est cette vision symbolique de la nature qui justifie qu'il la trouve hors de la ville, même en des lieux qui ne sont pas nécessairement sauvages et solitaires : il se fait un plaisir d'escapades hors de Paris dans cette *Neuvième Promenade* où il est question de la « campagne », c'est-à-dire de lieux cultivés et habités, ce qui était bien le cas des villages qui, en 1777, ne laissaient plus depuis longtemps de solitudes sauvages autour de Paris. L'opposition radicale entre la rue et la campagne rend plus forte celle qu'il établit entre la foule en ville et la solitude à la campagne : il s'agit bien d'une opposition subjective, tout animée par son agoraphobie.

« *Cherchons par mes propres principes à résoudre pour moi ces questions* »

On notera avec étonnement que Rousseau, dans les *Rêveries*, admet toujours un penchant que le lecteur observe dans toute son œuvre : « La vérité générale et abstraite est le plus précieux de tous les biens. » Rousseau est un penseur inquiet, perfectionniste, parce que pour lui la vérité est une. Si le lecteur peut parfois s'y tromper dans les *Rêveries*, c'est parce que Rousseau n'écrivant que pour lui peut alléger l'appareil de la preuve. Par ailleurs, la stylisation du texte des *Rêveries*, le petit nombre de termes techniques appartenant à la philosophie morale, le caractère quotidien des thèmes évoqués plus que l'affirmation de Rousseau qu'il n'écrit que pour lui ne peuvent abuser longtemps le lecteur attentif : l'élégance littéraire des *Rêveries* ne provient pas d'un renoncement aux questions ardues de la philosophie.

La méticulosité qui avait permis des analyses psychologiques précises et des découvertes, dans les *Confessions*, laisse place dans les *Rêveries* à une rhétorique de la légèreté. Il ne s'agit pas d'affirmations gratuites mais de raisonnements dont la preuve a été donnée ailleurs et dont Rousseau reprend les conséquences acquises sans l'arsenal de la démonstration. Ainsi, il regrette que les « pénibles recherches » (p. 74) qui ont donné la *Profession de foi du vicaire savoyard* soient aujourd'hui méprisées des hommes : mais alors que ce texte dense et long de 1762 examinait les questions une par une, la *Troisième Promenade* les résume, rappelant les questions et surtout les conclusions et prises de parti mais non les termes des débats. Y. Le Hir explicite parfaitement ce choix dans son commentaire de la *Septième Promenade* : « Cette page de Rousseau est remarquable par l'alliance de la rigueur logique et de la précision très nuancée dans la connaissance de soi. L'abstraction est compensée avec bonheur par les appels de l'expression figurée, tandis qu'un rythme varié éperonne l'attention. [...] Son enquête l'amène à découvrir un rapport de nécessité entre sa situation actuelle et sa pratique de l'herborisation. Au cours de cette enquête, il a rencontré le motif du complot, qui, élément déterminant de sa conduite et de ses résolutions, apparaît ainsi comme étant paradoxalement pour lui, la source du *meilleur*. En définitive, les démarches apparentes de l'égoïsme acheminent vers l'égotisme. Le style est en toute rigueur miroir et reflet de cette introspection et de cette découverte »[1].

La généralisation des convictions ou des sentiments, dont Rousseau se déclare étonné d'être le seul à les vivre comme il le fait lui, entraîne une stylisation des thèmes et de l'écriture qui contribue puissamment au charme des *Rêveries*. Ainsi du paysage dont la stylisation provient d'abord du manque de description ; Rousseau donne les noms des rues de Paris qu'il longe et des villages qu'il traverse, comme Ménilmontant ou Charonne (p. 54), cite l'île de Saint-Pierre et un mont du Jura, le Chasseron (p. 147). Peu de chose, on en conviendra, et encore s'agit-il le plus souvent de localisation et non de description. La

---

1. *Styles*, Paris, Klincksieck, 1972, p. 71.

stylisation du souvenir atteint sa perfection avec l'évocation des Charmettes, qui dans la *Dixième Promenade* n'a plus de nom ni d'adresse, plus même de voisinage, elle est « une maison isolée au penchant d'un vallon » (p. 183). C'est ce que R. Osmont appelle le « style intimiste », qui « transforme le battement de cœur d'un seul homme en émotion universelle »[1].

Rêverie et extase

La forme d'activité mentale à laquelle Rousseau achèvera d'attacher le nom de « rêveries » est ancienne chez lui, s'il faut en croire les *Confessions* : il a toujours connu des états de bonheur intense dans une forme d'imagination qui le coupait de la réalité, mais cela ne le conduisit à la création littéraire qu'avec *La Nouvelle Héloïse*. Pour montrer l'emprise de son imagination, Rousseau parle bien de « délire », d'« efforts inutiles pour écarter de [lui] toutes ces fictions » et finalement, « tout à fait séduit » et « subjugué complètement », il « se jette à plein collier dans [s]es rêveries »[2]. Choisi peut-être par dérision à l'origine, le mot a fini par désigner chez Rousseau un état de conscience et a été perçu par lui et après lui comme lié à une forme littéraire, ce qui explique son succès et son expansion chez d'autres écrivains du moi.

La rêverie connaît chez Rousseau manifestement plusieurs stades, c'est un état de bonheur absolu qui, pour cette raison même, n'est que rarement accessible à l'homme. Les descriptions qu'il en donne ne sont donc pas contradictoires, mais l'état décrit comporte des degrés si différents que cela conditionne un changement d'ordre. Il utilise en effet « rêverie » pour désigner au moins deux états psychiques différents : d'une part, la pensée vagabonde, qui a un contenu ; et de l'autre, le courant de pensée, pur mouvement. Les plaisirs agréables conduisent au bord de la rêverie mais ils en sont distincts. Ainsi Rousseau note dans la

---

1. *Études Jean-Jacques Rousseau*, n° 2, 1988, p. 44. **2.** Le Livre de Poche, t. II, p. 244.

Septième Promenade la différence de nature entre les
« douces rêveries », les « chères extases » (p. 134) qu'il
avait connues jusqu'à cinquante ans et leur version attiédie
dans une âme en peine. Rousseau présente la rêverie
comme un laisser-aller, un exercice libre de la paresse permis à l'homme rejeté par tous les autres. En quoi il joue
d'une feinte modestie car il ne s'agit de rien de moins que
d'une nouvelle façon de s'observer. La rêverie de Rousseau était ressentie par lui comme une pensée d'une texture
différente. Elle survient, dit-il, « quand je laisse ma tête
entièrement libre, et mes idées suivre leur pente sans résistance et sans gêne » (p. 53), caractéristique où il apprécie
une marque de leur authenticité. La rêverie désigne d'abord
une observation libre de son esprit, avant d'en désigner la
description. La rêverie lui donne ce qu'il méritait et qu'il
n'a pas eu : elle lui offre le souvenir et la trace d'un songe,
de la vie qu'il n'a eue qu'en rêve. En rêve, cette vie était
heureuse, c'est pourquoi les *Rêveries*, dont la thématique
explicite n'est pas toujours joyeuse, retentissent néanmoins
de ce bonheur, un bonheur rêvé sans doute, mais en cela
réel, vivace et durable.

Rousseau avait donné une description de l'extase qu'il
peut ressentir dans la nature dans la *Troisième Lettre à
Malesherbes*, le 26 janvier 1762. Il y expliquait aussi clairement que possible ce mouvement heureux de perte de
soi dans l'univers, à la fois trop vaste et trop petit :
« L'esprit perdu dans cette immensité, je ne pensais pas,
je ne raisonnais pas, je ne philosophais pas ; je me sentais
avec une sorte de volupté accablé du poids de cet univers,
je me livrais avec ravissement à la confusion de ces
grandes idées, j'aimais à me perdre en imagination dans
l'espace, mon cœur resserré dans les bornes des êtres s'y
trouvait trop à l'étroit, j'étouffais dans l'univers, j'aurais
voulu m'élancer dans l'infini »[1]. Dans les *Rêveries du
promeneur solitaire*, il décrit également des extases au
contact de la nature, qui gagnent en force pour des raisons
littéraires. N'imaginant plus avoir de lecteur, il met en

---

1. Édition Gagnebin-Raymond, t. I, p. 1141.

mots, à son seul usage, le bonheur extatique, avec pour seul but la jouissance personnelle de le revivre et non de se l'expliquer. La description du phénomène prend un caractère moins démonstratif ou explicatif et plus sensible. Le philosophe et critique G. Bachelard a commenté la structure de la rêverie sur l'eau dans une page qui pourrait être une paraphrase de la *Cinquième Promenade* : « Dans l'univers, l'eau dormante est une masse de tranquillité, une masse d'immobilité. Dans l'eau dormante, le monde se repose. Devant l'eau dormante, le rêveur *adhère* au repos du monde. Le lac, l'étang sont là. Ils ont un privilège de présence. Le rêveur peu à peu est dans cette présence, le moi du rêveur ne connaît plus d'opposition. Il n'y a plus rien *contre* lui. L'univers a perdu toutes les fonctions du *contre*. L'âme est partout chez elle dans un univers qui repose sur l'étang. L'eau dormante intègre toute chose, l'univers et son rêveur. Dans cette union, l'âme médite. C'est près d'une eau dormante que le rêveur pose le plus naturellement son *cogito*, un véritable *cogito* d'âme où va s'assurer l'être des profondeurs »[1].

La *Cinquième Promenade* donne, de la rêverie extatique, l'exemple le plus achevé, mais cet état de conscience est susceptible, dans les *Rêveries du promeneur solitaire*, de variation d'intensité. R. Osmont commente ainsi le type de bonheur de la *Septième Promenade* : « Le promeneur solitaire nous avertit qu'il n'a plus assez de vigueur pour accéder aux grandes extases (comme au temps des lettres à M. de Malesherbes) ; mais dans une humble délectation, partant de la multiplicité des images de la nature, il crée en lui l'unité du bonheur. » De la *Seconde* à la *Cinquième* et surtout à la *Septième*, l'intensité de l'extase évoquée semble effectivement régresser.

Pour lui, l'écriture n'est pas un but, c'est un moyen ; le but de l'écriture, c'est le bonheur de retomber dans la rêverie. Par l'écriture de la rêverie dans la *Promenade* reviendront les souvenirs, se creusera l'analyse ou l'ob-

---

1. *L'Eau et les songes*, Paris, Corti p. 169.

servation et, par la relecture, reviendra l'état d'esprit et des sens dont elle est le registre. Ses pages sont le « fruit » de ses méditations solitaires « dont la source ne peut s'éteindre qu'avec [s]on âme » (p. 51) ; la métaphore, désaccordée, semble figurer l'abondance désordonnée de l'inspiration qui émane de la rêverie. Ce contexte explique le détachement avec lequel il regarde les manuscrits des *Rêveries*. Il a fait le deuil du désir d'être compris de ses contemporains, après avoir beaucoup lutté pour le réaliser ; les *Rêveries* expriment une sorte de sérénité, qui lui vient de son récent éloignement à l'égard de toute chose. Le désespoir de se faire lire étant total, il demeure le seul lecteur de ses *Rêveries*, ce qui rend insignifiante l'éventuelle disparition de ses papiers : « Qu'on épie ce que je fais, qu'on s'inquiète de ces feuilles, qu'on s'en empare, qu'on les supprime, qu'on les falsifie, tout cela m'est égal désormais » (p. 51). Au-delà de l'affirmation, cette mise en scène expressionniste cruelle semble constituer un exercice de détachement stoïcien, un effort d'autosuggestion.

Le mot de « rêverie » a conquis avec Rousseau ses lettres de noblesse littéraire. Sous sa plume même, il avait pourtant commencé comme un euphémisme, pour désigner une idée fantasque. Cependant son sens de pensée inaboutie, non entièrement rationnelle, désignant une idée vague ou imprécise a peut-être trompé certains lecteurs. Mais derrière cette apparence légère et informelle, il ouvrait la voie aux interrogations sur la valeur existentielle et ontologique du travail littéraire, une des dimensions les plus riches de la littérature moderne. Qu'est-ce que le « demi-sommeil » du Narrateur d'*À la recherche du temps perdu*, sinon une rêverie ?

« *Je n'écris mes rêveries que pour moi* »

Acte fondateur, la décision d'écrire pour soi rend l'auteur entièrement libre de son projet comme de son rythme, parce que ni l'intention morale ni l'utilité sociale du livre ne lui importent plus. Ce qui ne veut pas dire qu'elles n'existent pas : la fantaisie est dans la démarche, dans le rythme, mais non dans l'objet des pages qui, au-delà de la recherche affichée de la jouissance par la mémoire, est de nature morale et se constitue en un examen de conscience, tout particulièrement dans les *Quatrième* et *Sixième Promenades*, qui atteignent à une valeur anthropologique, parce que les observations que Rousseau y fait sur l'homme ont une valeur générale.

Les preuves, noms, dates, circonstances qui importaient tellement dans les *Confessions*, n'ont plus leur place dans les *Rêveries*. Rousseau ne tient plus à prouver ni l'existence du complot, devenue indiscutable à ses yeux, ni son innocence, abondamment prouvée dans le passé si les hommes avaient voulu l'écouter. Les éléments matériels n'ayant plus aucune importance, c'est l'évolution de son cœur et de son esprit qui seule compte et les étapes de ce cheminement ne renvoient pas à la chronologie collective[1]. Or l'étrangeté en elle-même de sa situation justifie qu'il prenne encore la plume, non pour l'expliquer aux autres mais pour la comprendre lui-même. En toute solitude, et sans personne pour le lire, il est néanmoins fondé à écrire ses rêveries : « L'étrange état » (p. 49), « la plus étrange position où se puisse jamais trouver un mortel » (p. 53) constituent une circonstance qui influe sur les pensées et les rend uniques, et en justifient la description. L'écriture des *Rêveries du promeneur solitaire* sourd, au même titre que l'examen de conscience, du sort inédit de l'auteur : « une situation si singulière mérite assurément d'être examinée et décrite » (p. 50).

D'ailleurs, lecteur de lui-même, il renoue avec la tradition du livre ami du lecteur, du livre comme médiateur, comme suppléant à la conversation qui ne peut matériellement s'établir par-delà l'espace ou surtout le temps, c'est un dédoublement dans le temps avec « un moins vieux ami » (p. 51). Le lecteur ne peut être que l'ami qui le connaît et non le lecteur qui le lit, il ne peut être que l'exé-

---

1. Voir, p. 9, sur son allusion présumée à la mort de Conti.

cuteur testamentaire chargé de dire qu'il a connu cet homme et reçu de lui une franche parole et non des constructions littéraires. Finalement, dans les *Rêveries*, Rousseau invente un nouveau rapport au lecteur, mais parce qu'une écriture est nécessairement une écriture pour quelqu'un, le dilemme ainsi posé impose l'invention d'un nouveau lecteur, c'est-à-dire l'invention d'un nouveau rapport du lecteur à l'auteur dans l'acte de lecture. Comme il n'y a plus de lecteur, il n'y a plus d'effort d'adresse ou de démonstration, il n'y a plus de tension argumentative. Reste l'énoncé limpide et autonome d'une conscience de soi.

Mais sans plus de lecteur, la stylistique de l'œuvre se trouve transformée : qu'il n'y ait plus d'adresse explicite au lecteur ne règle pas le problème d'éventuelles adresses implicites. L'expression « informe journal de mes rêveries » (p. 49) est significative. Alors qu'elle semble désigner des pages invertébrées, elle résume une esthétique : celle d'une œuvre intime égotiste, sans construction rationnelle ni succession discursive. L'« informe journal » ne pouvait pas être un journal au sens générique du terme. En effet, la position rhétorique de l'auteur de journal est d'écrire sans souci avoué du lecteur, ce qui promeut ce dernier au rang d'ami ou d'invité de marque, voire d'indiscret ; or, par un phénomène parallèle à cette qualification affective du lecteur, Rousseau, dans les *Rêveries du promeneur solitaire*, ne se regarde pas comme auteur. En revanche, dans l'écriture même, il se rapproche de la position du lecteur puisque la finalité de sa composition littéraire est de se relire, de se faire, sans souci du public, lecteur de lui-même. Les efforts de composition de Rousseau indiquent que, pour bien écrire pour soi, il faut écrire comme on le ferait pour autrui, c'est-à-dire se considérer comme un exigeant lecteur. Les soins qu'il apporte à son œuvre sont plus guidés par le plaisir de lire que par le plaisir d'écrire : « Leur lecture me rappellera la douceur que je goûte à les écrire » (p. 50). Notons que dans cette seule mention du plaisir d'écrire, le but est clair : il s'agit de se préparer de quoi relire, c'est-à-dire re-rêver.

Cette posture d'écrivain prenant la plume pour soi seul

a un autre effet, intrinsèquement littéraire, son type d'humour. Il se manifeste en effet dans la chronologie du récit, lorsqu'après avoir déjà énoncé les produits de son imagination, les anticipations ou les distorsions dont elle est coutumière, il leur oppose la présentation de la réalité. Le même pouvoir suggestif qui lui faisait prévoir les atteintes du complot dans un seul regard mauvais est capable de lui faire croire un instant qu'il est un nouveau Christophe Colomb (p. 146) pour s'amuser lui-même de la méprise dans le paragraphe suivant.

Tout cela donne aux *Rêveries* un statut et un rapport particulier avec le public. Car si la posture littéraire de Rousseau consiste à répudier les hommes hors de sa vie « puisqu'ils l'ont voulu » (p. 43) et aussi hors de son œuvre, ce programme ne peut pas se réaliser littérairement : nous sommes les lecteurs de ces pages. Si le livre ne nous est pas *adressé*, il nous est nécessairement *destiné*. Or nous sommes émus par une nouvelle dimension de la littérature, par le ton inédit d'un livre qui n'était pas pour nous. Il n'y a rien là d'une curiosité voyeuriste liée à la violation d'écrits privés : Rousseau qui évoque sans état d'âme apparent la possibilité que ses « feuilles » lui soient dérobées n'a pris aucune mesure pour les détruire ou les faire détruire à sa mort et a même pris la peine (pour qui ?) de mettre au net les sept premières. Nous sommes donc des lecteurs autorisés bien qu'inespérés si nous ne sommes pas, comme il le croit unanimement de ses contemporains, des hommes méchants. Les *Rêveries* ne comptent qu'une allusion à la postérité de son œuvre, et elle concerne non le présent écrit mais « la profession de foi du Vicaire Savoyard, ouvrage indignement prostitué et profané dans la génération présente, mais qui peut faire un jour révolution parmi les hommes si jamais il y renaît du bon sens et de la bonne foi » (p. 74). Une nouvelle fois, il est donné de constater que l'activité autobiographique de Rousseau cherche aussi à établir l'authenticité de ses œuvres antérieures.

En somme, on pourra lire cette posture d'écriture comme un appel à une lecture intimiste, empathique, qui réclame

« bon sens » et « bonne foi », deux qualités de cœur considérables chez Rousseau. N'ayant plus « de frère de prochain d'ami » que lui-même, il se voit condamné à la
solitude en ce monde. Sera-t-il son seul lecteur ? Ce faisant,
il serait deux instances, sinon deux personnes : l'auteur et
le lecteur de son œuvre et il le déclare explicitement ; mais
ce deuxième rôle peut se partager, se démultiplier, s'il se
trouve un *alter ego*. Le lecteur qui voudra lire de la sorte
sera en résonance avec le mode d'écriture des *Rêveries du
promeneur solitaire*. Une telle conception du rapport au
lecteur, regardé comme un autre lui-même, suffirait à faire
de Rousseau un des initiateurs de la modernité en littérature. En tout cas, et quelle qu'ait été la conscience que les
contemporains de la première édition ont eue de ce nouveau pacte de lecture, il fait aujourd'hui la valeur littéraire
de cette œuvre. Rousseau ouvre à une autre lecture, à un
autre rapport au lecteur et donc à un autre enjeu de la littérature que tout ce qui avait été écrit avant lui. L'intensité de
l'émotion donnée par la page écrite ne pouvant presque
jamais atteindre celle de la sensation vécue, il est excep-
tionnel que la jouissance qui vient par la lecture égale celle
de l'expérience. Il faudrait pour cela savoir rêver au point
où Rousseau reconnaît en être capable, et la lecture des
Rêveries demande donc peut-être du lecteur une même
puissance imaginaire. Cela peut vouloir dire que Rousseau
n'écrivait que pour lui-même, au sens où seul un *alter ego*,
seul un autre lui-même pouvait le lire, parce que lire serait
ici ressentir.

Michèle CROGIEZ

NOTE SUR L'ÉTABLISSEMENT DU TEXTE

Nous avons choisi de moderniser l'orthographe de Rousseau et d'ajouter à sa ponctuation quelques signes, chaque fois que leur absence produisait une ambiguïté de construction. Nous n'avons pas jugé utile de suppléer les points d'interrogation quand les phrases sont grammaticalement des interrogatives ni de souligner les titres quand Rousseau ne l'a pas fait : c'est le cas pour les œuvres célèbres, pour les *Essais* de Montaigne, et pour ses propres livres. Cette pratique était encore partiellement en usage à son époque.

La ponctuation originale de Rousseau contribue au rythme tendu de la phrase des *Rêveries du promeneur solitaire*. Les énumérations notamment ne sont pas toujours scandées par les virgules qui nous sont usuelles, ce qui donne, sans respiration, « Je n'ai plus en ce monde ni prochain ni semblables ni frères » (p. 48) ou en revanche avec une pause avant la conjonction « deux ans, deux siècles, et toute l'éternité » (p. 106). Nous avons cherché un équilibre entre ce souffle et les usages modernes de la ponctuation.

Références

Édition Gagnebin-Raymond : *Œuvres complètes*, Gallimard, « La Pléiade », 5 volumes.

Leigh : *Correspondance complète*, éd. R.A. Leigh, Genève-Oxford, 52 volumes.

Trévoux : *Dictionnaire universel français et latin*,

Nancy, 1740, ordinairement appelé « Dictionnaire de Tré-voux ».

Les citations des *Confessions de Jean-Jacques Rousseau* renvoient à l'édition du Livre de Poche, 2 vol., 1998 et celles du *Discours sur l'origine et les fondements de l'inégalité parmi les hommes* à l'édition G. Mairet, Le Livre de Poche, 1992.

M.C.

PREMIÈRE PROMENADE

Me voici donc seul sur la terre, n'ayant plus de frère de prochain d'ami de société que moi-même. Le plus sociable et le plus aimant des humains en a été proscrit par un accord unanime. Ils ont cherché dans les raffinements de leur haine quel tourment pouvait être le plus cruel à mon âme sensible, et ils ont brisé violemment tous les liens qui m'attachaient à eux. J'aurais aimé les hommes en dépit d'eux-mêmes. Ils n'ont pu qu'en cessant de l'être se dérober à mon affection. Les voilà donc étrangers, inconnus, nuls enfin pour moi puisqu'ils l'ont voulu. Mais moi, détaché d'eux et de tout, que suis-je moi-même ? Voilà ce qui me reste à chercher. Malheureusement cette recherche doit être précédée d'un coup d'œil sur ma position. C'est une idée par laquelle il faut nécessairement que je passe pour arriver d'eux à moi.

Depuis quinze ans et plus que je suis dans cette étrange position elle me paraît encore un rêve[1]. Je m'imagine

---

1. Est-ce une allusion au doute de Descartes ? Elle indiquerait que, pour Rousseau, même une telle hypothèse philosophique radicale est insuffisante à rendre compte de sa situation. Descartes avait proposé dans la quatrième partie du *Discours de la méthode* cet argument célèbre : « Considérant que toutes les mêmes pensées que nous avons étant éveillés nous peuvent aussi venir quand nous dormons, sans qu'il y en ait aucune pour lors qui soit vraie, je me résolus de feindre que toutes les choses qui m'étaient jamais entrées en l'esprit n'étaient non plus vraies que les illusions de mes songes. Mais aussitôt après je pris garde que, pendant que je voulais ainsi

toujours qu'une indigestion me tourmente, que je dors
d'un mauvais sommeil, et que je vais me réveiller bien
soulagé de ma peine en me retrouvant avec mes amis.
Oui, sans doute, il faut que j'aie fait sans que je m'en
aperçusse un saut de la veille au sommeil, ou plutôt de la
vie à la mort. Tiré je ne sais comment de l'ordre des
choses, je me suis vu précipité dans un chaos incompréhensible où je n'aperçois rien du tout, et plus je pense à
ma situation présente et moins je puis comprendre où je
suis.

Eh comment aurais-je pu prévoir le destin qui m'attendait ? Comment le puis-je concevoir encore aujourd'hui
que j'y suis livré ? Pouvais-je dans mon bon sens supposer qu'un jour, moi le même homme que j'étais, le même
que je suis encore, je passerais, je serais tenu sans le
moindre doute pour un monstre, un empoisonneur, un
assassin, que je deviendrais l'horreur de la race humaine,
le jouet de la canaille, que toute la salutation que me
feraient les passants serait de cracher sur moi, qu'une
génération tout entière s'amuserait d'un accord unanime
à m'enterrer tout vivant ? Quand cette étrange révolution
se fit, pris au dépourvu j'en fus d'abord bouleversé. Mes
agitations, mon indignation me plongèrent dans un délire
qui n'a pas eu trop de dix ans pour se calmer, et dans cet
intervalle, tombé d'erreur en erreur, de faute en faute, de
sottise en sottise, j'ai fourni par mes imprudences aux
directeurs de ma destinée autant d'instruments qu'ils ont
habilement mis en œuvre pour la fixer sans retour[1].

Je me suis débattu longtemps aussi violemment que
vainement. Sans adresse, sans art, sans dissimulation,
sans prudence, franc, ouvert, impatient, emporté, je n'ai
fait en me débattant que m'enlacer davantage et leur don-

---

penser que tout était faux, il fallait nécessairement que moi qui le
pensais fusse quelque chose ; et remarquant que cette vérité, — je
pense, donc je suis —, était si ferme et si assurée, que toutes les
plus extravagantes suppositions des sceptiques n'étaient pas
capables de l'ébranler, je jugeai que je pouvais la recevoir sans
scrupule pour le premier principe de la philosophie que je cherchais. »

1. *Sans retour possible, irréversiblement.*

ner incessamment[1] de nouvelles prises qu'ils n'ont eu garde de négliger. Sentant enfin tous mes efforts inutiles et me tourmentant à pure perte j'ai pris le seul parti qui me restait à prendre, celui de me soumettre à ma destinée sans plus regimber contre la nécessité. J'ai trouvé dans cette résignation le dédommagement de tous mes maux par la tranquillité qu'elle me procure[2] et qui ne pouvait s'allier avec le travail continuel d'une résistance aussi pénible qu'infructueuse.

Une autre chose a contribué à cette tranquillité. Dans tous les raffinements de leur haine mes persécuteurs en ont omis un que leur animosité leur a fait oublier ; c'était d'en graduer si bien les effets qu'ils pussent entretenir et renouveler mes douleurs sans cesse en me portant toujours quelque nouvelle atteinte. S'ils avaient eu l'adresse de me laisser quelque lueur d'espérance ils me tiendraient encore par là. Ils pourraient faire encore de moi leur jouet par quelque faux leurre, et me navrer ensuite d'un tourment toujours nouveau par mon attente déçue. Mais ils ont d'avance épuisé toutes leurs ressources ; en ne me laissant rien ils se sont tout ôté à eux-mêmes. La diffamation, la dépression, la dérision, l'opprobre dont ils m'ont couvert ne sont pas plus susceptibles d'augmentation que d'adoucissement ; nous sommes également hors d'état, eux de les aggraver et moi de m'y soustraire. Ils se sont tellement pressés de porter à son comble la mesure de ma misère que toute la puissance humaine aidée de toutes les ruses de l'enfer n'y saurait plus rien ajouter. La douleur physique elle-même au lieu d'augmenter mes peines y ferait diversion. En m'arrachant des cris, peut-être, elle m'épargnerait des gémissements, et les déchirements de mon corps suspendraient ceux de mon cœur.

Qu'ai-je encore à craindre d'eux puisque tout est fait. Ne pouvant plus empirer mon état ils ne sauraient plus m'inspirer d'alarmes. L'inquiétude et l'effroi sont des

---

1. Au sens classique de « sans cesse ». **2.** Noter le présent. Sa tranquillité est actuelle, réelle, comme le confirment les passés composés, indiquant le résultat présent d'une action passée : « j'ai trouvé » et « a contribué ».

maux dont ils m'ont pour jamais délivré : c'est toujours un soulagement. Les maux réels ont sur moi peu de prise ; je prends aisément mon parti sur ceux que j'éprouve, mais non pas sur ceux que je crains. Mon imagination effarouchée les combine, les retourne, les étend et les augmente. Leur attente me tourmente cent fois plus que leur présence et la menace m'est plus terrible que le coup. Sitôt qu'ils arrivent, l'événement leur ôtant tout ce qu'ils avaient d'imaginaire les réduit à leur juste valeur. Je les trouve alors beaucoup moindres que je ne me les étais figurés, et même au milieu de ma souffrance je ne laisse pas de me sentir soulagé. Dans cet état, affranchi de toute nouvelle crainte et délivré de l'inquiétude de l'espérance, la seule habitude[1] suffira pour me rendre de jour en jour plus supportable une situation que rien ne peut empirer, et à mesure que le sentiment s'en émousse par la durée ils n'ont plus de moyen pour le ranimer. Voilà le bien que m'ont fait mes persécuteurs en épuisant sans mesure tous les traits de leur animosité. Ils se sont ôté sur moi tout empire, et je puis désormais me moquer d'eux.

Il n'y a pas deux mois encore qu'un plein calme est rétabli dans mon cœur. Depuis longtemps je ne craignais plus rien, mais j'espérais encore, et cet espoir tantôt bercé tantôt frustré était une prise par laquelle mille passions diverses ne cessaient de m'agiter. Un événement aussi triste qu'imprévu vient enfin d'effacer de mon cœur ce faible rayon d'espérance et m'a fait voir ma destinée fixée à jamais sans retour ici bas. Dès lors je me suis résigné sans réserve et j'ai retrouvé la paix.

Sitôt que j'ai commencé d'entrevoir la trame dans toute son étendue, j'ai perdu pour jamais l'idée de ramener de mon vivant le public sur mon compte ; et même ce retour ne pouvant plus être réciproque me serait désormais bien inutile. Les hommes auraient beau revenir à moi, ils ne me retrouveraient plus. Avec le dédain qu'ils m'ont inspiré, leur commerce me serait insipide et même à charge, et je suis cent fois plus heureux dans ma solitude que je

---

1. *À elle seule, l'habitude...*

ne pourrais l'être en vivant avec eux. Ils ont arraché de mon cœur toutes les douceurs de la société. Elles n'y pourraient plus germer derechef à mon âge ; il est trop tard. Qu'ils me fassent désormais du bien ou du mal, tout m'est indifférent de leur part, et quoi qu'ils fassent, mes contemporains ne seront jamais rien pour moi.

Mais je comptais encore sur l'avenir, et j'espérais qu'une génération meilleure, examinant mieux et les jugements portés par celle-ci sur mon compte et sa conduite avec moi, démêlerait aisément l'artifice de ceux qui la dirigent et me verrait enfin tel que je suis. C'est cet espoir qui m'a fait écrire mes Dialogues, et qui m'a suggéré mille folles tentatives pour les faire passer à la postérité [1]. Cet espoir, quoique éloigné, tenait mon âme dans la même agitation que quand je cherchais encore dans le siècle un cœur juste, et mes espérances que j'avais beau jeter au loin me rendaient également le jouet des hommes d'aujourd'hui. J'ai dit dans mes Dialogues sur quoi je fondais cette attente. Je me trompais. Je l'ai senti par bonheur assez à temps pour trouver encore avant ma dernière heure un intervalle de pleine quiétude et de repos absolu. Cet intervalle a commencé à l'époque dont je parle, et j'ai lieu de croire qu'il ne sera plus interrompu.

Il se passe bien peu de jours que de nouvelles réflexions ne me confirment combien j'étais dans l'erreur de compter sur le retour du public, même dans un autre âge ; puisqu'il est conduit dans ce qui me regarde par des guides qui se renouvellent sans cesse dans les corps qui m'ont pris en aversion. Les particuliers meurent, mais les corps collectifs ne meurent point. Les mêmes passions s'y perpétuent, et leur haine ardente, immortelle comme le

---

1. Rousseau a copié au moins quatre fois, de sa main, le texte des *Dialogues* : un exemplaire a été remis à un jeune Anglais de ses amis, Brooke Boothby, qui en donna une édition partielle en 1780 (le manuscrit est aujourd'hui à Londres), celui qu'il avait vainement essayé de déposer sur l'autel de Notre-Dame et qu'il a remis à Condillac (aujourd'hui au Département des Manuscrits de la Bibliothèque nationale de France), un troisième confié à Moultou (Genève) et un quatrième, qui se trouve aujourd'hui à la Bibliothèque du Palais-Bourbon.

Démon qui l'inspire, a toujours la même activité. Quand tous mes ennemis particuliers seront morts, les Médecins, les Oratoriens vivront encore, et quand je n'aurais pour persécuteurs que ces deux corps-là je dois être sûr qu'ils ne laisseront pas plus de paix à ma mémoire après ma mort, qu'ils n'en laissent à ma personne de mon vivant. Peut-être, par trait de temps[1], les médecins que j'ai réellement offensés pourraient-ils s'apaiser : mais les Oratoriens que j'aimais, que j'estimais, en qui j'avais toute confiance et que je n'offensai jamais, les Oratoriens, gens d'Église et demi-moines, seront à jamais implacables, leur propre iniquité fait mon crime que leur amour-propre ne me pardonnera jamais, et le public, dont ils auront soin d'entretenir et ranimer l'animosité sans cesse, ne s'apaisera pas plus qu'eux[2].

Tout est fini pour moi sur la terre. On ne peut plus m'y faire ni bien ni mal. Il ne me reste plus rien à espérer ni à craindre en ce monde, et m'y voilà tranquille au fond de l'abîme, pauvre mortel infortuné, mais impassible comme Dieu même.

Tout ce qui m'est extérieur m'est étranger désormais. Je n'ai plus en ce monde ni prochain ni semblables ni frères. Je suis sur la terre comme dans une planète étrangère où je serais tombé de celle que j'habitais. Si je reconnais autour de moi quelque chose ce ne sont que des objets affligeants et déchirants pour mon cœur, et je ne peux jeter les yeux sur ce qui me touche et m'entoure sans y trouver toujours quelque sujet de dédain qui m'indigne ou de douleur qui m'afflige. Écartons donc de mon esprit tous les pénibles objets dont je m'occuperais aussi douloureusement qu'inutilement[3]. Seul pour le reste de ma vie, puisque je ne trouve qu'en moi la consolation, l'espérance et la paix, je ne dois ni ne veux plus m'occuper que de moi. C'est dans cet état que je reprends la suite de l'examen sévère et sincère que j'appelai jadis

---

1. *Par l'effet du temps qui passe.*   2. Rousseau renonce ici au dernier espoir qui reste aux persécutés : celui d'être réhabilité par la postérité.   3. L'emploi de l'impératif manifeste l'effort volontaire pour ne pas céder à la tristesse.

mes Confessions. Je consacre mes derniers jours à m'étudier moi-même et à préparer d'avance le compte que je ne tarderai pas à rendre de moi. Livrons-nous tout entier à la douceur de converser avec mon âme puisqu'elle est la seule que les hommes ne puissent m'ôter. Si à force de réfléchir sur mes dispositions intérieures je parviens à les mettre en meilleur ordre et à corriger le mal qui peut y rester, mes méditations ne seront pas entièrement inutiles, et quoique je ne sois plus bon à rien sur la terre je n'aurai pas tout à fait perdu mes derniers jours. Les loisirs de mes promenades journalières ont souvent été remplis de contemplations charmantes dont j'ai regret d'avoir perdu le souvenir. Je fixerai par l'écriture celles qui pourront me venir encore ; chaque fois que je les relirai m'en rendra la jouissance [1]. J'oublierai mes malheurs, mes persécuteurs, mes opprobres, en songeant au prix qu'avait mérité mon cœur.

Ces feuilles ne seront proprement qu'un informe journal de mes rêveries. Il y sera beaucoup question de moi parce qu'un solitaire qui réfléchit s'occupe nécessairement beaucoup de lui-même. Du reste toutes les idées étrangères qui me passent par la tête en me promenant y trouveront également leur place. Je dirai ce que j'ai pensé tout comme il m'est venu et avec aussi peu de liaison que les idées de la veille en ont d'ordinaire avec celles du lendemain. Mais il en résultera toujours une nouvelle connaissance de mon naturel et de mon humeur par celle des sentiments et des pensées dont mon esprit fait sa pâture journalière dans l'étrange état où je suis. Ces feuilles peuvent donc être regardées comme un appendice de mes Confessions, mais je ne leur en donne plus le titre, ne sentant plus rien à dire qui puisse le mériter. Mon cœur s'est purifié à la coupelle de l'adversité, et j'y trouve à peine en le sondant avec soin quelque reste de penchant répréhensible. Qu'aurais-je encore à confesser quand toutes les affections terrestres en sont arrachées ? Je n'ai

---

1. Le but donné explicitement par Rousseau à la composition des *Rêveries* est ici leur relecture et non leur écriture.

pas plus à me louer qu'à me blâmer : je suis nul désormais parmi les hommes, et c'est tout ce que je puis être n'ayant plus avec eux de relation réelle, de véritable société. Ne pouvant plus faire aucun bien qui ne tourne à mal, ne pouvant plus agir sans nuire à autrui ou à moi-même, m'abstenir est devenu mon unique devoir, et je le remplis autant qu'il est en moi. Mais dans ce désœuvrement du corps mon âme est encore active, elle produit encore des sentiments, des pensées, et sa vie interne et morale semble encore s'être accrue par la mort de tout intérêt terrestre et temporel. Mon corps n'est plus pour moi qu'un embarras, qu'un obstacle, et je m'en dégage d'avance autant que je puis.

Une situation si singulière mérite assurément d'être examinée et décrite, et c'est à cet examen que je consacre mes derniers loisirs. Pour le faire avec succès il y faudrait procéder avec ordre et méthode : mais je suis incapable de ce travail et même il m'écarterait de mon but qui est de me rendre compte des modifications de mon âme et de leurs successions. Je ferai sur moi-même à quelque égard les opérations que font les physiciens sur l'air pour en connaître l'état journalier. J'appliquerai le baromètre à mon âme, et ces opérations bien dirigées et longtemps répétées me pourraient fournir des résultats aussi sûrs que les leurs. Mais je n'étends pas jusque-là mon entreprise. Je me contenterai de tenir le registre des opérations sans chercher à les réduire en système. Je fais la même entreprise que Montaigne[1], mais avec un but tout contraire au sien : car il n'écrivait ses essais que pour les autres, et je n'écris mes rêveries que pour moi. Si dans mes plus vieux jours, aux approches du départ, je reste, comme je l'espère, dans la même disposition où je suis, leur lecture me rappellera la douceur que je goûte à les écrire, et faisant renaître ainsi pour moi le temps

---

1. La tonalité souvent stoïcienne et la liberté de composition des *Essais* ne sont pas sans parenté avec le ton et le rythme des *Rêveries du promeneur solitaire*. Malgré le dédain apparent qu'il manifeste ici, Rousseau a lu Montaigne jusqu'à la fin de sa vie.

passé, doublera[1] pour ainsi dire mon existence. En dépit des hommes, je saurai goûter encore le charme de la société et je vivrai décrépit avec moi dans un autre âge, comme je vivrais avec un moins vieux ami.

J'écrivais mes premières Confessions et mes Dialogues dans un souci continuel sur les moyens de les dérober aux mains rapaces de mes persécuteurs pour les transmettre s'il était possible à d'autres générations. La même inquiétude ne me tourmente plus pour cet écrit, je sais qu'elle serait inutile, et le désir d'être mieux connu des hommes s'étant éteint dans mon cœur n'y laisse qu'une indifférence profonde sur le sort et de mes vrais écrits[2] et des monuments[3] de mon innocence qui déjà peut-être ont été tous pour jamais anéantis. Qu'on épie ce que je fais, qu'on s'inquiète de ces feuilles, qu'on s'en empare, qu'on les supprime, qu'on les falsifie, tout cela m'est égal désormais. Je ne les cache ni ne les montre. Si on me les enlève de mon vivant on ne m'enlèvera ni le plaisir de les avoir écrites, ni le souvenir de leur contenu, ni les méditations solitaires dont elles sont le fruit[4] et dont la source ne peut s'éteindre qu'avec mon âme. Si dès mes premières calamités j'avais su ne point regimber contre ma destinée, et prendre le parti que je prends aujourd'hui, tous les efforts des hommes, toutes leurs épouvantables machines[5] eussent été sur moi sans effet, et ils n'auraient pas plus troublé mon repos par toutes leurs trames qu'ils ne peuvent le troubler désormais par tous leurs succès ; qu'ils jouissent à leur gré de mon opprobre, ils ne m'empêcheront pas de jouir de mon innocence et d'achever mes jours en paix malgré eux.

---

1. Rédaction préférée à « je doublerai », raturée. La modalisation « pour ainsi dire » insiste sur l'originalité de la formule, qui exprime l'expansion arithmétique de l'existence par le moyen de l'écriture. **2.** Rousseau les oppose à ses « faux écrits » : ceux, croit-il, qu'on va diffuser sous son nom pour le déshonorer. Voir p. 62. **3.** Au sens étymologique : objet qui rappelle la mémoire de quelque chose, qui en atteste l'existence passée. **4.** Le mot suggère une recherche ou un effort, non une pensée vagabonde ou désordonnée. **5.** « Se dit figurément en choses morales, des adresses, des artifices dont on use pour avancer le succès, et pour venir à bout d'une affaire » (Trévoux).

« *Les loisirs de mes promenades journalières ont souvent été remplis de contemplations charmantes.* » (p. 49)

Rousseau à Ermenonville, aquatinte de Frédéric Mayer.

DEUXIÈME PROMENADE

Ayant donc formé le projet de décrire l'état habituel de mon âme dans la plus étrange position où se puisse jamais trouver un mortel, je n'ai vu nulle manière plus simple et plus sûre d'exécuter cette entreprise que de tenir un registre fidèle de mes promenades solitaires et des rêveries qui les remplissent quand je laisse ma tête entièrement libre, et mes idées suivre leur pente sans résistance et sans gêne. Ces heures de solitude et de méditation sont les seules de la journée où je sois pleinement moi et à moi sans diversion, sans obstacle, et où je puisse véritablement dire être ce que la nature a voulu[1].

J'ai bientôt senti que j'avais trop tardé d'exécuter ce projet. Mon imagination déjà moins vive ne s'enflamme plus comme autrefois à la contemplation de l'objet qui l'anime, je m'enivre moins du délire de la rêverie ; il y a plus de réminiscence que de création dans ce qu'elle produit désormais, un tiède alanguissement énerve toutes mes facultés, l'esprit de vie s'éteint en moi par degrés ; mon âme ne s'élance plus qu'avec peine hors de sa caduque enveloppe, et sans l'espérance de l'état auquel j'aspire parce que je m'y sens avoir droit, je n'existerais plus que par des souvenirs. Ainsi pour me contempler

---

1. Rousseau ne peut dire plus clairement qu'il est par nature un être contemplatif, et pour cette raison « dénaturé » quand il s'absorbait dans des tâches humaines. La suite montre que cette « volonté » de la nature le concerne singulièrement et non tous les hommes.

moi-même avant mon déclin, il faut que je remonte au moins de quelques années au temps où perdant tout espoir ici bas et ne trouvant plus d'aliment pour mon cœur sur la terre, je m'accoutumais peu à peu à le nourrir de sa propre substance et à chercher toute sa pâture au-dedans de moi.

Cette ressource, dont je m'avisai trop tard, devint si féconde qu'elle suffit bientôt pour me dédommager de tout. L'habitude de rentrer en moi-même me fit perdre enfin le sentiment[1] et presque le souvenir de mes maux, j'appris ainsi par ma propre expérience que la source du vrai bonheur est en nous, et qu'il ne dépend pas des hommes de rendre vraiment misérable celui qui sait vouloir être heureux[2]. Depuis quatre ou cinq ans je goûtais habituellement ces délices internes que trouvent dans la contemplation les âmes aimantes et douces. Ces ravissements, ces extases que j'éprouvais quelquefois en me promenant ainsi seul étaient des jouissances que je devais à mes persécuteurs : sans eux je n'aurais jamais trouvé ni connu les trésors que je portais en moi-même. Au milieu de tant de richesses comment en tenir un registre fidèle ? En voulant me rappeler tant de douces rêveries, au lieu de les décrire j'y retombais. C'est un état que son souvenir ramène, et qu'on cesserait bientôt de connaître en cessant tout à fait de le sentir.

J'éprouvai bien cet effet dans les promenades qui suivirent le projet d'écrire la suite de mes Confessions, surtout dans celle dont je vais parler et dans laquelle un accident imprévu vint rompre le fil de mes idées et leur donner pour quelque temps un autre cours.

Le jeudi 24 octobre 1776 je suivis après dîner[3] les boulevards jusqu'à la rue du chemin vert par laquelle je gagnai les hauteurs de Ménilmontant, et de là prenant les sentiers à travers les vignes et les prairies, je traversai jusqu'à Charonne le riant paysage qui sépare ces deux villages, puis je fis un détour pour revenir par les mêmes

1. Mot dont le sens est à rapprocher de celui du verbe « sentir ».
2. Le bonheur de Rousseau est dans l'indépendance et dans l'intériorité.   3. *Déjeuner*.

prairies en prenant un autre chemin. Je m'amusais à les parcourir avec ce plaisir et cet intérêt que m'ont toujours donné[s] les sites agréables, et m'arrêtant quelquefois à fixer[1] des plantes dans la verdure. J'en aperçus deux que je voyais assez rarement autour de Paris et que je trouvai très abondantes dans ce canton-là. L'une est le *Picris hieracioides* de la famille des composées, et l'autre le *Buplevrum falcatum* de celle des ombellifères. Cette découverte me réjouit et m'amusa très longtemps et finit par celle d'une plante encore plus rare, surtout dans un pays élevé, savoir le *cerastium aquaticum* que, malgré l'accident qui m'arriva le même jour j'ai retrouvé dans un livre que j'avais sur moi et placé dans mon herbier[2].

Enfin après avoir parcouru en détail plusieurs autres plantes que je voyais encore en fleurs, et dont l'aspect et l'énumération qui m'était familière me donnai[en]t néanmoins toujours du plaisir, je quittai peu à peu ces menues observations pour me livrer à l'impression non moins agréable mais plus touchante que faisait sur moi l'ensemble de tout cela. Depuis quelques jours on avait achevé la vendange ; les promeneurs de la ville s'étaient déjà retirés ; les paysans aussi quittaient les champs jusques aux travaux d'hiver. La campagne, encore verte et riante, mais défeuillée en partie et déjà presque déserte, offrait partout l'image de la solitude et des approches de l'hiver. Il résultait de son aspect un mélange d'impression douce et triste trop analogue à mon âge et à mon sort pour que je ne m'en fisse pas l'application. Je me voyais au déclin d'une vie innocente et infortunée, l'âme encore pleine de sentiments vivaces et l'esprit encore orné de quelques fleurs, mais déjà flétries par la tristesse et desséchées par les ennuis. Seul et délaissé je sentais venir le froid des premières glaces, et mon imagination tarissante ne peuplait plus ma solitude d'êtres formés selon mon cœur. Je me disais en soupirant, qu'ai-je fait ici-bas ? j'étais fait pour vivre, et je meurs sans avoir vécu. Au

---

1. Regarder fixement.   **2.** Rousseau est coutumier du fait : cf. *Confessions*, VI, t. 1, p. 357-358.

moins ce n'a pas été ma faute, et je porterai à l'auteur de mon être, sinon l'offrande des bonnes œuvres qu'on ne m'a pas laissé faire, du moins un tribut de bonnes intentions frustrées[1], de sentiments sains mais rendus sans effet, et d'une patience à l'épreuve des mépris des hommes. Je m'attendrissais sur ces réflexions, je récapitulais les mouvements de mon âme dès ma jeunesse, et pendant mon âge mûr, et depuis qu'on m'a séquestré de la société des hommes, et durant la longue retraite dans laquelle je dois achever mes jours. Je revenais avec complaisance sur toutes les affections de mon cœur, sur ses attachements si tendres mais si aveugles, sur les idées moins tristes que consolantes dont mon esprit s'était nourri depuis quelques années, et je me préparais à les rappeler assez pour les décrire avec un plaisir presque égal à celui que j'avais pris à m'y livrer. Mon après-midi se passa dans ces paisibles méditations, et je m'en revenais très content de ma journée, quand au fort de ma rêverie j'en fus tiré par l'événement qui me reste à raconter.

J'étais sur les six heures à la descente de Ménilmontant presque vis-à-vis du Galant Jardinier[2], quand des personnes qui marchaient devant moi s'étant tout à coup brusquement écartées je vis fondre sur moi un gros chien danois qui s'élançant à toutes jambes devant un carrosse n'eut pas même le temps de retenir sa course ou de se détourner quand il m'aperçut. Je jugeai que le seul moyen que j'avais d'éviter d'être jeté par terre était de faire un grand saut si juste que le chien passât sous moi tandis que je serais en l'air. Cette idée plus prompte que l'éclair et que je n'eus le temps ni de raisonner ni d'exécuter fut la dernière avant mon accident. Je ne sentis ni le coup ni la chute ni rien de ce qui s'ensuivit jusqu'au moment où je revins à moi.

Il était presque nuit quand je repris connaissance. Je me trouvai entre les bras de trois ou quatre jeunes gens qui me racontèrent ce qui venait de m'arriver. Le chien

---

1. « Frustrer : tromper quelqu'un en le privant de ses prétentions, de ses légitimes espérances » (Trévoux).   2. Guinguette dont le nom aide à préciser l'endroit de l'accident.

danois n'ayant pu retenir son élan s'était précipité sur mes deux jambes et me choquant de sa masse et de sa vitesse m'avait fait tomber la tête en avant : la mâchoire supérieure portant tout le poids de mon corps avait frappé sur un pavé très raboteux, et la chute avait été d'autant plus violente qu'étant à la descente, ma tête avait donné plus bas que mes pieds.

Le carrosse auquel appartenait le chien suivait immédiatement et m'aurait passé sur le corps si le cocher n'eût à l'instant retenu ses chevaux. Voilà ce que j'appris par le récit de ceux qui m'avaient relevé et qui me soutenaient encore lorsque je revins à moi. L'état auquel je me trouvai dans cet instant est trop singulier pour n'en pas faire ici la description [1].

La nuit s'avançait. J'aperçus le ciel, quelques étoiles, et un peu de verdure. Cette première sensation fut un moment délicieux. Je ne me sentais encore que par là. Je naissais dans cet instant à la vie, et il me semblait que je remplissais de ma légère existence tous les objets que j'apercevais. Tout entier au moment présent je ne me souvenais de rien ; je n'avais nulle notion distincte de mon individu, pas la moindre idée de ce qui venait de m'arriver ; je ne savais ni qui j'étais ni où j'étais ; je ne sentais ni mal ni crainte ni inquiétude. Je voyais couler mon sang comme j'aurais vu couler un ruisseau, sans songer seulement que ce sang m'appartînt en aucune sorte. Je sentais dans tout mon être un calme ravissant auquel chaque fois que je me le rappelle je ne trouve rien de comparable dans toute l'activité des plaisirs connus.

On me demanda où je demeurais ; il me fut impossible de le dire. Je demandai où j'étais, on me dit, *à la haute borne* ; c'était comme si l'on m'eût dit *au mont atlas*. Il fallut demander successivement le pays, la ville et le quartier où je me trouvais. Encore cela ne put-il suffire

---

1. Les *Rêveries du promeneur solitaire*, qui se présentent comme « un informe journal de mes rêveries » (p. 49), se légitiment en fait par la singularité du sujet et de ce qui lui arrive (cf. p. 50). Ici la singularité n'est pas, bien sûr, dans l'accident, mais dans l'extase qui succède à son évanouissement.

pour me reconnaître[1] ; il me fallut tout le trajet de là jusqu'au boulevard pour me rappeler ma demeure et mon nom. Un monsieur que je ne connaissais pas et qui eut la charité de m'accompagner quelque temps, apprenant que je demeurais si loin, me conseilla de prendre au Temple un fiacre pour me conduire chez moi. Je marchais très bien, très légèrement, sans sentir ni douleur ni blessure quoique je crachasse toujours beaucoup de sang. Mais j'avais un frisson glacial qui faisait claquer d'une façon très incommode mes dents fracassées. Arrivé au Temple je pensai que puisque je marchais sans peine il valait mieux continuer ainsi ma route à pied que de m'exposer à périr de froid dans un fiacre. Je fis ainsi la demie lieue qu'il y a du Temple à la rue Plâtrière[2], marchant sans peine, évitant les embarras, les voitures, choisissant et suivant mon chemin tout aussi bien que j'aurais pu faire en pleine santé. J'arrive, j'ouvre le secret[3] qu'on a fait mettre à la porte de la rue, je monte l'escalier dans l'obscurité, et j'entre enfin chez moi sans autre accident que ma chute et ses suites dont je ne m'apercevais pas même encore alors.

Les cris de ma femme en me voyant me firent comprendre que j'étais plus maltraité que je ne pensais. Je passai la nuit sans connaître encore et sentir mon mal. Voici ce que je sentis et trouvai le lendemain. J'avais la lèvre supérieure fendue en dedans jusqu'au nez, en dehors la peau l'avait mieux garantie et empêchait la totale séparation, quatre dents enfoncées à la mâchoire supérieure, toute la partie du visage qui la couvre extrêmement enflée et meurtrie, le pouce droit foulé et très gros, le pouce gauche grièvement blessé, le bras gauche foulé, le genou gauche aussi très enflé et qu'une contusion forte et douloureuse empêchait totalement de plier. Mais avec tout ce fracas rien de brisé, pas même une dent, bonheur qui tient du prodige dans une chute comme celle-là.

---

1. *Avoir conscience de mon identité.*   **2.** Rue populaire du nord-est de Paris où il réside de juin 1770 à mai 1778.   **3.** « On appelle dans quelques arts mécaniques, secrets, certains ressorts particuliers qui servent à divers usages », *Dictionnaire de l'Académie française*, 1694.

Voilà très fidèlement l'histoire de mon accident. En peu de jours cette histoire se répandit dans Paris tellement changée et défigurée qu'il était impossible d'y rien reconnaître. J'aurais dû compter d'avance sur cette métamorphose ; mais il s'y joignit tant de circonstances bizarres, tant de propos obscurs et de réticences l'accompagnèrent, on m'en parlait d'un air si risiblement discret que tous ces mystères m'inquiétèrent. J'ai toujours haï les ténèbres, elles m'inspirent naturellement une horreur que celles dont on m'environne depuis tant d'années n'ont pas dû diminuer. Parmi toutes les singularités de cette époque je n'en remarquerai qu'une, mais suffisante pour faire juger des autres.

M. Lenoir, Lieutenant Général de police, avec lequel je n'avais eu jamais aucune relation, envoya son secrétaire s'informer de mes nouvelles, et me faire d'instantes offres de services qui ne me parurent pas dans la circonstance d'une grande utilité pour mon soulagement. Son secrétaire ne laissa pas de me presser très vivement de me prévaloir de ces offres, jusqu'à me dire que si je ne me fiais pas à lui, je pouvais écrire directement à M. Lenoir. Ce grand empressement et l'air de confidence qu'il y joignit me firent comprendre qu'il y avait sous tout cela quelque mystère que je cherchais vainement à pénétrer. Il n'en fallait pas tant pour m'effaroucher, surtout dans l'état d'agitation où mon accident et la fièvre qui s'y était jointe avait [1] mis ma tête. Je me livrais à mille conjectures inquiétantes et tristes, et je faisais sur tout ce qui se passait autour de moi des commentaires qui marquaient plutôt le délire de la fièvre que le sang-froid d'un homme qui ne prend plus d'intérêt à rien.

Un autre événement vint achever de troubler ma tranquillité. Madame d'Ormoy m'avait recherché depuis quelques années, sans que je pusse deviner pourquoi. De petits cadeaux affectés, de fréquentes visites sans objet et sans plaisir me marquaient assez un but secret à tout cela mais ne me le montraient pas. Elle m'avait parlé d'un

---

1. Sorte de singulier collectif où l'accident et la fièvre ne font qu'un.

roman qu'elle voulait faire pour le présenter à la Reine[1]. Je lui avais dit ce que je pensais des femmes auteurs. Elle m'avait fait entendre que ce projet avait pour but le rétablissement de sa fortune pour lequel elle avait besoin de protection ; je n'avais rien à répondre à cela. Elle me dit depuis que n'ayant pu avoir accès auprès de la Reine, elle était déterminée à donner son livre au public. Ce n'était plus le cas de lui donner des conseils qu'elle ne me demandait pas, et qu'elle n'aurait pas suivis. Elle m'avait parlé de me montrer auparavant le manuscrit. Je la priai de n'en rien faire, et elle n'en fit rien.

Un beau jour durant ma convalescence je reçus de sa part ce livre[2] tout imprimé et même relié[3], et je vis dans la préface de si grosses louanges de moi si maussadement plaquées et avec tant d'affectation que j'en fus désagréablement affecté. La rude flagornerie qui s'y faisait sentir ne s'allia jamais avec la bienveillance, mon cœur ne saurait se tromper là-dessus.

Quelques jours après, Mad. d'Ormoy me vint voir avec sa fille. Elle m'apprit que son livre faisait le plus grand bruit[4] à cause d'une note qui le lui attirait ; j'avais à peine remarqué cette note en parcourant rapidement ce roman. Je la relus après le départ de Mad. d'Ormoy, j'en examinai la tournure, j'y crus trouver le motif de ses visites, de ses cajoleries, des grosses louanges de sa préface, et je jugeai que tout cela n'avait d'autre but que de disposer le public à m'attribuer la note et par conséquent le blâme qu'elle pouvait attirer à son auteur dans la circonstance où elle était publiée.

Je n'avais aucun moyen de détruire ce bruit et l'impression qu'il pouvait faire, et tout ce qui dépendait de moi

---

1. La toute jeune Marie-Antoinette, née en 1755, mariée au Dauphin en 1770 et reine de France depuis 1774.   **2.** Ce roman s'intitule *Les Malheurs de la jeune Émilie, pour servir d'instruction aux âmes vertueuses et sensibles*, 1776. Cet auteur a aussi écrit par la suite un conte, un autre roman et un opéra-comique.   **3.** Allusion aux pratiques éditoriales du temps : les livres sont vendus en cahiers d'impression qu'il faut faire relier avant de les lire. La reliure ajoute à la valeur du cadeau.   **4.** « Se dit figurément de la renommée, de la réputation » (Trévoux).

était de ne pas l'entretenir en souffrant la continuation des vaines et ostensives [1] visites de Mad. d'Ormoy et de sa fille. Voici pour cet effet le billet que j'écrivis à la mère.

« Rousseau ne recevant chez lui aucun auteur remercie Madame d'Ormoy de ses bontés et la prie de ne plus l'honorer de ses visites. »

Elle me répondit par une lettre honnête dans la forme, mais tournée comme toutes celles que l'on m'écrit en pareil cas. J'avais barbarement porté le poignard dans son cœur sensible, et je devais croire au ton de sa lettre qu'ayant pour moi des sentiments si vifs et si vrais elle ne supporterait point sans mourir cette rupture. C'est ainsi que la droiture et la franchise en toute chose sont des crimes affreux dans le monde, et je paraîtrais à mes contemporains méchant et féroce, quand je n'aurais à leurs yeux d'autre crime que de n'être pas faux et perfide comme eux.

J'étais déjà sorti plusieurs fois et je me promenais même assez souvent aux Tuileries, quand je vis à l'étonnement de plusieurs de ceux qui me rencontraient qu'il y avait encore à mon égard quelque autre nouvelle que j'ignorais. J'appris enfin que le bruit public était que j'étais mort de ma chute, et ce bruit se répandit si rapidement et si opiniâtrement que plus de quinze jours après que j'en fus instruit, le Roi même et la Reine en parlèrent comme d'une chose sûre. Le Courrier d'Avignon [2], à ce qu'on eut soin de m'écrire, annonçant cette heureuse nouvelle ne manqua pas d'anticiper à cette occasion sur le tribut d'outrages et d'indignités qu'on prépare à ma mémoire après ma mort en forme d'oraison funèbre.

Cette nouvelle fut accompagnée d'une circonstance

---

1. « Qui peut être montré » (Trévoux), par opposition à « secret ». 2. *Le Courrier d'Avignon* du 20 décembre 1776 publie, sous la date du 12 décembre : « M. Jean-Jacques Rousseau est mort des suites de sa chute. Il a vécu pauvre, il est mort misérablement ; et la singularité de sa destinée l'a accompagné jusqu'au tombeau. Nous sommes fâchés de ne pouvoir parler des talents de cet écrivain éloquent ; nos lecteurs doivent sentir que l'abus qu'il en a fait nous impose ici le plus rigoureux silence. »

encore plus singulière que je n'appris que par hasard et
dont je n'ai pu savoir aucun détail. C'est qu'on avait
ouvert en même temps une souscription pour l'impression
des manuscrits que l'on trouverait chez moi[1]. Je compris
par là qu'on tenait prêt un recueil d'écrits fabriqués tout
exprès pour me les attribuer d'abord[2] après ma mort : car
de penser qu'on imprimât fidèlement aucun de ceux
qu'on pourrait trouver en effet[3], c'était une bêtise qui ne
pouvait entrer dans l'esprit d'un homme sensé, et dont
quinze ans d'expérience ne m'ont que trop garanti.

Ces remarques faites coup sur coup et suivies de beaucoup d'autres qui n'étaient guère moins étonnantes effa-
rouchèrent derechef mon imagination que je croyais
amortie, et ces noires ténèbres qu'on renforçait sans
relâche autour de moi ranimèrent toute l'horreur qu'elles
m'inspirent naturellement. Je me fatiguai à faire sur tout
cela mille commentaires et à tâcher de comprendre des
mystères qu'on a rendus inexplicables pour moi. Le seul
résultat constant de tant d'énigmes fut la confirmation de
toutes mes conclusions précédentes, savoir que la destinée de ma personne et celle de ma réputation ayant été
fixées de concert[4] par toute la génération présente, nul
effort de ma part ne pouvait m'y soustraire puisqu'il
m'est de toute impossibilité de transmettre aucun dépôt à
d'autres âges sans le faire passer dans celui-ci par des
mains intéressées à le supprimer.

Mais cette fois j'allai plus loin. L'amas de tant de circonstances fortuites, l'élévation de tous mes plus cruels
ennemis affectée[5] pour ainsi dire par la fortune, tous ceux
qui gouvernent l'État, tous ceux qui dirigent l'opinion
publique, tous les gens en place, tous les hommes en crédit triés comme sur le volet parmi ceux qui ont contre moi

---

1. Rousseau a biffé ici « après ma mort ».   **2.** « Incontinent,
aussitôt » (Trévoux).   **3.** « En effet, adverbe : d'une manière véritable et réelle » (Trévoux).   **4.** « Signifie figurément complot ;
l'accord de plusieurs personnes pour l'exécution de quelque dessein ». « Signifie aussi figurément intelligence, union de plusieurs
personnes qui conspirent, qui tendent à une même fin. *Concert d'opinions. Ils étaient de concert ensemble.* » (Trévoux)   **5.** *Présentée
avantageusement.*

quelque animosité secrète, pour concourir au commun complot, cet accord universel est trop extraordinaire pour être purement fortuit. Un seul homme qui eût refusé d'en être complice, un seul événement qui lui eût été contraire, une seule circonstance imprévue qui lui eût fait obstacle, suffisait pour le faire échouer[1]. Mais toutes les volontés, toutes les fatalités, la fortune et toutes les révolutions ont affermi l'œuvre des hommes, et un concours si frappant qui tient du prodige ne peut me laisser douter que son plein succès ne soit écrit dans les décrets éternels[2]. Des foules d'observations particulières soit dans le passé soit dans le présent me confirment tellement dans cette opinion que je ne puis m'empêcher de regarder désormais comme un de ces secrets du Ciel impénétrables à la raison humaine la même œuvre que je n'envisageais jusqu'ici que comme un fruit de la méchanceté des hommes[3].

Cette idée, loin de m'être cruelle et déchirante, me console, me tranquillise, et m'aide à me résigner. Je ne vais pas si loin que St Augustin qui se fût consolé d'être damné si telle eût été la volonté de Dieu. Ma résignation vient d'une source moins désintéressée il est vrai, mais non moins pure et plus digne à mon gré de l'Être parfait que j'adore. Dieu est juste ; il veut que je souffre ; et il sait que je suis innocent. Voilà le motif de ma confiance, mon cœur et ma raison me crient qu'elle ne me trompera pas. Laissons donc faire les hommes et la destinée ; apprenons à souffrir sans murmure ; tout doit à la fin rentrer dans l'ordre, et mon tour viendra tôt ou tard[4].

---

1. La « vérification » que Rousseau donne de l'existence du complot est ici *expérimentale*. L'existence d'un seul homme en dehors du complot l'aurait fait échouer et aurait constitué une preuve qu'il n'existe qu'en théorie. Or cette preuve manque. La théorie du complot est donc vérifiée.   2. Rousseau regarde son sort comme voulu par Dieu.   3. La méchanceté des hommes est trop parfaite, trop absolue, pour être chose humaine : elle résulte donc d'une volonté divine.   4. Profession de foi dans la justice divine, même et surtout si elle est incompréhensible. Rousseau cultive ici la vertu théologique de l'espérance : puisque son sort est voulu par Dieu, c'est de la volonté de Dieu qu'il espère sa réhabilitation. À comparer avec l'argument *logique* utilisé dans la *Troisième Promenade*, p. 75.

« Vint à passer un oublieur avec son tambour et son tourniquet,
qui cherchait pratique. » (p. 172)

Gravure d'A. Romanet, d'après Le Barbier l'aîné.

TROISIÈME PROMENADE

Je deviens vieux en apprenant toujours.

Solon répétait souvent ce vers dans sa vieillesse. Il a un sens dans lequel je pourrais le dire aussi dans la mienne ; mais c'est une bien triste science que celle que depuis vingt ans l'expérience m'a fait acquérir. L'ignorance est encore préférable. L'adversité sans doute est un grand maître, mais il fait payer cher ses leçons et souvent le profit qu'on en retire ne vaut pas le prix qu'elles ont coûté. D'ailleurs, avant qu'on ait obtenu tout cet acquis par des leçons si tardives, l'à-propos d'en user se passe. La jeunesse est le temps d'étudier la sagesse ; la vieillesse est le temps de la pratiquer. L'expérience instruit toujours, je l'avoue, mais elle ne profite que pour l'espace qu'on a devant soi. Est-il temps au moment qu'il faut mourir d'apprendre comment on aurait dû vivre ?

Eh que me servent des lumières si tard et si douloureusement acquises sur ma destinée et sur les passions d'autrui dont elle est l'œuvre ? Je n'ai appris à mieux connaître les hommes que pour mieux sentir la misère où ils m'ont plongé, sans que cette connaissance en me découvrant tous leurs pièges m'en ait pu faire éviter aucun. Que ne suis-je resté toujours dans cette imbécile mais douce confiance qui me rendit durant tant d'années la proie et le jouet de mes bruyants amis, sans qu'enveloppé de toutes leurs trames j'en eusse même le moindre soupçon. J'étais leur dupe et leur victime, il est vrai, mais je me croyais aimé d'eux, et mon cœur jouissait de l'amitié qu'ils m'avaient inspirée en leur en attribuant autant pour moi. Ces douces illusions sont détruites. La triste vérité que le temps et la raison m'ont dévoilée en me faisant sentir mon malheur m'a fait voir qu'il était sans remède et qu'il ne me restait qu'à m'y résigner. Ainsi toutes les expériences de mon âge sont pour moi dans mon état sans utilité présente et sans profit pour l'avenir[1].

Nous entrons en lice à notre naissance, nous en sortons à la mort. Que sert d'apprendre à mieux conduire son char quand on est au bout de la carrière[2] ? Il ne reste plus à penser alors que comment on en sortira[3]. L'étude d'un vieillard, s'il lui en reste encore à faire est uniquement d'apprendre à mourir, et c'est précisément celle qu'on fait le moins à mon âge, on y pense à tout hormis à cela. Tous les vieillards tiennent plus à la vie que les enfants et en sortent de plus mauvaise grâce que les jeunes gens. C'est que tous leurs travaux ayant été pour cette même vie, ils voient à sa fin qu'ils ont perdu leurs peines. Tous leurs soins, tous leurs biens, tous les fruits de leurs laborieuses veilles, ils quittent tout quand ils s'en vont. Ils n'ont songé à rien acquérir durant leur vie qu'ils pussent emporter à leur mort.

Je me suis dit tout cela quand il était temps de me le dire[4], et si je n'ai pas mieux su tirer parti de mes réflexions, ce n'est pas faute de les avoir faites à temps et de les avoir bien digérées. Jeté dès mon enfance dans le tourbillon du monde j'appris de bonne heure par l'expérience que je n'étais pas fait pour y vivre, et que je n'y parviendrais jamais à l'état dont mon cœur sentait le besoin. Cessant donc de chercher parmi les hommes le

---

1. Cette déploration est un cri de souffrance qui lui fait regretter les avantages de l'ignorance. Mais il s'agit d'un accès de désespoir que contredit la position volontariste du reste de la *Promenade* : il nous mime ici le désespoir qui aurait pu s'emparer de lui, la souffrance à laquelle on peut parfois se laisser aller, qui sert de repoussoir pour son effort présent.   2. La course de chars est une métaphore traditionnelle du cours de la vie.   3. Phrase à la syntaxe latine.   4. Le paragraphe précédent est donc un « cours » de morale stoïcienne que Rousseau se répète. On observera qu'il ne comporte aucune marque de la première personne du singulier.

bonheur que je sentais n'y pouvoir trouver, mon ardente imagination sautait déjà par-dessus l'espace de ma vie à peine commencée, comme sur un terrain qui m'était étranger, pour se reposer sur une assiette tranquille où je pusse me fixer.

Ce sentiment, nourri par l'éducation dès mon enfance et renforcé durant toute ma vie par ce long tissu de misères et d'infortunes qui l'a remplie m'a fait chercher dans tous les temps à connaître la nature et la destination de mon être avec plus d'intérêt et de soin que je n'en ai trouvé dans aucun autre homme [1]. J'en ai beaucoup vu qui philosophaient bien plus doctement que moi, mais leur philosophie leur était pour ainsi dire étrangère. Voulant être plus savants que d'autres, ils étudiaient l'univers pour savoir comment il était arrangé, comme ils auraient étudié quelque machine qu'ils auraient aperçue, par pure curiosité. Ils étudiaient la nature humaine pour en pouvoir parler savamment, mais non pas pour se connaître ; ils travaillaient pour instruire les autres, mais non pas pour s'éclairer en dedans. Plusieurs d'entre eux ne voulaient que faire un livre, n'importait quel, pourvu qu'il fût accueilli. Quand le leur était fait et publié, son contenu ne les intéressait plus en aucune sorte, si ce n'est pour le faire adopter aux autres et pour le défendre au cas qu'il fût attaqué mais du reste sans en rien tirer pour leur propre usage, sans s'embarrasser même que ce contenu fût faux ou vrai pourvu qu'il ne fût pas réfuté. Pour moi, quand j'ai désiré d'apprendre, c'était pour savoir moi-même et non pas pour enseigner ; j'ai toujours cru qu'avant d'instruire les autres il fallait commencer par savoir assez pour soi, et de toutes les études que j'ai tâché de faire en ma vie au milieu des hommes il n'y en a guère que je n'eusse faite également seul dans une île déserte où j'aurais été confiné pour le reste de mes jours. Ce qu'on doit faire dépend beaucoup de ce qu'on doit croire et dans tout ce qui ne tient pas aux premiers besoins de

---

1. Rousseau constate, d'expérience, qu'il est un être unique. Son interrogation sur les fins a été plus précoce chez lui que chez quiconque.

la nature nos opinions sont la règle de nos actions. Dans ce principe[1] qui fut toujours le mien, j'ai cherché souvent et longtemps pour diriger l'emploi de ma vie à connaître sa véritable fin[2], et je me suis bientôt consolé de mon peu d'aptitude à me conduire habilement dans ce monde, en sentant qu'il n'y fallait pas chercher cette fin.

Né dans une famille où régnaient les mœurs et la piété ; élevé ensuite avec douceur chez un ministre plein de sagesse et de religion, j'avais reçu dès ma plus tendre enfance des principes, des maximes, d'autres diraient des préjugés[3], qui ne m'ont jamais tout à fait abandonné. Enfant encore et livré à moi-même, alléché par des caresses, séduit par la vanité, leurré par l'espérance, forcé par la nécessité je me fis catholique, mais je demeurai toujours chrétien[4], et bientôt gagné par l'habitude, mon cœur s'attacha sincèrement à ma nouvelle religion. Les instructions, les exemples de Madame de Warens m'affermirent dans cet attachement. La solitude champêtre où j'ai passé la fleur de ma jeunesse, l'étude des bons livres à laquelle je me livrai tout entier renforcèrent auprès d'elle mes dispositions naturelles aux sentiments affectueux et me rendirent dévot presque à la manière de Fénelon[5]. La méditation dans la retraite, l'étude de la nature, la contemplation de l'univers forcent un solitaire à s'élancer incessamment vers l'auteur des choses et à chercher avec une douce inquiétude la fin[6] de tout ce qu'il voit et la cause de tout ce qu'il sent. Lorsque ma destinée me rejeta dans le torrent du monde, je n'y retrouvai plus rien

---

1. *Par fidélité à ce principe* (que ce qu'on doit faire dépend beaucoup de ce qu'on doit croire, c'est-à-dire que la morale dépend de la métaphysique).   **2.** Au sens classique de « finalité ». **3.** La connotation de ce terme évolue dans la deuxième moitié du XVIIIe siècle de « vérité révélée » à « opinion non prouvée ». **4.** Concise mais explicite, la conjonction adversative accuse certains catholiques de son temps de trahir la religion chrétienne dont ils sont issus.   **5.** Rousseau s'est fait catholique à Turin en 1728. Chez Mme de Warens, elle aussi convertie, il a lu les œuvres de Fénelon (1651-1715), notamment *Télémaque*, dont les conceptions pédagogiques et religieuses ont inspiré la thématique de l'*Émile*. **6.** Voir le paragraphe précédent.

qui pût flatter un moment mon cœur. Le regret de mes doux loisirs me suivit partout et jeta l'indifférence et le dégoût sur tout ce qui pouvait se trouver à ma portée, propre à mener à la fortune et aux honneurs. Incertain dans mes inquiets désirs, j'espérai peu, j'obtins moins, et je sentis dans des lueurs mêmes de prospérité que quand [1] j'aurais obtenu tout ce que je croyais chercher je n'y aurais point trouvé ce bonheur dont mon cœur était avide sans en savoir démêler l'objet. Ainsi tout contribuait à détacher mes affections de ce monde, même avant les malheurs qui devaient m'y rendre tout à fait étranger. Je parvins jusqu'à l'âge de quarante ans flottant entre l'indigence et la fortune, entre la sagesse et l'égarement, plein de vices d'habitude [2] sans aucun mauvais penchant dans le cœur, vivant au hasard, sans principes bien décidés par ma raison, et distrait sur mes devoirs sans les mépriser, mais souvent sans les bien connaître.

Dès ma jeunesse j'avais fixé cette époque de quarante ans comme le terme de mes efforts pour parvenir [3] et celui de mes prétentions en tout genre. Bien résolu, dès cet âge atteint et dans quelque situation que je fusse, de ne plus me débattre pour en sortir et de passer le reste de mes jours à vivre au jour la journée sans plus m'occuper de l'avenir. Le moment venu, j'exécutai ce projet sans peine et quoique alors ma fortune semblât vouloir prendre une assiette plus fixe [4] ; j'y renonçai non seulement sans regret mais avec un plaisir véritable. En me délivrant de tous ces leurres, de toutes ces [5] vaines espérances, je me livrai pleinement à l'incurie et au repos d'esprit qui fit toujours mon goût [6] le plus dominant [7] et mon penchant le plus

---

1. *Quand bien même.*   2. *De vices liés à l'habitude.*
3. *Conquérir une position sociale.*   4. Rousseau a eu quarante ans en juin 1752. Il a alors déjà écrit des articles de musique pour l'*Encyclopédie*, qui commencent à paraître, obtenu le prix de l'Académie de Dijon pour son *Discours sur les sciences et les arts* en juillet 1750, et on donnera son opéra, *Le Devin du village*, à Fontainebleau, en présence du roi, en octobre 1752.   5. Manuscrit : « ses leurres », « ses vaines espérances ».   6. Première rédaction : « désir ».   7. Première rédaction : « vif ».

durable. Je quittai le monde et ses pompes[1], je renonçai
à toute parure, plus d'épée, plus de montre, plus de bas
blancs, de dorure, de coiffure, une perruque toute simple,
un bon gros habit de drap, et mieux que tout cela, je
déracinai de mon cœur les cupidités et les convoitises qui
donnent du prix à tout ce que je quittais. Je renonçai à la
place que j'occupais alors, pour laquelle je n'étais nullement propre[2], et je me mis à copier de la musique à tant
la page, occupation pour laquelle j'avais eu toujours un
goût décidé.

Je ne bornai pas ma réforme aux choses extérieures. Je
sentis que celle-là même en exigeait une autre, plus
pénible sans doute, mais plus nécessaire, dans les opinions, et résolu de n'en pas faire à deux fois, j'entrepris
de soumettre mon intérieur à un examen sévère qui le
réglât pour le reste de ma vie tel que je voulais le trouver
à ma mort.

Une grande révolution qui venait de se faire en moi,
un autre monde moral qui se dévoilait à mes regards[3], les
insensés jugements des hommes dont sans prévoir encore
combien j'en serais la victime, je commençais à sentir
l'absurdité, le besoin toujours croissant d'un autre bien
que la gloriole littéraire dont à peine la vapeur m'avait
atteint[4] que j'en étais déjà dégoûté, le désir enfin de tracer
pour le reste de ma carrière une route moins incertaine
que celle dans laquelle j'en venais de passer la plus belle
moitié, tout m'obligeait à cette grande revue[5] dont je sen-

---

1. Première rédaction : « Je quittai le monde non de bouche mais
de cœur » ; deuxième rédaction : « Je quittai le monde moins de
bouche que de cœur ».   **2.** Son emploi de caissier de Dupin de
Francueil. Voir les *Confessions*.   **3.** Allusion à l'illumination de
Vincennes et à ses conséquences. Voir les *Confessions*.   **4.** La
gloire de Rousseau fut effectivement très soudaine, à partir de l'ob-
tention du prix de l'Académie de Dijon, en juillet 1750, qui suscita
des commentaires dans la presse littéraire (*Mercure de France*,
novembre, décembre, janvier) avant même la publication du *Discours* en janvier 1751.   **5.** « Examen de plusieurs choses, les
unes après les autres. J'ai fait la revue de mes livres. On a fait la
revue de toute la maison. N'oubliez pas de faire la revue de vos
actions », *Encyclopédie*, art. « Revue », t. XIV, 1765.

tais depuis longtemps le besoin. Je l'entrepris donc et je ne négligeai rien de ce qui dépendait de moi pour bien exécuter cette entreprise.

C'est de cette époque que je puis dater mon entier renoncement au monde et ce goût vif pour la solitude qui ne m'a plus quitté depuis ce temps-là. L'ouvrage que j'entreprenais ne pouvait s'exécuter que dans une retraite absolue ; il demandait de longues et paisibles méditations que le tumulte de la société ne souffre pas. Cela me força de prendre pour un temps une autre manière de vivre dont ensuite je me trouvai si bien que ne l'ayant interrompue depuis lors que par force et pour peu d'instants, je l'ai reprise de tout mon cœur et m'y suis borné sans peine aussitôt que je l'ai pu, et quand ensuite les hommes m'ont réduit à vivre seul, j'ai trouvé qu'en me séquestrant pour me rendre misérable, ils avaient plus fait pour mon bonheur que je n'avais su faire moi-même.

Je me livrai au travail que j'avais entrepris avec un zèle proportionné, et à l'importance de la chose et au besoin que je sentais en avoir. Je vivais alors avec des philosophes modernes[1] qui ne ressemblaient guère aux anciens. Au lieu de lever mes doutes et de fixer mes irrésolutions, ils avaient ébranlé toutes les certitudes que je croyais avoir sur les points qu'il m'importait le plus de connaître : car ardents missionnaires d'athéisme[2] et très impérieux dogmatiques, ils n'enduraient point sans colère que sur quelque point que ce pût être on osât penser autrement qu'eux. Je m'étais défendu souvent assez faiblement par haine pour la dispute[3] et par peu de talent pour la soutenir ; mais jamais je n'adoptai leur désolante doctrine, et cette résistance à des hommes aussi intolérants,

----

1. Il s'agit du groupe des collaborateurs de l'*Encyclopédie*, alors ses amis : Diderot, Condillac, Raynal.   2. Rousseau se fait ici l'écho d'un jugement très usuel envers les Encyclopédistes. Cette accusation n'est ni très amicale ni très nuancée : car si effectivement d'Alembert et Diderot étaient athées, tel n'était pas le cas de tous leurs collaborateurs, et on sait à quelles poursuites cette accusation exposait à l'époque.   3. Au sens de « discussion », « débat ».

qui d'ailleurs avaient leurs vues, ne fut pas une des moindres causes qui attisèrent leur animosité.

Ils ne m'avaient pas persuadé mais ils m'avaient inquiété[1]. Leurs arguments m'avaient ébranlé sans m'avoir jamais convaincu ; je n'y trouvais point de bonne réponse mais je sentais qu'il y en devait avoir. Je m'accusais[2] moins d'erreur que d'ineptie, et mon cœur leur répondait mieux que ma raison.

Je me dis enfin[3] : me laisserai-je éternellement ballotter par les sophismes des mieux-disants[4], dont je ne suis pas même sûr que les opinions qu'ils prêchent et qu'ils ont tant d'ardeur à faire adopter aux autres soient bien les leurs à eux-mêmes[5] ? Leurs passions, qui gouvernent leurs doctrines, leurs intérêts de faire croire ceci ou cela, rendent impossible à pénétrer ce qu'ils croient eux-mêmes. Peut-on chercher de la bonne foi dans des chefs de parti ? Leur philosophie est pour les autres ; il m'en faudrait une pour moi. Cherchons-la de toutes mes forces tandis qu'il est temps encore, afin d'avoir une règle fixe de conduite pour le reste de mes jours. Me voilà dans la maturité de l'âge, dans toute la force de l'entendement. Déjà je touche au déclin. Si j'attends encore, je n'aurai[6] plus dans ma délibération tardive l'usage de toutes mes forces ; mes facultés intellectuelles auront déjà perdu de leur activité, je ferai moins bien ce que je puis faire aujourd'hui de mon mieux possible : saisissons ce moment favorable ; il est l'époque de ma réforme externe et matérielle, qu'il soit aussi celle de ma réforme intellectuelle et morale. Fixons une bonne fois mes opinions, mes

---

1. Au sens étymologique : *ils m'avaient rendu soucieux*. **2.** Première rédaction : « Je m'accusai ». **3.** Tout le paragraphe qui suit correspond au discours intime que l'auteur s'est tenu à lui-même dans son âge mûr. **4.** Rousseau a toujours redouté le pouvoir des beaux parleurs. **5.** C'est aussi l'objection qui fut longtemps faite à Rousseau, contempteur de la littérature et de la vie en société dans ses deux *Discours* et pour cela longtemps regardé comme un hypocrite, amateur de paradoxes. **6.** Première rédaction : « aurais ».

principes, et soyons pour le reste de ma vie ce que j'aurai[1] trouvé devoir être après y avoir bien pensé.

J'exécutai ce projet lentement et à diverses reprises, mais avec tout l'effort et toute l'attention dont j'étais capable. Je sentais vivement que le repos du reste de mes jours et mon sort total en dépendaient. Je m'y trouvai d'abord dans un tel labyrinthe d'embarras, de difficultés, d'objections, de tortuosités, de ténèbres, que vingt fois tenté de tout abandonner, je fus prêt, renonçant à de vaines recherches, de m'en tenir dans mes délibérations aux règles de la prudence commune sans plus en chercher dans des principes que j'avais tant de peine à débrouiller. Mais cette prudence même m'était tellement étrangère, je me sentais si peu propre à l'acquérir, que la prendre pour mon guide n'était autre chose que vouloir à travers les mers, les orages, chercher sans gouvernail, sans boussole un fanal presque inaccessible et qui ne m'indiquait aucun port.

Je persistai : pour la première fois de ma vie j'eus du courage, et je dois à son succès d'avoir pu soutenir l'horrible destinée qui dès lors commençait à m'envelopper sans que j'en eusse le moindre soupçon. Après les recherches les plus ardentes et les plus sincères qui jamais peut-être aient été faites par aucun mortel, je me décidai pour toute ma vie sur tous les sentiments qu'il m'importait d'avoir, et si j'ai pu me tromper dans mes résultats, je suis sûr au moins que mon erreur ne peut m'être imputée à crime, car j'ai fait tous mes efforts pour m'en garantir. Je ne doute point, il est vrai, que les préjugés de l'enfance et les vœux secrets de mon cœur n'aient fait pencher la balance du côté le plus consolant pour moi. On se défend difficilement de croire ce qu'on désire avec tant d'ardeur et qui peut douter que l'intérêt d'admettre ou rejeter les jugements de l'autre vie ne détermine la foi de la plupart des hommes sur leur espérance ou leur crainte. Tout cela pouvait fasciner mon jugement j'en conviens, mais non pas altérer ma bonne foi : car je craignais de me tromper sur toute chose. Si tout consistait

---

1. Le manuscrit porte : *j'aurais*.

dans l'usage de cette vie il m'importait de le savoir, pour en tirer du moins le meilleur parti qu'il dépendrait de moi, tandis qu'il était encore temps, et n'être pas tout à fait dupe. Mais ce que j'avais le plus à redouter au monde dans la disposition où je me sentais était d'exposer le sort éternel de mon âme pour la jouissance des biens de ce monde qui ne m'ont jamais paru d'un grand prix.

J'avoue encore que je ne levai pas toujours à ma satisfaction toutes ces difficultés qui m'avaient embarrassé, et dont nos philosophes avaient si souvent rebattu mes oreilles. Mais, résolu de me décider enfin sur des matières où l'intelligence humaine a si peu de prise et trouvant de toutes parts des mystères impénétrables et des objections insolubles, j'adoptai dans chaque question le sentiment qui me parut le mieux établi directement, le plus croyable en lui-même sans m'arrêter aux objections que je ne pouvais résoudre mais qui se rétorquaient par d'autres objections non moins fortes dans le système opposé. Le ton dogmatique sur ces matières ne convient qu'à des charlatans ; mais il importe d'avoir un sentiment pour soi, et de le choisir avec toute la maturité de jugement qu'on y peut mettre [1]. Si malgré cela nous tombons [2] dans l'erreur, nous n'en saurions porter la peine en bonne justice puisque nous n'en aurons point la coulpe. Voilà le principe inébranlable qui sert de base à ma sécurité.

Le résultat de mes pénibles recherches fut tel à peu près que je l'ai consigné depuis dans la profession de foi du Vicaire Savoyard [3], ouvrage indignement prostitué et profané dans la génération présente, mais qui peut faire un jour révolution parmi les hommes si jamais il y renaît du bon sens et de la bonne foi.

Depuis lors resté tranquille dans les principes que j'avais adoptés après une méditation si longue et si réfléchie, j'en ai fait la règle immuable de ma conduite et de ma foi sans plus m'inquiéter ni des objections que je

---

1. Rousseau a barré la phrase qui suivait : « Voilà tout ce qui dépend de nous. »   **2.** Première rédaction : « Si malgré cela nous nous trompons » ; la formule finalement préférée suggère davantage une erreur involontaire.   **3.** Partie du livre IV de l'*Émile*.

n'avais pu résoudre ni de celles que je n'avais pu prévoir et qui se présentaient nouvellement de temps à autre à mon esprit. Elles m'ont inquiété quelquefois mais elles ne m'ont jamais ébranlé. Je me suis toujours dit[1] : tout cela ne sont que des arguties et des subtilités métaphysiques qui ne sont d'aucun poids auprès des principes fondamentaux adoptés par ma raison, confirmés par mon cœur, et qui tous portent le sceau de l'assentiment intérieur dans le silence des passions[2]. Dans des matières si supérieures à l'entendement humain une objection que je ne puis résoudre renversera-t-elle tout un corps de doctrine si solide, si bien liée et formée avec tant de méditation et de soin, si bien appropriée à ma raison, à mon cœur, à tout mon être et renforcée de l'assentiment intérieur que je sens manquer à toutes les autres ? Non, de vaines argumentations ne détruiront jamais la convenance que j'aperçois[3] entre ma nature immortelle et la constitution de ce monde et l'ordre physique[4] que j'y vois régner. J'y trouve dans l'ordre moral correspondant et dont le système est le résultat de mes recherches les appuis dont j'ai besoin pour supporter les misères de ma vie. Dans tout autre système[5] je vivrais sans ressource et je mourrais sans espoir. Je serais la plus malheureuse des créatures. Tenons-nous en donc à celui qui seul suffit pour[6] me rendre heureux en dépit de la fortune et des hommes.

Cette délibération et la conclusion que j'en tirai ne semblent-elles pas avoir été dictées par le Ciel même pour me préparer à la destinée qui m'attendait et me mettre en état de la soutenir ? Que serais-je devenu, que deviendrais-je encore, dans les angoisses affreuses qui m'attendaient et dans l'incroyable situation où je suis réduit pour

---

1. Ici commence la première réflexion de Rousseau mise en forme de discours. Tout cela ne constitue nullement un dialogue philosophique mais seulement une présentation vivante des opinions évoquées. 2. Expression récurrente chez Rousseau. Voir la première version du *Contrat social*, éd. Gagnebin-Raymond, t. III, p. 286. 3. En interligne au-dessus de « que je sens », barré. 4. « l'ordre physique » au-dessus de « l'harmonie », barré. 5. *Dans tout autre système philosophique, dans toute autre doctrine.* 6. « suffit pour » au-dessus de « peut », barré.

le reste de ma vie si, resté sans asile où je pusse échapper à mes implacables persécuteurs, sans dédommagement des opprobres qu'ils me font essuyer en ce monde, et sans espoir d'obtenir jamais la justice qui m'était due je m'étais vu livré tout entier au plus horrible sort qu'ait éprouvé sur la terre aucun mortel ? Tandis que, tranquille dans mon innocence, je n'imaginais qu'estime et bienveillance pour moi parmi les hommes ; tandis que mon cœur ouvert et confiant s'épanchait avec des amis et des frères, les traîtres m'enlaçaient en silence de rets forgés au fond des enfers. Surpris par les plus imprévus de tous les malheurs et les plus terribles pour une âme fière, traîné dans la fange sans jamais savoir par qui ni pourquoi, plongé dans un abîme d'ignominie, enveloppé d'horribles ténèbres à travers lesquelles je n'apercevais que de sinistres objets, à la première surprise je fus terrassé, et jamais je ne serais revenu de l'abattement où me jeta ce genre imprévu de malheurs si je ne m'étais ménagé d'avance des forces pour me relever dans mes chutes.

Ce ne fut qu'après des années d'agitations que reprenant enfin mes esprits et commençant de rentrer en moi-même, je sentis le prix des ressources que je m'étais ménagées pour l'adversité. Décidé sur toutes les choses dont il m'importait de juger, je vis, en comparant mes maximes à ma situation, que je donnais aux insensés jugements des hommes et aux petits événements de cette courte vie beaucoup plus d'importance qu'ils n'en avaient[1]. Que cette vie n'étant qu'un état d'épreuves, il importait peu que ces épreuves fussent de telle ou telle sorte pourvu qu'il en résultât l'effet auquel elles étaient destinées, et que par conséquent plus les épreuves étaient grandes, fortes, multipliées plus il était avantageux de les savoir soutenir. Toutes les plus vives peines perdent leur force pour quiconque en voit le dédommagement grand et sûr ; et la certitude de ce dédommagement était le principal fruit que j'avais retiré de mes méditations précédentes.

---

1. Expression de cette « aliénation » de soi que Rousseau a combattue en se retirant dans la solitude.

Il est vrai qu'au milieu des outrages sans nombre et des indignités sans mesure dont je me sentais accablé de toutes parts, des intervalles d'inquiétude et de doutes venaient de temps à autre ébranler mon espérance et troubler ma tranquillité. Les puissantes objections que je n'avais pu résoudre se présentaient alors à mon esprit avec plus de force pour achever de m'abattre précisément dans les moments où surchargé du poids de ma destinée j'étais prêt à tomber dans le découragement. Souvent des arguments nouveaux que j'entendais faire me revenaient dans l'esprit à l'appui de ceux qui m'avaient déjà tourmenté. Ah ! me disais-je alors dans des serrements de cœur prêts à m'étouffer, qui me garantira du désespoir si dans l'horreur de mon sort je ne vois plus que des chimères dans les consolations que me fournissait ma raison ? si, détruisant ainsi son propre ouvrage, elle renverse tout l'appui d'espérance et de confiance qu'elle m'avait ménagé dans l'adversité ! Quel appui que des illusions qui ne bercent que moi seul au monde ? Toute la génération présente ne voit qu'erreurs et préjugés dans les sentiments dont je me nourris seul[1] ; elle trouve la vérité, l'évidence dans le système contraire au mien ; elle semble même ne pouvoir croire que je l'adopte de bonne foi[2], et moi-même en m'y livrant de toute ma volonté j'y trouve des difficultés insurmontables qu'il m'est impossible de résoudre et qui ne m'empêchent pas d'y persister. Suis-je donc seul sage, seul éclairé parmi les mortels ? Pour croire que les choses sont ainsi suffit-il qu'elles me

---

1. À l'époque dont il s'agit, vers 1760, les philosophes critiques ne sont pas aussi puissants sur l'opinion que le « déplore » ici Rousseau. Il majore leur influence parce qu'il a été témoin de leur importance effectivement grandissante, s'étant « faufilé » dans leur cercle, peut-être aussi parce qu'ils ont encore gagné en influence entre cette époque et celle de la rédaction des *Rêveries*, mais surtout pour insister une nouvelle fois sur la solitude intellectuelle qui est la sienne et qui produit sa solitude affective, par le fait des autres et non par le sien. 2. Rousseau regrette, depuis sa première œuvre, que le public ne voie que jeux de littérature dans ce qui de sa part — de ses théories morales, politiques et éducatives à son autobiographie — est révélation de la vérité.

conviennent ? puis-je prendre une confiance éclairée en
des apparences qui n'ont rien de solide aux yeux du reste
des hommes et qui me sembleraient même illusoires à
moi-même si mon cœur ne soutenait pas ma raison ?
N'eût-il pas mieux valu combattre mes persécuteurs à
armes égales en adoptant leurs maximes que de rester sur
les chimères des miennes en proie à leurs atteintes sans
agir pour les repousser ? Je me crois sage et je ne suis
que dupe, victime et martyr d'une vaine erreur.

Combien de fois dans ces moments de doute et d'incertitude je fus prêt à m'abandonner au désespoir. Si jamais
j'avais passé dans cet état un mois entier, c'était fait de
ma vie et de moi[1]. Mais ces crises, quoique autrefois
assez fréquentes, ont toujours été courtes, et maintenant
que je n'en suis pas délivré tout à fait encore[2] elles sont
si rares et si rapides qu'elles n'ont pas même la force de
troubler mon repos. Ce sont de légères inquiétudes qui
n'affectent pas plus mon âme qu'une plume qui tombe
dans la rivière ne peut altérer le cours de l'eau. J'ai senti
que remettre en délibération les mêmes points sur lesquels
je m'étais ci-devant décidé, était me supposer de nouvelles lumières ou le jugement plus formé ou plus de zèle
pour la vérité que je n'avais lors de mes recherches,
qu'aucun de ces cas n'étant ni ne pouvant être le mien je
ne pouvais préférer par aucune raison solide des opinions
qui dans l'accablement du désespoir ne me tentaient que
pour augmenter ma misère, à des sentiments adoptés dans
la vigueur de l'âge, dans toute la maturité de l'esprit après
l'examen le plus réfléchi, et dans des temps où le calme
de ma vie ne me laissait d'autre intérêt dominant que
celui de connaître la vérité. Aujourd'hui que mon cœur
serré de détresse, mon âme affaissée par les ennuis, mon
imagination effarouchée, ma tête troublée par tant d'affreux mystères dont je suis environné, aujourd'hui que
toutes mes facultés affaiblies par la vieillesse et les

---

1. Au sens de « c'en était fait ».   2. « encore », ajouté en
interligne, montre que dans ce processus de lutte contre ces crises,
Rousseau espère une victoire prochaine.

angoisses ont perdu tout leur ressort, irai-je m'ôter à plaisir toutes les ressources que je m'étais ménagées, et donner plus de confiance à ma raison déclinante pour me rendre injustement[1] malheureux, qu'à ma raison pleine et vigoureuse pour me dédommager des maux que je souffre sans les avoir mérités ? Non, je ne suis ni plus sage, ni mieux instruit, ni de meilleure foi que quand je me décidai sur ces grandes questions, je n'ignorais pas alors les difficultés dont je me laisse troubler aujourd'hui ; elles ne m'arrêtèrent pas, et s'il s'en présente quelques nouvelles dont on ne s'était pas encore avisé, ce sont les sophismes d'une subtile métaphysique qui ne sauraient balancer les vérités éternelles admises de tous les temps par tous les sages, reconnues par toutes les nations et gravées dans le cœur humain en caractères ineffaçables. Je savais en méditant sur ces matières que l'entendement humain, circonscrit par les sens, ne les pouvait embrasser dans toute leur étendue. Je m'en tins donc à ce qui était à ma portée sans m'engager dans ce qui la passait. Ce parti était raisonnable, je l'embrassai jadis et m'y tins avec l'assentiment de mon cœur et de ma raison. Sur quel fondement y renoncerais-je aujourd'hui que tant de puissants motifs m'y doivent tenir attaché ? Quel danger vois-je à le suivre ? Quel profit trouverais-je à l'abandonner ? En prenant la doctrine de mes persécuteurs, prendrais-je aussi leur morale ? Cette morale sans racine et sans fruit qu'ils étalent pompeusement dans des livres ou dans quelque action d'éclat sur le théâtre, sans qu'il en pénètre jamais rien dans le cœur ni dans la raison ; ou bien cette autre morale secrète et cruelle, doctrine intérieure de tous leurs initiés, à laquelle l'autre ne sert que de masque, qu'ils suivent seule dans leur conduite et qu'ils ont si habilement pratiquée à mon égard. Cette morale, purement offensive, ne sert point à la défense et n'est bonne qu'à l'agression. De quoi me servirait-elle dans l'état où ils m'ont réduit ? Ma seule innocence me soutient dans les malheurs, et combien me rendrais-je plus malheureux

---

1. L'adverbe a été ajouté dans la marge.

encore, si m'ôtant cette unique mais puissante ressource j'y substituais la méchanceté ? Les atteindrais-je dans l'art de nuire, et quand j'y réussirais, de quel mal me soulagerait celui que je leur pourrais faire ? Je perdrais ma propre estime et je ne gagnerais rien à la place.

C'est ainsi que raisonnant avec moi-même je parvins à ne plus me laisser ébranler dans mes principes par des arguments captieux, par des objections insolubles et par des difficultés qui passaient ma portée et peut-être celle de l'esprit humain. Le mien, restant dans la plus solide assiette que j'avais pu lui donner, s'accoutuma si bien à s'y reposer à l'abri de ma conscience[1], qu'aucune doctrine étrangère ancienne ou nouvelle ne peut plus l'émouvoir, ni troubler un instant mon repos. Tombé dans la langueur et l'appesantissement d'esprit, j'ai oublié jusqu'aux raisonnements sur lesquels je fondais ma croyance et mes maximes, mais je n'oublierai jamais les conclusions que j'en ai tirées avec l'approbation de ma conscience et de ma raison, et je m'y tiens désormais. Que tous les philosophes viennent ergoter contre : ils perdront leur temps et leurs peines. Je me tiens pour le reste de ma vie en toute chose au parti que j'ai pris quand j'étais plus en état de bien choisir.

Tranquille dans ces dispositions, j'y trouve avec le contentement de moi l'espérance et les consolations dont j'ai besoin dans ma situation. Il n'est pas possible qu'une solitude aussi complète, aussi permanente, aussi triste en elle-même, l'animosité toujours sensible et toujours active de toute la génération présente, les indignités dont elle m'accable sans cesse, ne me jettent quelquefois dans l'abattement ; l'espérance ébranlée, les doutes décourageants reviennent encore de temps à autre troubler mon âme et la remplir de tristesse. C'est alors qu'incapable des opérations de l'esprit nécessaires pour me rassurer moi-même, j'ai besoin de me rappeler mes anciennes résolutions ; les soins, l'attention, la sincérité de cœur que

---

1. En dernière instance, dans le domaine spirituel, ce n'est plus l'intellect mais la conscience qui sert de guide. Voir l'usage de l'« instinct moral », pp. 85 et 89.

j'ai mise à les prendre reviennent alors à mon souvenir et me rendent toute ma confiance. Je me refuse ainsi à toutes nouvelles idées comme à des erreurs funestes qui n'ont qu'une fausse apparence et ne sont bonnes qu'à troubler mon repos.

Ainsi retenu dans l'étroite sphère de mes anciennes connaissances, je n'ai pas, comme Solon, le bonheur de pouvoir m'instruire chaque jour en vieillissant, et je dois même me garantir du dangereux orgueil de vouloir apprendre ce que je suis désormais hors d'état de bien savoir ; mais s'il me reste peu d'acquisitions à espérer du côté des lumières utiles, il m'en reste de bien importantes à faire du côté des vertus nécessaires à mon état. C'est là qu'il serait temps d'enrichir et d'orner mon âme d'un acquis qu'elle pût emporter avec elle, lorsque délivrée de ce corps qui l'offusque et l'aveugle, et voyant la vérité sans voile, elle apercevra la misère de toutes ces connaissances dont nos faux savants sont si vains. Elle gémira des moments perdus en cette vie à les vouloir acquérir. Mais la patience, la douceur, la résignation, l'intégrité, la justice impartiale sont un bien qu'on emporte avec soi, et dont on peut s'enrichir sans cesse, sans craindre que la mort même nous en fasse perdre le prix. C'est à cette unique et utile étude que je consacre le reste de ma vieillesse. Heureux si par mes progrès sur moi-même, j'apprends à sortir de la vie, non meilleur[1], car cela n'est pas possible, mais plus vertueux[2] que je n'y suis entré.

---

1. Voir le Préambule des *Confessions* : « Être éternel, rassemble autour de moi l'innombrable foule de mes semblables : qu'ils écoutent mes confessions, qu'ils gémissent de mes indignités, qu'ils rougissent de mes misères. Que chacun d'eux découvre à son tour son cœur aux pieds de ton trône avec la même sincérité ; et puis qu'un seul te dise, s'il l'ose : *je fus meilleur que cet homme-là.* » 2. L'idée de vertu comporte pour Rousseau un sens d'effort qu'il n'y a pas dans la simple bonté : voir la *Sixième Promenade*.

« *Plongé dans mille rêveries confuses mais délicieuses.* » (p. 109)

Rousseau au lac de Bienne.

« *Souvent des Bernois qui me venaient voir m'ont trouvé juché
sur de grands arbres ceint d'un sac que je remplissais de fruit.* » (p. 109)

La maison de Rousseau dans l'île de Saint Pierre, gravure de Delvaux.

QUATRIÈME PROMENADE

Dans le petit nombre de livres que je lis quelquefois encore, Plutarque est celui qui m'attache et me profite le plus. Ce fut la première lecture de mon enfance, ce sera la dernière de ma vieillesse ; c'est presque le seul auteur que je n'ai jamais lu sans en tirer quelque fruit. Avant-hier je lisais dans ses œuvres morales le traité *Comment on pourra tirer utilité de ses ennemis*. Le même jour en rangeant quelques brochures qui m'ont été envoyées par les auteurs, je tombai sur un des journaux[1] de l'Abbé Rozier au titre duquel il avait mis ces paroles *Vitam vero impendenti*[2], Rozier. Trop au fait des tournures de ces Messieurs pour prendre le change sur celle-là, je compris qu'il avait cru sous cet air de politesse me dire une cruelle contre-vérité : mais sur quoi fondée ? Pourquoi ce sarcasme ? quel sujet y pouvais-je avoir donné ? Pour mettre à profit les leçons du bon Plutarque je résolus d'employer à m'examiner sur le mensonge la promenade du lendemain, et j'y vins bien confirmé dans l'opinion déjà prise[3]

---

1. Le *Journal de physique et d'histoire naturelle*. **2.** Devise : *Vitam impendere vero*, tirée d'un vers de Juvénal, que Rousseau avait choisie dès 1758. Il l'interprétait ainsi : « Consacrer sa vie à la vérité ». **3.** Il est difficile de dire si « déjà » renvoie au moment préalable à la promenade ou remonte beaucoup plus loin. De fait, on lit dans le deuxième *Discours*, publié en 1755 : « La plus utile et la moins avancée de toutes les sciences me paraît être celle de l'homme et j'ose dire que la seule inscription du temple de Delphes contenait un précepte plus important et plus difficile que tous les gros livres des moralistes » (éd. G. Mairet, p. 65).

que le *Connais-toi toi-même* du Temple de Delphes n'était pas une maxime si facile à suivre que je l'avais cru dans mes Confessions.

Le lendemain, m'étant mis en marche pour exécuter cette résolution, la première idée qui me vint en commençant à me recueillir fut celle d'un mensonge affreux fait dans ma première jeunesse, dont le souvenir m'a troublé toute ma vie et vient jusque dans ma vieillesse contrister [1] encore mon cœur déjà navré de tant d'autres façons. Ce mensonge, qui fut un grand crime en lui-même, en dut être un plus grand encore par ses effets que j'ai toujours ignorés, mais que le remords m'a fait supposer aussi cruels qu'il était possible [2]. Cependant à ne consulter que la disposition où j'étais en le faisant, ce mensonge ne fut qu'un fruit de la mauvaise honte et bien loin qu'il partît d'une intention de nuire à celle qui en fut la victime, je puis jurer à la face du Ciel qu'à l'instant même où cette honte invincible me l'arrachait j'aurais donné tout mon sang avec joie pour en détourner l'effet sur moi seul. C'est un délire que je ne puis expliquer qu'en disant, comme je crois le sentir, qu'en cet instant mon naturel timide subjugua tous les vœux de mon cœur.

Le souvenir de ce malheureux acte et les inextinguibles regrets qu'il m'a laissés m'ont inspiré pour le mensonge une horreur qui a dû garantir mon cœur de ce vice pour le reste de ma vie. Lorsque je pris ma devise, je me sentais fait pour la mériter, et je ne doutais pas que je n'en fusse digne quand sur le mot de l'Abbé Rozier je commençai de m'examiner plus sérieusement.

Alors, en m'épluchant avec plus de soin, je fus bien surpris du nombre de choses de mon invention que je me rappelais avoir dites comme vraies dans le même temps où, fier en moi-même de mon amour pour la vérité, je lui sacrifiais ma sûreté, mes intérêts, ma personne, avec une impartialité dont je ne connais nul autre exemple parmi les humains.

---

1. « Donner du chagrin, de l'affliction » (Trévoux).   **2.** Voir p. 94.

Ce qui me surprit le plus était qu'en me rappelant ces choses controuvées[1], je n'en sentais aucun vrai repentir. Moi dont l'horreur pour la fausseté n'a rien dans mon cœur qui la balance, moi qui braverais les supplices s'il les fallait éviter par un mensonge, par quelle bizarre inconséquence mentais-je ainsi de gaieté de cœur sans nécessité, sans profit, et par quelle inconcevable contradiction n'en sentais-je pas le moindre regret, moi que le remords d'un mensonge n'a cessé d'affliger pendant cinquante ans. Je ne me suis jamais endurci sur mes fautes ; l'instinct moral m'a toujours bien conduit, ma conscience a gardé sa première intégrité, et quand même elle se serait altérée en se pliant à mes intérêts, comment, gardant toute sa droiture dans les occasions où l'homme forcé par ses passions peut au moins s'excuser sur sa faiblesse, la perd-elle uniquement dans les choses indifférentes où le vice n'a point d'excuse ? Je vis que de la solution de ce problème dépendait la justesse du jugement que j'avais à porter en ce point sur moi-même, et après l'avoir bien examiné voici de quelle manière je parvins à me l'expliquer[2].

Je me souviens d'avoir lu dans un livre de Philosophie[3] que mentir c'est cacher une vérité que l'on doit manifester. Il suit bien de cette définition que taire une vérité qu'on n'est pas obligé de dire n'est pas mentir, mais celui qui non content en pareil cas de ne pas dire la vérité dit le contraire, ment-il alors, ou ne ment-il pas ? Selon la définition, l'on ne saurait dire qu'il ment. Car s'il donne de la fausse monnaie à un homme auquel il ne doit rien, il trompe cet homme, sans doute, mais il ne le vole pas.

Il se présente ici deux questions à examiner, très importantes l'une et l'autre. La première, quand et comment on

---

1. « Controuver : v. act. Inventer quelque calomnie, quelque imposture » (Trévoux). **2.** Rousseau est donc ici bien loin de la transparence à soi, de l'immédiateté de la conscience morale dont il faisait le moyen de connaissance de soi dans les *Confessions*. **3.** D'après Jean Deprun, il s'agit de *De l'esprit*, d'Helvétius. Voir *Littérature et société, Recueil d'études en l'honneur de B. Guyon*, 1973, p. 35.

doit à autrui la vérité puisqu'on ne la doit pas toujours. La seconde, s'il est des cas où l'on puisse tromper innocemment. Cette seconde question est très décidée[1], je le sais bien ; négativement dans les livres, où la plus austère morale ne coûte rien à l'auteur, affirmativement dans la société où la morale des livres passe pour un bavardage impossible à pratiquer. Laissons donc ces autorités qui se contredisent, et cherchons par mes propres principes à résoudre pour moi ces questions.

La vérité générale et abstraite est le plus précieux de tous les biens. Sans elle l'homme est aveugle ; elle est l'œil de la raison[2]. C'est par elle que l'homme apprend à se conduire, à être ce qu'il doit être, à faire ce qu'il doit faire, à tendre à sa véritable fin. La vérité particulière et individuelle n'est pas toujours un bien, elle est quelquefois un mal, très souvent une chose indifférente. Les choses qu'il importe à un homme de savoir et dont la connaissance est nécessaire à son bonheur ne sont peut-être pas en grand nombre, mais en quelque nombre qu'elles soient elles sont un bien qui lui appartient, qu'il a droit de réclamer partout où il le trouve, et dont on ne peut le frustrer[3] sans commettre le plus inique de tous les vols, puisqu'elle est de ces biens communs à tous, dont la communication n'en prive point celui qui le donne.

Quant aux vérités qui n'ont aucune sorte d'utilité ni pour l'instruction ni dans la pratique, comment seraient-elles un bien dû, puisqu'elles ne sont pas même un bien ; et puisque la propriété n'est fondée que sur l'utilité, où il n'y a point d'utilité possible il ne peut y avoir de propriété. On peut réclamer un terrain quoique stérile parce qu'on peut au moins habiter sur le sol ; mais qu'un fait oiseux, indifférent à tous égards et sans conséquence pour personne, soit vrai ou faux, cela n'intéresse qui que ce soit. Dans l'ordre moral rien n'est inutile non plus que dans l'ordre physique. Rien ne peut être dû de ce qui n'est bon à rien, pour qu'une chose soit due il faut qu'elle soit

---

1. *Résolue.*   **2.** « Se dit figurément, en choses morales, de la pénétration de l'esprit » (Trévoux).   **3.** Voir note 1, p. 56.

ou puisse être utile. Ainsi, la vérité due est celle qui intéresse la justice, et c'est profaner ce nom sacré de vérité que de l'appliquer aux choses vaines dont l'existence est indifférente à tous et dont la connaissance est inutile à tout[1]. La vérité dépouillée de toute espèce d'utilité même possible, ne peut donc pas être une chose due, et par conséquent celui qui la tait ou la déguise ne ment point.

Mais est-il de ces vérités si parfaitement stériles qu'elles soient de tout point inutiles à tout, c'est un autre article à discuter et auquel je reviendrai tout à l'heure. Quant à présent passons à la seconde question.

Ne pas dire ce qui est vrai et dire ce qui est faux sont deux choses très différentes, mais dont peut néanmoins résulter le même effet ; car ce résultat est assurément bien le même toutes les fois que cet effet est nul. Partout où la vérité est indifférente l'erreur contraire est indifférente aussi ; d'où il suit qu'en pareil cas celui qui trompe en disant le contraire de la vérité n'est pas plus injuste que celui qui trompe en ne la déclarant pas ; car en fait de vérités inutiles, l'erreur n'a rien de pire que l'ignorance. Que je croie le sable qui est au fond de la mer blanc ou rouge, cela ne m'importe pas plus que d'ignorer de quelle couleur il est. Comment pourrait-on être injuste en ne nuisant à personne, puisque l'injustice ne consiste que dans le tort fait à autrui ?

Mais ces questions ainsi sommairement décidées ne saurai[en]t me fournir encore aucune application sûre pour la pratique, sans beaucoup d'éclaircissements préalables nécessaire[s] pour faire avec justesse cette application dans tous les cas qui peuvent se présenter. Car si l'obligation de dire la vérité n'est fondée que sur son utilité, comment me constituerai-je juge de cette utilité ? Très souvent l'avantage de l'un fait le préjudice de l'autre, l'intérêt particulier est presque toujours en opposition avec l'intérêt public. Comment se conduire en pareil cas ? Faut-il sacrifier l'utilité de l'absent à celle de

---

1. Ces trois dernières phrases (depuis « Dans l'ordre moral ») sont ajoutées en marge.

la personne à qui l'on parle ? faut-il taire ou dire la vérité qui profitant à l'un nuit à l'autre ? Faut-il peser tout ce qu'on doit dire à l'unique balance du bien public ou à celle de la justice distributive, et suis-je assuré de connaître assez tous les rapports de la chose pour ne dispenser les lumières dont je dispose que sur les règles de l'équité ? De plus, en examinant ce qu'on doit aux autres, ai-je examiné suffisamment ce qu'on se doit à soi-même, ce qu'on doit à la vérité pour elle seule ? Si je ne fais aucun tort à un autre en le trompant, s'ensuit-il que je ne m'en fasse point à moi-même, et suffit-il de n'être jamais injuste pour être toujours innocent ?

Que d'embarrassantes discussions dont il serait aisé de se tirer en se disant : soyons toujours vrai au risque de tout ce qui en peut arriver. La justice elle-même est dans la vérité des choses ; le mensonge est toujours iniquité, l'erreur est toujours imposture, quand on donne ce qui n'est pas pour la règle de ce qu'on doit faire ou croire. Et quelque effet qui résulte de la vérité on est toujours inculpable [1] quand on l'a dite, parce qu'on n'y a rien mis du sien.

Mais c'est là trancher la question sans la résoudre. Il ne s'agissait pas de prononcer s'il serait bon de dire toujours la vérité, mais si l'on y était toujours également obligé, et sur la définition que j'examinais, supposant que non, de distinguer les cas où la vérité est rigoureusement due, de ceux ou l'on peut la taire sans injustice et la déguiser sans mensonge : car j'ai trouvé que de tels cas existaient réellement. Ce dont il s'agit est donc de chercher une règle sûre pour les connaître et les bien déterminer.

Mais d'où tirer cette règle et la preuve de son infaillibilité ?... Dans toutes les questions de morale difficiles comme celle-ci, je me suis toujours bien trouvé de les

---

1. « Inculpable, adj. (1829) est rare en droit. On le trouve au XVIIIe s. (Rousseau), opposé à *inculpé*, en parlant d'un innocent », Alain Rey, *Dictionnaire historique de la langue française*, Le Robert, 1992.

résoudre par le dictamen[1] de ma conscience, plutôt que par les lumières de ma raison. Jamais l'instinct moral ne m'a trompé : il a gardé jusqu'ici sa pureté dans mon cœur assez pour que je puisse m'y confier, et s'il se tait quelquefois devant mes passions dans ma conduite, il reprend bien son empire sur elles dans mes souvenirs. C'est là que je me juge moi-même avec autant de sévérité peut-être que je serai jugé par le souverain juge après cette vie.

Juger des discours des hommes par les effets qu'ils produisent c'est souvent mal les apprécier[2]. Outre que ces effets ne sont pas toujours sensibles et faciles à connaître, ils varient à l'infini comme les circonstances dans lesquelles ces discours sont tenus. Mais c'est uniquement l'intention de celui qui les tient qui les apprécie[3] et détermine leur degré de malice ou de bonté. Dire faux n'est mentir que par l'intention de tromper et l'intention même de tromper loin d'être toujours jointe avec celle de nuire a quelquefois un but tout contraire. Mais pour rendre un mensonge innocent il ne suffit pas que l'intention de nuire ne soit pas expresse, il faut de plus la certitude que l'erreur dans laquelle on jette ceux à qui l'on parle ne peut nuire à eux ni à personne en quelque façon que ce soit. Il est rare et difficile qu'on puisse avoir cette certitude ; aussi est-il difficile et rare qu'un mensonge soit parfaitement innocent. Mentir pour son avantage à soi-même est imposture, mentir pour l'avantage d'autrui est fraude, mentir pour nuire est calomnie ; c'est la pire espèce de mensonge. Mentir sans profit ni préjudice de soi ni d'autrui n'est pas mentir : ce n'est pas mensonge, c'est fiction.

Les fictions qui ont un objet moral s'appellent apologues ou fables et comme leur objet n'est ou ne doit être que d'envelopper des vérités utiles sous des formes

---

1. « Terme dogmatique. Suggestion, mouvement, sentiment de la conscience » (Trévoux).   **2.** Les déboires de Rousseau avec des interprétations de ses œuvres qu'il jugeait inexactes — et dont il explique longuement la fausseté dans quelques-unes : la *Lettre à Christophe de Beaumont* ou les *Lettres de la montagne* pour expliquer l'*Émile*, les *Dialogues* pour expliquer toutes les autres — le rendaient particulièrement sensible à ce thème.   **3.** *Leur donne leur valeur réelle.*

sensibles et agréables, en pareil cas on ne s'attache guère à cacher le mensonge de fait qui n'est que l'habit de la vérité, et celui qui ne débite une fable que pour une fable ne ment en aucune façon.

Il est d'autres fictions purement oiseuses, telles que sont la plupart[1] des contes et des romans qui, sans renfermer aucune instruction véritable n'ont pour objet que l'amusement. Celles-là, dépouillées de toute utilité morale ne peuvent s'apprécier que par l'intention de celui qui les invente, et lorsqu'il les débite avec affirmation comme des vérités réelles, on ne peut guère disconvenir qu'elles ne soient de vrais mensonges. Cependant qui jamais s'est fait un grand scrupule de ces mensonges-là, et qui jamais en a fait un reproche grave à ceux qui les font ? S'il y a par exemple quelque objet moral dans le Temple de Gnide[2], cet objet est bien offusqué et gâté par les détails voluptueux et par les images lascives. Qu'a fait l'auteur pour couvrir cela d'un vernis de modestie ? Il a feint que son ouvrage était la traduction d'un manuscrit Grec, et il a fait l'histoire de la découverte de ce manuscrit de la façon la plus propre à persuader ses lecteurs de la vérité de son récit. Si ce n'est pas là un mensonge bien positif, qu'on me dise donc ce que c'est que mentir ? Cependant, qui est-ce qui s'est avisé de faire à l'auteur un crime de ce mensonge et de le traiter pour cela d'imposteur ?

On dira vainement que ce n'est là qu'une plaisanterie, que l'auteur tout en affirmant ne voulait persuader personne, qu'il n'a persuadé personne en effet, et que le public n'a pas douté un moment qu'il ne fût lui-même l'auteur de l'ouvrage prétendu Grec dont il se donnait pour le traducteur. Je répondrai qu'une pareille plaisanterie sans aucun objet n'eût été qu'un bien sot enfantillage, qu'un menteur ne ment pas moins quand il affirme quoi-

---

1. Rousseau, en examinant cette question de la nature morale des fictions, pense naturellement à *Julie ou La Nouvelle Héloïse*, qui se distingue par sa valeur morale de la masse des romans qui ne sont qu'amusement.   2. Roman de Montesquieu, publié anonymement en 1725.

qu'il ne persuade pas, qu'il faut détacher du public instruit des multitudes de lecteurs simples et crédules à qui
l'histoire du manuscrit narrée par un auteur grave avec
un air de bonne foi en a réellement imposé[1], et qui ont
bu sans crainte dans une coupe de forme antique le poison
dont ils se seraient au moins défiés s'il leur eût été présenté dans un vase moderne.

Que ces distinctions se trouvent ou non dans les livres,
elles ne s'en font pas moins dans le cœur de tout homme de
bonne foi avec lui-même, qui ne veut rien se permettre que
sa conscience puisse lui reprocher. Car dire une chose
fausse à son avantage n'est pas moins mentir que si on la
disait au préjudice d'autrui, quoique le mensonge soit
moins criminel. Donner l'avantage à qui ne doit pas l'avoir
c'est troubler l'ordre et la justice ; attribuer faussement à
soi-même ou à autrui un acte d'où peut résulter louange ou
blâme, inculpation ou disculpation, c'est faire une chose
injuste ; or tout ce qui, contraire à la vérité, blesse la justice
en quelque façon que ce soit c'est mensonge. Voilà la
limite exacte. Mais tout ce qui, contraire à la vérité, n'intéresse la justice en aucune sorte n'est que fiction, et j'avoue
que quiconque se reproche une pure fiction[2] comme un
mensonge a la conscience plus délicate que moi.

Ce qu'on appelle mensonges officieux sont de vrais
mensonges, parce qu'en imposer à l'avantage soit d'autrui soit de soi-même n'est pas moins injuste que d'en
imposer à son détriment. Quiconque loue ou blâme contre
la vérité ment dès qu'il s'agit d'une personne réelle. S'il
s'agit d'un être imaginaire il en peut dire tout ce qu'il
veut sans mentir, à moins qu'il ne juge sur la moralité
des faits qu'il invente et qu'il n'en juge faussement : car
alors s'il ne ment pas dans le fait, il ment contre la vérité
morale, cent fois plus respectable que celle des faits.

---

1. « Quand on met la particule *en* devant le verbe *imposer*, il se
prend en mauvaise part, *vous m'en imposez* veut dire *vous m'en
faites accroire, vous me trompez* » (Trévoux).   **2.** La distinction
terminologique n'est pas, chez Rousseau, une façon de tromper le
lecteur en déplaçant la question. L'effort de définition est un préalable et un outil de la pensée philosophique.

J'ai vu de ces gens qu'on appelle vrais dans le monde. Toute leur véracité s'épuise dans les conversations oiseuses à citer fidèlement les lieux, les temps, les personnes, à ne se permettre aucune fiction, à ne broder aucune circonstance, à ne rien exagérer. En tout ce qui ne touche point à leur intérêt ils sont dans leurs narrations de la plus inviolable fidélité. Mais s'agit-il de traiter quelque affaire qui les regarde, de narrer quelque fait qui leur touche de près ; toutes les couleurs sont employées pour présenter les choses sous le jour qui leur est le plus avantageux, et si le mensonge leur est utile et qu'ils s'abstiennent de le dire eux-mêmes, ils le favorisent avec adresse et font en sorte qu'on l'adopte sans le leur pouvoir imputer. Ainsi le veut la prudence : adieu la véracité.

L'homme que j'appelle *vrai* fait tout le contraire. En choses parfaitement indifférentes la vérité qu'alors l'autre respecte si fort le touche fort peu, et il ne se fera guère de scrupule d'amuser une compagnie par des faits controuvés dont il ne résulte aucun jugement injuste ni pour ni contre qui que ce soit, vivant ou mort. Mais tout discours qui produit pour quelqu'un profit ou dommage, estime ou mépris, louange ou blâme contre la justice et la vérité est un mensonge qui jamais n'approchera de son cœur, ni de sa bouche, ni de sa plume. Il est solidement *vrai*, même contre son intérêt, quoiqu'il se pique assez peu de l'être dans les conversations oiseuses. Il est *vrai* en ce qu'il ne cherche à tromper personne, qu'il est aussi fidèle à la vérité qui l'accuse qu'à celle qui l'honore, et qu'il n'en impose jamais pour son avantage ni pour nuire à son ennemi. La différence donc qu'il y a entre mon homme vrai et l'autre, est que celui du monde est très rigoureusement fidèle à toute vérité qui ne lui coûte rien mais pas au-delà, et que le mien ne la sert jamais si fidèlement que quand il faut s'immoler pour elle[1].

Mais, dirait-on, comment accorder ce relâchement avec cet ardent amour pour la vérité dont je le glorifie ? Cet

---

1. C'est le sens étymologique de « martyr » : celui qui affronte la mort pour témoigner de ce à quoi il croit.

amour est donc faux puisqu'il souffre tant d'alliage ? Non, il est pur et vrai : mais il n'est qu'une émanation de l'amour de la justice et ne veut jamais être faux quoiqu'il soit souvent fabuleux. Justice et vérité sont dans son esprit deux mots synonymes qu'il prend l'un pour l'autre indifféremment. La sainte vérité que son cœur adore ne consiste point en faits indifférents et en noms inutiles, mais à rendre fidèlement à chacun ce qui lui [est] dû en choses qui sont véritablement siennes, en imputations bonnes ou mauvaises, en rétributions d'honneur ou de blâme, de louange ou d'improbation. Il n'est faux ni contre autrui, parce que son équité l'en empêche et qu'il ne veut nuire à personne injustement, ni pour lui-même, parce que sa conscience l'en empêche et qu'il ne saurait s'approprier ce qui n'est pas à lui. C'est surtout de sa propre estime qu'il est jaloux ; c'est le bien dont il peut le moins se passer, et il sentirait une perte réelle d'acquérir celle des autres aux dépens de ce bien-là. Il mentira donc quelquefois en choses indifférentes sans scrupule et sans croire mentir, jamais pour le dommage ou le profit d'autrui ni de lui-même. En tout ce qui tient aux vérités historiques, en tout ce qui a trait à la conduite des hommes, à la justice, à la sociabilité, aux lumières utiles, il garantira de l'erreur et lui-même et les autres autant qu'il dépendra de lui. Tout mensonge hors de là selon lui n'en est pas un. Si le Temple de Gnide est un ouvrage utile l'histoire du manuscrit Grec n'est qu'une fiction très innocente ; elle est un mensonge très punissable si l'ouvrage est dangereux[1].

Telles furent mes règles de conscience sur le mensonge et sur la vérité. Mon cœur suivait machinalement ces règles avant que ma raison les eût adoptées, et l'instinct moral en fit seul l'application. Le criminel mensonge dont

---

1. Rousseau partage avec ses contemporains, y compris la censure, la conviction que les livres ont un impact réel sur le lecteur : c'est à cause de cette influence avérée qu'on peut parler, le cas échéant, de livres « dangereux ».

la pauvre Marion[1] fut la victime m'a laissé d'ineffaçables remords qui m'ont garanti tout le reste de ma vie non seulement de tout mensonge de cette espèce, mais de tous ceux qui de quelque façon que ce pût être pouvaient toucher l'intérêt et la réputation d'autrui. En généralisant ainsi l'exclusion je me suis dispensé de peser exactement l'avantage et le préjudice, et de marquer les limites précises du mensonge nuisible et du mensonge officieux ; en regardant l'un et l'autre comme coupable[s] je me les suis interdits tous les deux.

En ceci comme en tout le reste, mon tempérament a beaucoup influé sur mes maximes, ou plutôt sur mes habitudes ; car je n'ai guère agi par règles ou n'ai guère suivi d'autre règle en toute chose que les impulsions de mon naturel. Jamais mensonge prémédité n'approcha de ma pensée, jamais je n'ai menti pour mon intérêt ; mais souvent j'ai menti par honte, pour me tirer d'embarras en choses indifférentes ou qui n'intéressaient que moi tout au plus[2], lorsque ayant à soutenir un entretien la lenteur de mes idées et l'aridité de ma conversation me forçai[en]t de recourir aux fictions pour avoir quelque chose à dire. Quand il faut nécessairement parler et que des vérités amusantes ne se présentent pas assez tôt à mon esprit je débite des fables pour ne pas demeurer muet[3] ; mais dans l'invention de ces fables j'ai soin, tant que je puis, qu'elles ne soient pas des mensonges, c'est-à-dire qu'elles ne blessent ni la justice ni la vérité due et qu'elles ne soient que des fictions indifférentes à tout le monde et à moi. Mon désir serait bien d'y substituer au moins à la vérité des faits une vérité morale ; c'est-à-dire d'y bien représenter les affections naturelles au cœur humain, et d'en faire sortir toujours quelque instruction utile, d'en

---

1. Allusion au vol dont il a accusé la servante de Mme de Vercellis, mensonge dont il s'est repenti toute sa vie. Voir les *Confessions*, II, t. 1, p. 137-139. **2.** « tout au plus » ajouté en interligne, pour remplacer un premier ajout : « seul ». **3.** C'est donc l'amour-propre qui lui faisait inventer des fictions du temps où il allait dans les salons. Il a donné des exemples de ces bévues dans les *Confessions*.

faire en un mot des contes moraux, des apologues [1], mais il faudrait plus de présence d'esprit que je n'en ai et plus de facilité dans la parole pour savoir mettre à profit pour l'instruction le babil de la conversation. Sa marche, plus rapide que celle de mes idées, me forçant presque toujours de parler avant de penser, m'a souvent suggéré des sottises et des inepties que ma raison désapprouvait et que mon cœur désavouait à mesure qu'elles échappaient de ma bouche [2], mais qui précédant mon propre jugement ne pouvaient plus être réformées par sa censure.

C'est encore par cette première et irrésistible impulsion du tempérament que dans des moments imprévus et rapides, la honte et la timidité m'arrachent souvent des mensonges auxquels ma volonté n'a point de part, mais qui la précédent en quelque sorte par la nécessité de répondre à l'instant. L'impression profonde du souvenir de la pauvre Marion peut bien retenir toujours ceux qui pourraient être nuisibles à d'autres, mais non pas ceux qui peuvent servir à me tirer d'embarras quand il s'agit de moi seul, ce qui n'est pas moins contre ma conscience et mes principes que ceux qui peuvent influer sur le sort d'autrui.

J'atteste le Ciel que si je pouvais l'instant d'après retirer le mensonge qui m'excuse et dire la vérité qui me charge sans me faire un nouvel affront en me rétractant, je le ferais de tout mon cœur ; mais la honte de me prendre ainsi moi-même en faute me retient encore, et je me repens très sincèrement de ma faute, sans néanmoins l'oser réparer. Un exemple expliquera mieux ce que je veux dire et montrera que je ne mens ni par intérêt ni par amour-propre, encore moins par envie ou par malignité : mais uniquement par embarras et mauvaise honte, sachant même très bien quelquefois que ce mensonge est connu pour tel et ne peut me servir du tout à rien.

Il y a quelque temps que M. Foulquier m'engagea contre mon usage à aller avec ma femme dîner en manière

---

1. Deux genres littéraires moralisants alors à la mode.
2. D'où son sentiment de malaise en société.

de pique-nique[1] avec lui et son ami Benoît chez la Dame
Vacassin, restauratrice[2], laquelle et ses deux filles dînè-
rent aussi avec nous. Au milieu du dîner, l'aînée, qui est
mariée depuis peu et qui était grosse[3], s'avisa de me
demander brusquement et en me fixant si j'avais eu des
enfants. Je répondis en rougissant jusqu'aux yeux que je
n'avais pas eu ce bonheur. Elle sourit malignement en
regardant la compagnie. Tout cela n'était pas bien obscur,
même pour moi.

Il est clair d'abord que cette réponse n'est point celle
que j'aurais voulu faire quand même j'aurais eu l'intention d'en imposer ; car dans la disposition où je voyais
celle qui me faisait la question j'étais bien sûr que ma
négative ne changerait rien à son opinion sur ce point. On
s'attendait à cette négative, on la provoquait même pour
jouir du plaisir de m'avoir fait mentir. Je n'étais pas assez
bouché pour ne pas sentir cela. Deux minutes après, la
réponse que j'aurais dû faire me vint d'elle-même. *Voilà
une question peu discrète de la part d'une jeune femme
à un homme qui a vieilli garçon*[4]. En parlant ainsi, sans
mentir, sans avoir à rougir d'aucun aveu, je mettais les
rieurs de mon côté, et je lui faisais une petite leçon qui
naturellement devait la rendre un peu moins impertinente
à me questionner. Je ne fis rien de tout cela ; je ne dis
point ce qu'il fallait dire, je dis ce qu'il ne fallait pas et
qui ne pouvait me servir de rien. Il est donc certain que
ni mon jugement ni la volonté ne dictèrent ma réponse et
qu'elle fut l'effet machinal de mon embarras. Autrefois
je n'avais point cet embarras et je faisais l'aveu de mes
fautes avec plus de franchise que de honte, parce que je
ne doutais pas qu'on ne vît ce qui les rachetait et que je
sentais au dedans de moi ; mais l'œil de la malignité me
navre et me déconcerte ; en devenant plus malheureux je

---

1. « Espèce d'adverbe. On dit faire un repas à pique-nique,
c'est-à-dire en payant chacun son écot. Ce mot n'est pas ancien
dans notre langue. Il est même inconnu dans la plupart des provinces » (Trévoux qui cite ici Ménage).   2. Personnage inconnu par
ailleurs.   3. *Enceinte*.   4. *Célibataire*.

suis devenu plus timide et jamais je n'ai menti que par timidité.

Je n'ai jamais mieux senti mon aversion naturelle pour le mensonge qu'en écrivant mes Confessions, car c'est là que les tentations auraient été fréquentes et fortes, pour peu que mon penchant m'eût porté de ce côté. Mais loin d'avoir rien tu, rien dissimulé qui fût à ma charge, par un tour d'esprit que j'ai peine à m'expliquer et qui vient peut-être d'éloignement pour toute imitation, je me sentais plutôt porté à mentir dans le sens contraire en m'accusant avec trop de sévérité qu'en m'excusant avec trop d'indulgence, et ma conscience m'assure qu'un jour je serai jugé moins sévèrement que je ne me suis jugé moi-même. Oui, je le dis et le sens avec une fière élévation d'âme, j'ai porté dans cet écrit la bonne foi la véracité la franchise aussi loin, plus loin même, au moins je le crois, que ne fit jamais aucun autre homme ; sentant que le bien surpassait le mal j'avais mon intérêt à tout dire, et j'ai tout dit.

Je n'ai jamais dit moins, j'ai dit plus quelquefois, non dans les faits, mais dans les circonstances, et cette espèce de mensonge fut plutôt l'effet du délire de l'imagination qu'un acte de la volonté. J'ai tort même de l'appeler mensonge, car aucune de ces additions n'en fut un. J'écrivais mes Confessions déjà vieux et dégoûté des vains plaisirs de la vie que j'avais tous effleurés et dont mon cœur avait bien senti le vide. Je les écrivais de mémoire ; cette mémoire me manquait souvent ou ne me fournissait que des souvenirs imparfaits et j'en remplissais les lacunes par des détails que j'imaginais en supplément[1] de ces souvenirs, mais qui ne leur étaient jamais contraires. J'aimais à m'étendre sur les moments heureux de ma vie, et je les embellissais quelquefois des ornements que de tendres regrets venaient me fournir. Je disais les choses que j'avais oubliées comme il me semblait qu'elles avaient dû être, comme elles avaient été peut-être en effet,

---

1. *Pour suppléer à...* C'est explicitement ce qu'il affirme dans la première page des *Confessions*.

jamais au contraire de ce que je me rappelais qu'elles avaient été. Je prêtais quelquefois à la vérité des charmes étrangers, mais jamais je n'ai mis le mensonge à la place pour pallier mes vices ou pour m'arroger des vertus.

Que si quelquefois sans y songer, par un mouvement involontaire, j'ai caché le côté difforme en me peignant de profil[1], ces réticences ont bien été compensées par d'autres réticences plus bizarres qui m'ont souvent fait taire le bien plus soigneusement que le mal. Ceci est une singularité de ma nature qu'il est fort pardonnable aux hommes de ne pas croire, mais qui, tout incroyable qu'elle est, n'en est pas moins réelle : j'ai souvent dit le mal dans toute sa turpitude, j'ai rarement dit le bien dans tout ce qu'il eut d'aimable, et souvent je l'ai tu tout à fait parce qu'il m'honorait trop, et qu'en faisant mes confessions j'aurais l'air d'avoir fait mon éloge. J'ai décrit mes jeunes ans sans me vanter des heureuses qualités dont mon cœur était doué et même en supprimant les faits qui les mettaient trop en évidence. Je m'en rappelle ici deux de ma première enfance, qui tous deux sont bien venus à mon souvenir en écrivant, mais que j'ai rejetés l'un et l'autre par l'unique raison dont je viens de parler[2].

J'allais presque tous les dimanches passer la journée aux Pâquis[3] chez M. Fazy, qui avait épousé une de mes tantes et qui avait là une fabrique d'Indiennes. Un jour j'étais à l'étendage dans la chambre de la calandre et j'en regardais les rouleaux de fonte : leur luisant flattait ma vue, je fus tenté d'y poser mes doigts et je les promenais avec plaisir sur le lissé du cylindre, quand le jeune Fazy s'étant mis dans la roue lui donna un demi quart de tour si adroitement qu'il n'y prit que le bout de mes deux

---

1. Dans une ébauche des *Confessions* (éd. Gagnebin-Raymond, t. I, p. 1150), il écrivait : « Montaigne se peint ressemblant mais de profil ». Le terme n'apparaît pas dans le texte définitif mais le reproche est du même ordre : voir les *Confessions*, t. II, p. 354. **2.** Les *Rêveries* n'étant pas destinées à un lecteur, il n'importe pas que Rousseau y raconte des vérités que personne ne peut croire. Elles ont la valeur affective d'un souvenir dont il s'offre à lui-même le plaisir de le rédiger.   **3.** Près de Genève.

plus longs doigts mais c'en fut assez pour qu'ils y fussent écrasés par le bout et que les deux ongles y restassent. Je fis un cri perçant, Fazy détourne à l'instant la roue, mais les ongles ne restèrent pas moins au cylindre et le sang ruisselait de mes doigts. Fazy consterné s'écrie, sort de la roue, m'embrasse et me conjure d'apaiser mes cris, ajoutant qu'il était perdu. Au fort de ma douleur la sienne me toucha, je me tus, nous fûmes à la carpière[1] où il m'aida à laver mes doigts et à étancher mon sang avec de la mousse. Il me supplia avec larmes de ne point l'accuser ; je le lui promis et le tins si bien, que plus de vingt ans après personne ne savait par quelle aventure j'avais deux de mes doigts cicatrisés ; car ils le sont demeurés toujours. Je fus détenu dans mon lit plus de trois semaines, et plus de deux mois hors d'état de me servir de ma main, disant toujours qu'une grosse pierre en tombant m'avait écrasé les doigts.

> *Magnanima menzogna ! or quando è il vero*
> *Si bello che si possa a te preporre ?*[2]

Cet accident me fut pourtant bien sensible par la circonstance, car c'était le temps des exercices où l'on faisait manœuvrer la bourgeoisie, et nous avions fait un rang de trois autres enfants de mon âge avec lesquels je devais en uniforme faire l'exercice avec la compagnie de mon quartier. J'eus la douleur d'entendre le tambour de la compagnie passant sous ma fenêtre avec mes trois camarades, tandis que j'étais dans mon lit.

Mon autre histoire est toute semblable, mais d'un âge plus avancé.

Je jouais au mail à Plainpalais[3] avec un de mes cama-

---

1. Le mot désigne une mare. A. François explique que ces mares, à Genève, servaient à répondre à l'injonction d'avoir des réserves d'eau près des maisons, surtout en temps de guerre et précise que le mot ne se trouve dans aucun dictionnaire du XVIIIe siècle.   2. « Ô mensonge héroïque ! Quelle est la vérité qu'on puisse te comparer ? » Deux vers de la *Jérusalem délivrée*, du Tasse (1544-1595), poète admiré de Rousseau qui le lisait encore à la fin de sa vie. (trad. Mirabaud)   3. Vaste terrain plat au pied de la vieille ville de Genève.

rades appelé Pleince. Nous prîmes querelle au jeu, nous
nous battîmes et durant le combat il me donna sur la tête
nue un coup de mail si bien appliqué que d'une main plus
forte il m'eût fait sauter la cervelle. Je tombe à l'instant.
Je ne vis de ma vie une agitation pareille à celle de ce
pauvre garçon voyant mon sang ruisseler dans mes che-
veux. Il crut m'avoir tué. Il se précipite sur moi, m'embrasse, me serre étroitement en fondant en larmes et
poussant des cris perçants. Je l'embrassais aussi de toute
ma force en pleurant comme lui dans une émotion
confuse qui n'était pas sans quelque douceur. Enfin il se
mit en devoir d'étancher mon sang qui continuait de couler, et voyant que nos deux mouchoirs n'y pouvaient suffire, il m'entraîna chez sa mère qui avait un petit jardin
près de là. Cette bonne dame faillit à se trouver mal en
me voyant dans cet état. Mais elle sut conserver des
forces pour me panser, et après avoir bien bassiné ma
plaie elle y appliqua des fleurs de lis macérées dans l'eau-
de-vie, vulnéraire excellent et très usité dans notre pays.
Ses larmes et celles de son fils pénétrèrent mon cœur au
point que longtemps je la regardai comme ma mère et
son fils comme mon frère jusqu'à ce qu'ayant perdu l'un
et l'autre de vue, je les oubliai peu à peu.

Je gardai le même secret sur cet accident que sur
l'autre, et il m'en est arrivé cent autres de pareille nature
en ma vie, dont je n'ai pas même été tenté de parler dans
mes Confessions ; tant j'y cherchais peu l'art de faire
valoir le bien que je sentais dans mon caractère. Non,
quand j'ai parlé contre la vérité qui m'était connue ce
n'a jamais été qu'en choses indifférentes, et plus, ou par
l'embarras de parler ou pour le plaisir d'écrire que par
aucun motif d'intérêt pour moi ni d'avantage ou de préjudice d'autrui. Et quiconque lira mes Confessions impar-
tialement, si jamais cela arrive [1], sentira que les aveux que
j'y fais sont plus humiliants, plus pénibles à faire, que

---

1. Les *Confessions* sont alors toujours en manuscrit et Rousseau
a promis de ne pas les publier de son vivant. En échange de quoi
on tolère sa présence à Paris alors que le décret qui l'avait obligé à
fuir en 1762 de peur d'être arrêté n'a pas été officiellement annulé.

ceux d'un mal plus grand mais moins honteux à dire, et que je n'ai pas dit parce que je ne l'ai pas fait.

Il suit de toutes ces réflexions que la profession de véracité que je me suis faite a plus son fondement sur des sentiments de droiture et d'équité que sur la réalité des choses, et que j'ai plus suivi dans la pratique les directions morales de ma conscience que les notions abstraites du vrai et du faux. J'ai souvent débité bien des fables, mais j'ai très rarement menti. En suivant ces principes j'ai donné sur moi beaucoup de prise aux autres, mais je n'ai fait tort à qui que ce fût, et je ne me suis point attribué à moi-même plus d'avantage qu'il ne m'en était dû. C'est uniquement par là, ce me semble, que la vérité est une vertu. À tout autre égard elle n'est pour nous qu'un être métaphysique[1] dont il ne résulte ni bien ni mal.

Je ne sens pourtant pas mon cœur assez content de ces distinctions pour me croire tout à fait irrépréhensible[2]. En pesant avec tant de soin ce que je devais aux autres, ai-je assez examiné ce que je me devais à moi-même ? S'il faut être juste pour autrui il faut être vrai pour soi, c'est un hommage que l'honnête homme doit rendre à sa propre dignité. Quand la stérilité de ma conversation me forçait d'y suppléer par d'innocentes fictions, j'avais tort, parce qu'il ne faut point pour amuser autrui s'avilir soi-même ; et quand, entraîné par le plaisir d'écrire, j'ajoutais à des choses réelles des ornements inventés, j'avais plus de tort encore parce qu'orner la vérité par des fables, c'est en effet la défigurer.

Mais ce qui me rend plus inexcusable est la devise que j'avais choisie. Cette devise m'obligeait plus que tout autre homme à une profession plus étroite de la vérité, et il ne suffisait pas que je lui sacrifiasse partout mon intérêt et mes penchants, il fallait lui sacrifier aussi ma faiblesse et mon naturel timide. Il fallait avoir le courage et la force d'être vrai toujours, en toute occasion, et qu'il ne sortît

---

1. Emploi connoté : « Se dit aussi de ce qui est trop abstrait, trop subtil » (Trévoux). **2.** L'écriture déjà resserrée dans les pages qui précèdent devient minuscule dans les trois derniers paragraphes.

jamais ni fictions ni fable d'une bouche et d'une plume qui s'était particulièrement consacrée[1] à la vérité. Voilà ce que j'aurais dû me dire en prenant cette fière devise, et me répéter sans cesse tant que j'osai la porter. Jamais la fausseté ne dicta mes mensonges, ils sont tous venus de faiblesse mais cela m'excuse très mal. Avec une âme faible on peut tout au plus se garantir du vice, mais c'est être arrogant et téméraire d'oser professer de grandes vertus.

Voilà des réflexions qui probablement ne me seraient jamais venues dans l'esprit si l'Abbé Rozier ne me les eût suggérées. Il est bien tard, sans doute, pour en faire usage ; mais il n'est pas trop tard au moins pour redresser mon erreur et remettre ma volonté dans la règle : car c'est désormais tout ce qui dépend de moi. En ceci donc et en toutes choses semblables la maxime de Solon est applicable à tous les âges, et il n'est jamais trop tard pour apprendre même de ses ennemis à être sage, vrai, modeste, et à moins présumer de soi.

---

1. Le singulier manifeste que, pour Rousseau, parler et écrire exigent la même perfection de vérité.

CINQUIÈME PROMENADE

De toutes les habitations où j'ai demeuré (et j'en ai eu de charmantes), aucune ne m'a rendu si véritablement heureux et ne m'a laissé de si tendres regrets que l'île de Saint-Pierre au milieu du lac de Bienne. Cette petite Île qu'on appelle à Neuchâtel l'Île de la Motte est bien peu connue, même en Suisse. Aucun voyageur, que je sache, n'en fait mention. Cependant elle est très agréable et singulièrement située pour le bonheur d'un homme qui aime à se circonscrire ; car quoique je sois peut-être le seul[1] au monde à qui sa destinée en ait fait une loi, je ne puis croire[2] être le seul qui ait un goût si naturel, quoique je ne l'aie trouvé jusqu'ici chez nul autre.

Les rives du lac de Bienne sont plus sauvages et romantiques[3] que celles du lac de Genève, parce que

---

1. Première rédaction : « le seul homme au monde » ; Rousseau a barré « homme » pour des raisons d'euphonie.   **2.** « Croire » a été ajouté entre les lignes. Rousseau passe ainsi de l'impossibilité de fait de son unicité au refus de croire à son unicité.   **3.** « C'est pour qualifier des sites, des paysages, puis des jardins et des tableaux qui touchent la sensibilité, à la manière des descriptions de romans que *romantique*, d'abord sous la forme anglaise *romantic* (1745), a été francisé au XVIIIᵉ siècle, en concurrence avec *romanesque*. En 1774, C.H. Watelet, dans un *Essai sur les jardins*, définissant les trois caractères de la décoration des nouveaux jardins (à l'anglaise), cite le pittoresque, le poétique et le romanesque. C'est en ce sens (attesté depuis 1705 en anglais) que l'adjectif *romantic* est lancé par les *Rêveries* de Rousseau (1781), qui hési-

les rochers et les bois y bordent l'eau de plus près ;
mais elles ne sont pas moins riantes. S'il y a moins
de culture de champs et de vignes, moins de villes et
de maisons, il y aussi plus de verdure naturelle, plus
de prairies, d'asiles ombragés de bocages, des
contrastes plus fréquents et des accidents plus rap-
prochés. Comme il n'y a pas sur ces heureux bords de
grandes routes commodes pour les voitures[1], le pays
est peu fréquenté par les voyageurs ; mais qu'il est
intéressant pour des contemplatifs solitaires qui aiment
à s'enivrer à loisir des charmes de la nature, et à se
recueillir dans un silence que ne trouble aucun autre
bruit que le cri des aigles, le ramage entrecoupé de
quelques oiseaux[2], et le roulement des torrents qui tom-
bent de la montagne. Ce beau bassin[3] d'une forme
presque ronde enferme dans son milieu deux petites
îles, l'une habitée et cultivée, d'environ demi lieue de
tour, l'autre plus petite, déserte et en friche, et qui sera
détruite à la fin par les transports de la terre qu'on en
ôte sans cesse pour réparer les dégâts[4] que les vagues
et les orages font à la grande. C'est ainsi que la substance du faible est toujours employée au profit du
puissant[5].

Il n'y a dans l'île qu'une seule maison mais
grande, agréable et commode, qui appartient à l'hôpital
de Berne ainsi que l'île[6], et où loge un Rece-

---

tent encore entre *romantique* et *romanesque* », Alain Rey, *Dictionnaire historique de la langue française*, Le Robert, 1992.
    1. Le mot « voitures » au-dessus de « voyageurs »,
raturé.   **2.** La première rédaction était : « le cri des aigles, le
chant des oiseaux ».   **3.** La première rédaction était : « Ce petit
lac ».   **4.** Au-dessus de « ravages », raturé.   **5.** Remarque de
nature politique, bien dans la ligne du *Discours sur l'origine et les
fondements de l'inégalité parmi les hommes.*   **6.** « La petite Île
où je suis m'a paru propre à y fixer ma retraite. Elle est très
agréable ; on n'y trouve ni gens d'Église ni brigands ameutés
par eux. Toute sa population consiste en une seule maison occu-
pée par des gens très honnêtes, très gais, d'un très bon
commerce, et chez qui l'on trouve tout ce qui est nécessaire à
la vie. La grande difficulté est que l'Île et la Maison appartien-
nent à Mrs de Berne qui en sont à la fois les propriétaires et

veur[1] avec sa famille et ses domestiques. Il y entretient
une nombreuse basse-cour, une volière et des réservoirs
pour le poisson. L'île dans sa petitesse est tellement
variée dans ses terrains et ses aspects qu'elle offre
toutes sortes de sites et souffre toutes sortes de cultures.
On y trouve des champs des vignes des bois des vergers,
de gras pâturages ombragés de bosquets et bordés d'arbrisseaux de toute espèce dont le bord des eaux entretient
la fraîcheur ; une haute terrasse plantée de deux rangs
d'arbres borde l'île dans sa longueur, et dans le milieu de
cette terrasse on a bâti un joli salon où les habitants des
rives voisines se rassemblent et viennent danser les
dimanches durant les vendanges.

C'est dans cette île que je me réfugiai après la lapida-
tion[2] de Môtiers. J'en trouvai le séjour si charmant, j'y
menais une vie si convenable à mon humeur que résolu
d'y finir mes jours, je n'avais d'autre inquiétude sinon
qu'on ne me laissât pas exécuter ce projet qui ne s'accor-

---

les souverains, et vous savez que leurs Excellences m'interdirent
il y a trois ans la demeure dans leurs États. Or vous savez aussi
que les Gouvernements révoquent très souvent le bien qu'ils font
mais jamais le mal — c'est une des premières maximes d'État
par toute la terre. Reste donc à voir si après m'avoir chassé de
leur pays ils voudront bien me tolérer dans leur maison. Si
j'obtiens d'eux cette grâce je suis tout déterminé à fixer mon
séjour dans cette île et à y finir mes misères et mes jours. [...]
Je me félicite beaucoup d'avoir pris le goût de la botanique ;
elle me sera d'un grand secours dans cette île si j'y fixe mon
séjour » (Rousseau à Pierre Guy, de Saint-Pierre, 1ᵉʳ octobre
1765, éd. Leigh, nᵒ 4693).
1. Fonctionnaire chargé d'administrer les vignes de l'île, propriété de l'Hôpital des Bourgeois de Berne. Cette grande maison
où l'on voit encore la chambre qu'occupa Rousseau est aujourd'hui
un hôtel.   **2.** Terme à résonance biblique. Rousseau désigne par
là l'attaque des habitants de Môtiers à coups de pierre contre sa
maison, épisode raconté dans les *Confessions*, XII, t. 2, p. 517-519.
Le terme apparaît dans la correspondance, dans une lettre de la
Bernoise Julie de Bondeli le 17 septembre : « sa maison fut lapi-
dée », du prince de Wurtemberg le 18 : « vous avez été insulté,
lapidé et sur le point de me faire pleurer la plus belle et la plus
infortunée de toutes les vies », mais non, à l'époque des faits, sous
la plume de Rousseau.

dait pas avec celui de m'entraîner en Angleterre dont je sentais déjà les premiers effets. Dans les pressentiments qui m'inquiétaient j'aurais voulu qu'on m'eût fait de cet asile une prison perpétuelle, qu'on m'y eût confiné pour toute ma vie, et qu'en m'ôtant toute puissance et tout espoir d'en sortir, on m'eût interdit toute espèce de communication avec la terre ferme de sorte qu'ignorant tout ce qui se faisait dans le monde j'en eusse oublié l'existence et qu'on y eût oublié la mienne aussi.

On ne m'a laissé passer guère que deux mois dans cette île, mais j'y aurais passé deux ans, deux siècles, et toute l'éternité sans m'y ennuyer un moment, quoique je n'y eusse, avec ma compagne, d'autre société que celle du Receveur, de sa femme et de ses domestiques, qui tous étaient à la vérité de très bonnes gens et rien de plus, mais c'était précisément ce qu'il me fallait. Je compte ces deux mois pour le temps le plus heureux de ma vie et tellement heureux qu'il m'eût suffi durant toute mon existence sans laisser naître un seul instant dans mon âme le désir d'un autre état.

Quel était donc ce bonheur et en quoi consistait sa jouissance ? Je le donnerais à deviner[1] à tous les hommes de ce siècle sur la description de la vie que j'y menais. Le précieux *far niente* fut la première et la principale de ces jouissances que je voulus savourer dans toute sa douceur, et tout ce que je fis durant mon séjour ne fut en effet que l'occupation délicieuse et nécessaire d'un homme qui s'est dévoué à l'oisiveté.

L'espoir qu'on ne demanderait pas mieux que de me laisser dans ce séjour isolé où je m'étais enlacé de moi-même, dont il m'était impossible de sortir sans assistance et sans être bien aperçu, et où je ne pouvais avoir ni communication ni correspondance que par le concours des gens qui m'entouraient, cet espoir, dis-je, me donnait celui d'y finir mes jours plus tranquillement que je ne les avais passés, et l'idée que j'aurais le temps de m'y arran-

---

1. *Ce serait une énigme pour tous les hommes de ce siècle.*

ger tout à loisir fit que je commençai par n'y faire aucun arrangement.

Transporté là brusquement seul et nu, j'y fis venir successivement ma gouvernante, mes livres et mon petit équipage, dont j'eus le plaisir de ne rien déballer, laissant mes caisses et mes malles comme elles étaient arrivées et vivant dans l'habitation où je comptais achever mes jours comme dans une auberge dont j'aurais dû partir le lendemain. Toutes choses telles qu'elles étaient allaient si bien que vouloir les mieux ranger était y gâter quelque chose. Un de mes plus grands délices était surtout de laisser toujours mes livres bien encaissés et de n'avoir point d'écritoire. Quand de malheureuses lettres me forçaient de prendre la plume pour y répondre, j'empruntais en murmurant l'écritoire du Receveur, et je me hâtais de la rendre dans la vaine espérance de n'avoir plus besoin de la remprunter. Au lieu de ces tristes paperasses et de toute cette bouquinerie [1] j'emplissais ma chambre de fleurs et de foin ; car j'étais alors dans ma première ferveur de botanique, pour laquelle le Docteur d'Ivernois [2] m'avait inspiré un goût qui bientôt devint passion. Ne voulant plus d'œuvre de travail il m'en fallait une d'amusement qui me plût et qui ne me donnât de peine que celle qu'aime à prendre un paresseux. J'entrepris de faire la *Flora petrinsularis* et de décrire toutes les plantes de l'île sans en omettre une seule avec un détail suffisant pour m'occuper le reste de mes jours. On dit qu'un Allemand a fait un livre sur un zest[e] de citron [3], j'en aurais fait un

---

1. « Terme méprisant qui se dit d'un grand ramas de citations et de passages de vieux livres, ou de bouquins » (Trévoux). **2.** Genevois qui lors de ses voyages à Neuchâtel est venu voir Rousseau plusieurs fois entre 1762 et 1765 et l'a initié à la botanique. Rousseau finit par lui reprocher de n'avoir pas assez pris sa défense à Genève en 1768-1769 et rompit ses relations avec lui. **3.** Sous réserve d'inventaire, il n'y a pas de livre consacré au « zeste » de citron. Peut-être Rousseau songe-t-il à un ouvrage de botanique, gravé en 1708 à Nuremberg, *Hesperidum Norimbergensium*, de J. C. Volkamer. Cet in-folio en deux volumes comporte plus de deux cents planches gravées décrivant autant d'espèces d'agrumes. Avait-il vu cet ouvrage nécessairement coûteux chez l'un de ses riches amis botanistes et bibliophiles ?

sur chaque gramen[1] des prés, sur chaque mousse des bois, sur chaque lichen qui tapisse les rochers ; enfin je ne voulais pas laisser un poil d'herbe pas un atome végétal qui ne fût amplement décrit. En conséquence de ce beau projet, tous les matins après le déjeuner, que nous faisions tous ensemble, j'allais une loupe à la main et mon *Systema naturae* sous le bras, visiter un canton de l'île, que j'avais pour cet effet divisée en petits quarrés dans l'intention de les parcourir l'un après l'autre en chaque saison. Rien n'est plus singulier que les ravissements, les extases que j'éprouvais à chaque observation que je faisais sur la structure et l'organisation végétale, et sur le jeu des parties sexuelles dans la fructification, dont le système était alors tout à fait nouveau pour moi[2]. La distinction des caractères génériques, dont je n'avais pas auparavant la moindre idée m'enchantait en les vérifiant sur les espèces communes en attendant qu'il s'en offrît à moi de plus rares. La fourchure des deux longues étamines de la Brunelle, le ressort de celles de l'ortie et de la Pariétaire, l'explosion du fruit de la Balsamine et de la capsule du Buis, mille petits jeux de la fructification que j'observais pour la première fois me comblaient de joie, et j'allais demandant si l'on avait vu les cornes de la Brunelle, comme La Fontaine demandait si l'on avait lu Habacuc[3].

Au bout de deux ou trois heures je m'en revenais chargé d'une ample moisson, provision d'amusement pour l'après dînée au logis en cas de pluie. J'employais le reste de la matinée à aller avec le Receveur, sa femme et Thérèse visiter leurs ouvriers et leur récolte, mettant le plus souvent la main à l'œuvre avec eux, et souvent des

---

1. « Sorte de petite herbe qui croît dans les cours et sur les terres, appelé autrement chien-dent » (Trévoux).   **2.** Ainsi que pour d'autres botanistes, car le système de Linné est encore récent et peu connu en France. Rousseau a été un des premiers à s'y intéresser.   **3.** Le fils de Racine raconte, dans la *Vie* qu'il a rédigée de son père, qu'un jour où La Fontaine s'ennuyait au sermon, Racine lui aurait donné une Bible à lire pour l'occuper ; le fabuliste se serait pris d'une admiration pour la poésie du livre de Baruch qu'il voulut ensuite faire partager à tout le monde.

Bernois qui me venaient voir m'ont trouvé juché sur de grands arbres ceint d'un sac que je remplissais de fruit[1], et que je dévalais[2] ensuite à terre avec une corde. L'exercice que j'avais fait dans la matinée et la bonne humeur qui en est inséparable me rendaient le repos du dîner très agréable ; mais quand il se prolongeait trop et que le beau temps m'invitait, je ne pouvais si longtemps attendre, et pendant qu'on était encore à table je m'esquivais et j'allais me jeter seul dans un bateau que je conduisais au milieu du lac quand l'eau était calme, et là, m'étendant tout de mon long dans le bateau les yeux tournés vers le ciel, je me laissais aller et dériver lentement au gré de l'eau quelquefois pendant plusieurs heures, plongé dans mille rêveries confuses mais délicieuses, et qui sans avoir aucun objet bien déterminé ni constant ne laissaient pas d'être à mon gré cent fois préférables à tout ce que j'avais trouvé de plus doux dans ce qu'on appelle les plaisirs de la vie. Souvent averti par le baisser du soleil de l'heure de la retraite je me trouvais si loin de l'île que j'étais forcé de travailler de toute ma force pour arriver avant la nuit close. D'autres fois, au lieu de m'écarter en pleine eau je me plaisais à côtoyer les verdoyantes rives de l'île dont les limpides eaux et les ombrages frais m'ont souvent engagé à m'y baigner. Mais une de mes navigations les plus fréquentes était d'aller de la grande à la petite île, d'y débarquer et d'y passer l'après-dînée, tantôt à des promenades très circonscrites au milieu des Marceaux, des Bourdaines, des Persicaires, des arbrisseaux de toute espèce, et tantôt m'établissant au sommet d'un tertre sablonneux couvert de gazon, de serpolet, de fleurs, même d'esparcette et de trèfles qu'on y avait vraisemblablement semés autrefois, et très propres à loger des Lapins qui pouvaient là multiplier en paix sans rien craindre et sans nuire à rien. Je donnai cette idée au Receveur qui fit venir de Neuchâtel des lapins mâles et femelles et nous allâmes en grande pompe, sa femme, une

---

1. Singulier collectif, selon l'emploi du temps. Du Peyrou remercie Rousseau pour un envoi de pommes le 9 octobre 1765.
2. Dévaler : « Mettre plus bas » (Trévoux).

de ses sœurs, Thérèse et moi les établir dans la petite île,
où ils commençaient à peupler avant mon départ et où ils
auront prospéré sans doute s'ils ont pu soutenir la rigueur
des hivers. La fondation de cette petite colonie fut une
fête. Le pilote des argonautes [1] n'était pas plus fier que
moi menant en triomphe la compagnie et les lapins de la
grande île à la petite, et je notais avec orgueil que la
Receveuse qui redoutait l'eau à l'excès et s'y trouvait
toujours mal, s'embarqua sous ma conduite avec
confiance et ne montra nulle peur durant la traversée.

Quand le lac agité ne me permettait pas la navigation
je passais mon après-midi à parcourir l'île en herborisant
à droite et à gauche, m'asseyant tantôt dans les réduits [2]
les plus riants et les plus solitaires pour y rêver à mon
aise, tantôt sur les terrasses et les tertres pour parcourir
des yeux le superbe et ravissant coup d'œil du lac et de
ses rivages couronnés d'un côté par des montagnes pro-
chaines, et de l'autre élargis en riches et fertiles plaines
dans lesquelles la vue s'étendait jusqu'aux montagnes
bleuâtres plus éloignées qui la bornaient.

Quand le soir approchait je descendais des cimes de
l'île et j'allais volontiers m'asseoir au bord du lac sur la
grève dans quelque asile caché ; là le bruit des vagues et
l'agitation [3] de l'eau fixant mes sens et chassant de mon
âme toute autre agitation la plongeaient dans une rêverie
délicieuse où la nuit me surprenait souvent sans que je
m'en fusse aperçu. Le flux et reflux de cette eau, son
bruit continu mais renflé par intervalles frappant sans
relâche mon oreille et mes yeux suppléaient aux mouvements internes que la rêverie éteignait [4] en moi et suffisaient pour me faire sentir avec plaisir mon existence,
sans prendre la peine de penser. De temps à autre naissait
quelque faible et courte réflexion sur l'instabilité des
choses de ce monde [5] dont la surface des eaux m'offrait

1. Jason, héros mythologique grec parti à la conquête de la Toison
d'or sur le navire *Argo*.   2. « Lieu retiré. »   3. « agitation »
ajouté au-dessus de « mouvement », raturé.   4. « éteignaient »
dans le manuscrit, sans doute par contiguïté avec « suffisaient » qui
suit.   5. Première rédaction : « l'instabilité des choses humaines ».

l'image : mais bientôt ces impressions légères s'effaçaient dans l'uniformité du mouvement continu qui me berçait[1], et qui sans aucun concours actif de mon âme ne laissait pas de m'attacher au point qu'appelé par l'heure et par le signal convenu je ne pouvais m'arracher de là sans effort.

Après le souper quand la soirée était belle, nous allions encore tous ensemble faire quelque tour de promenade sur la terrasse pour y respirer l'air du lac et la fraîcheur. On se reposait dans le pavillon, on riait, on causait, on chantait quelque vieille chanson[2] qui valait bien le tortillage moderne, et enfin l'on s'allait coucher content de sa journée et n'en désirant qu'une semblable pour le lendemain.

Telle est, laissant à part les visites imprévues et importunes, la manière dont j'ai passé mon temps dans cette île durant le séjour que j'y ai fait. Qu'on me dise à présent ce qu'il y a là d'assez attrayant pour exciter dans mon cœur des regrets si vifs, si tendres et si durables qu'au bout de quinze ans il m'est impossible de songer à cette habitation chérie sans m'y sentir à chaque fois[3] transporté encore par les élans du désir.

J'ai remarqué dans les vicissitudes d'une longue vie que les époques des plus douces jouissances et des plaisirs les plus vifs ne sont pourtant pas celles dont le souvenir m'attire et me touche le plus. Ces courts moments de délire et de passion, quelque vifs qu'ils puissent être ne sont cependant, et par leur vivacité même, que des points bien clairsemés dans la ligne de la vie. Ils sont trop rares et trop rapides pour constituer un état, et le bonheur que mon cœur regrette n'est point composé d'instants fugitifs mais un état simple et permanent, qui n'a rien de vif en lui-même, mais dont la durée accroît le charme au point d'y trouver enfin la suprême félicité.

Tout est dans un flux continuel sur la terre. Rien n'y garde une forme constante et arrêtée, et nos affections

---

1. À comparer avec la première rédaction : « l'uniformité du mouvement continu du sentiment qui me dominait ».   **2.** Première rédaction : « quelque bonne vieille chanson ».   **3.** « à chaque fois » ajouté dans l'interligne.

qui s'attachent aux choses extérieures passent et changent nécessairement comme elles. Toujours en avant ou en arrière de nous, elles rappellent le passé qui n'est plus ou préviennent l'avenir qui souvent ne doit point être : il n'y a rien là de solide[1] à quoi le cœur se puisse attacher. Aussi n'a-t-on guère ici-bas que du plaisir qui passe ; pour le bonheur qui dure je doute qu'il y soit connu. À peine est-il dans nos plus vives jouissances un instant où le cœur puisse véritablement nous dire : *Je voudrais que cet instant durât toujours*, et comment peut-on appeler bonheur un état fugitif qui nous laisse encore le cœur inquiet et vide, qui nous fait regretter quelque chose avant, ou désirer encore quelque chose après.

Mais s'il est un état où l'âme trouve une assiette assez solide pour s'y reposer tout entière et rassembler là tout son être, sans avoir besoin de rappeler le passé ni d'enjamber sur l'avenir ; où le temps ne soit rien pour elle, où le présent dure toujours sans néanmoins marquer sa durée et sans aucune trace de succession, sans aucun autre sentiment de privation ni de jouissance, de plaisir ni de peine, de désir ni de crainte que celui seul de notre existence, et que ce sentiment seul puisse la remplir tout entier[2] ; tant que cet état dure celui qui s'y trouve peut s'appeler heureux, non d'un bonheur imparfait, pauvre et relatif tel que celui qu'on trouve dans les plaisirs de la vie mais d'un bonheur suffisant parfait et plein, qui ne laisse dans l'âme aucun vide qu'elle sente le besoin de remplir. Tel est l'état où je me suis trouvé souvent[3] à l'île de St Pierre dans mes rêveries solitaires; soit couché dans mon bateau que je laissais dériver au gré de l'eau, soit

---

1. Rousseau avait écrit « permane[nt] », l'a rayé et poursuivi par « solide », substitution qui précise en quel sens prendre cet adjectif. La même thématique se retrouve au début de la *Huitième Promenade*. **2.** Si l'on exclut l'inadvertance possible, le masculin « tout entier » se rapporte non plus à l'âme mais au « sentiment », sujet de la proposition, dont il désigne la plénitude. **3.** Première rédaction : « quelquefois », rayé ; « souvent à l'île de St Pierre » ajouté dans l'interligne.

assis sur les rives du lac agité soit ailleurs [1] au bord d'une
belle rivière ou d'un ruisseau murmurant sur le gravier [2].

De quoi jouit-on dans une pareille situation ? De rien
d'extérieur à soi, de rien sinon de soi-même et de sa
propre existence, tant que cet état dure on se suffit à soi-
même comme Dieu. Le sentiment de l'existence dépouillé
de toute autre affection est [3] par lui-même un sentiment
précieux de contentement et de paix qui suffirait seul pour
rendre cette existence chère et douce à qui saurait écarter
de soi toutes les impressions sensuelles et terrestres qui
viennent sans cesse nous en distraire et en troubler ici bas
la douceur. Mais la plupart des hommes agités de passions continuelles [4] connaissent peu cet état et ne l'ayant
goûté qu'imparfaitement durant peu d'instants n'en
conservent qu'une idée obscure et confuse qui ne leur en
fait pas sentir le charme. Il ne serait pas même bon dans la
présente constitution des choses qu'avides de ces douces
extases ils s'y dégoûtassent de la vie active dont leurs
besoins toujours renaissants leur prescrivent le devoir [5].
Mais un infortuné qu'on a retranché de la société humaine
et qui ne peut plus rien faire ici bas d'utile et de bon pour
autrui ni pour soi, peut trouver dans cet état à toutes les
félicités humaines des dédommagements que la fortune et
les hommes ne lui sauraient ôter.

Il est vrai que ces dédommagements ne peuvent être
sentis par toutes les âmes ni dans toutes les situations. Il
faut que le cœur soit en paix et qu'aucune passion n'en
vienne troubler le calme [6]. Il y faut des dispositions de la

---

1. Indice, parmi d'autres, que la « rêverie sur le lac » n'est pas
une expérience unique mais un état que Rousseau a goûté plusieurs
fois et dont il donne une description générique.   **2.** Première
rédaction : « ou près d'un ruisseau murmurant sur le gravier ».
Observer la conséquence prosodique : le rythme impair du dernier
membre de la phrase.   **3.** En barrant « donc », Rousseau transforme sa première phrase, déduction logique, en une assertion.
4. Non au sens partitif : « la plupart de ceux qui » mais au sens
explicatif : « la plupart des hommes parce qu'ils sont toujours agités ».   **5.** Cet argument est aussi celui qui fait dire à Rousseau
qu'une société de parfaits chrétiens ne saurait subsister.   **6.** *le
calme des passions.*

part de celui qui les éprouve, il en faut dans le concours des objets environnants. Il n'y faut ni un repos absolu ni trop d'agitation, mais un mouvement uniforme et modéré qui n'ait ni secousses ni intervalles. Sans mouvement la vie n'est qu'une léthargie[1]. Si le mouvement est inégal ou trop fort il réveille ; en nous rappelant aux objets environnants, il détruit le charme de la rêverie, et nous arrache d'au-dedans de nous pour nous remettre à l'instant sous le joug de la fortune et des hommes et nous rendre au sentiment de nos malheurs[2]. Un silence absolu porte à la tristesse. Il offre une image de la mort. Alors le secours d'une imagination riante est nécessaire et se présente assez naturellement à ceux que le Ciel en a gratifiés. Le mouvement qui ne vient pas du dehors se fait alors au dedans de nous. Le repos est moindre, il est vrai, mais il est aussi plus agréable quand de légères et douces idées sans agiter le fond de l'âme ne font pour ainsi dire qu'en effleurer la surface. Il n'en faut qu'assez pour se souvenir de soi-même en oubliant tous ses maux. Cette espèce de rêverie peut se goûter partout où l'on peut être tranquille, et j'ai souvent pensé qu'à la Bastille, et même dans un cachot où nul objet n'eût frappé ma vue, j'aurais encore pu rêver agréablement[3].

Mais il faut avouer que cela se faisait bien mieux et plus agréablement dans une île fertile et solitaire[4], naturellement circonscrite et séparée du reste du monde, où rien ne m'offrait que des images riantes, où rien ne me rappelait des souvenirs attristants, où la société du petit nombre d'habitants était liante et douce sans être intéressante au point de m'occuper incessamment, où je pouvais enfin me livrer tout le jour sans obstacle et sans soins aux occupations de mon goût, ou à la plus molle oisiveté.

---

1. Au sens étymologique : « sommeil profond et prolongé ou mort apparente ». **2.** Première rédaction : « et nous faire sentir tous nos malheurs ». **3.** L'état de rêverie ne dépend pas du spectacle ni des sensations. C'est un état intérieur. Ce que Rousseau recherche dans la nature n'est ni le paysage ni le « spectacle de la nature » mais la tranquillité d'esprit que lui offre un lieu vierge où rien ne lui rappelle les hommes. **4.** Première rédaction : « plus agréablement dans une île solitaire que riante ».

L'occasion sans doute était belle pour un rêveur qui
sachant[1] se nourrir d'agréables chimères au milieu des
objets les plus déplaisants, pouvait s'en rassasier à son
aise en y faisant concourir tout ce qui frappait réellement
ses sens. En sortant d'une longue et douce rêverie, en me
voyant entouré de verdure, de fleurs, d'oiseaux et laissant
errer mes yeux au loin sur les romanesques rivages qui
bordaient une vaste étendue d'eau claire et cristalline,
j'assimilais à mes fictions tous ces aimables objets et me
trouvant enfin ramené par degrés à moi-même et à ce qui
m'entourait, je ne pouvais marquer le point de séparation
des fictions aux réalités ; tant tout concourait également
à me rendre chère la vie recueillie et solitaire que je
menais dans ce beau séjour. Que ne peut-elle renaître
encore ? Que ne puis-je aller finir mes jours dans cette
île chérie sans en ressortir jamais, ni jamais y revoir
aucun habitant du continent qui me rappelât le souvenir
des calamités de toute espèce qu'ils se plaisent à rassembler sur moi depuis tant d'années ? Ils seraient bientôt
oubliés pour jamais : sans doute ils ne m'oublieraient pas
de même : mais que m'importerait, pourvu qu'ils n'eussent aucun accès pour y venir troubler mon repos ?
Délivré de toutes les passions terrestres qu'engendre le
tumulte de la vie sociale, mon âme s'élancerait fréquemment au-dessus de cet atmosphère[2], et commercerait
d'avance avec les intelligences célestes dont elle espère
aller augmenter le nombre dans peu de temps. Les
hommes se garderont, je le sais [,] de me rendre un si
doux asile où ils n'ont pas voulu me laisser. Mais ils ne
m'empêcheront pas du moins de m'y transporter chaque
jour sur les ailes de l'imagination, et d'y goûter durant
quelques heures le même plaisir que si je l'habitais encor.
Ce que j'y ferais de plus doux serait d'y rêver à mon aise.
En rêvant que j'y suis ne fais-je pas la même chose ?
Je fais même plus ; à l'attrait d'une rêverie abstraite et
monotone je joins des images charmantes qui la vivifient.

---

1. Première rédaction : « sachant et aimant se nourrir ».
2. Mot masculin au XVIIIᵉ siècle.

Leurs objets échappaient souvent à mes sens dans mes extases, et maintenant plus ma rêverie est profonde plus elle me les peint vivement. Je suis souvent plus au milieu d'eux et plus agréablement encore que quand j'y étais réellement. Le malheur est qu'à mesure que l'imagination s'attiédit cela vient avec plus de peine et ne dure pas si longtemps. Hélas, c'est quand on commence à quitter sa dépouille qu'on en est le plus offusqué [1] !

---

1. « Se dit figurément en parlant de ce qui cache les lumières de l'esprit » (Trévoux).

SIXIÈME PROMENADE

Nous n'avons guère de mouvement machinal dont nous ne pussions trouver la cause dans notre cœur, si nous savions bien l'y chercher[1]. Hier passant sur le nouveau boulevard pour aller herboriser le long de la Bièvre du côté de Gentilly[2], je fis le crochet à droite[3] en approchant de la barrière d'Enfer, et m'écartant dans la campagne j'allai par la route de Fontainebleau gagner les hauteurs qui bordent cette petite rivière. Cette marche était fort indifférente en elle-même, mais en me rappelant que j'avais fait plusieurs fois machinalement le même détour, j'en recherchai la cause en moi-même, et je ne pus m'empêcher de rire quand je vins à la démêler.

Dans un coin du boulevard à la sortie de la barrière d'Enfer, s'établit journellement en été une femme qui vend du fruit[4], de la tisane et des petits pains. Cette femme a un petit garçon fort gentil mais boiteux, qui, clopinant avec ses béquilles, s'en va d'assez bonne grâce demander l'aumône aux passants. J'avais fait une espèce de connaissance avec ce petit bonhomme ; il ne manquait pas chaque fois que je passais de venir me faire son petit compliment, toujours suivi de ma petite offrande. Les premières fois je fus charmé de le voir, je lui donnais de très bon cœur, et je continuai quelque temps de le faire avec

---

1. Cette première phrase a été ajoutée en haut de la page.
2. Village au sud de Paris.   3. « À droite » ajouté en interligne, comme en pensant à un lecteur peu familier des lieux.   4. Singulier collectif, d'usage à l'époque.

le même plaisir, y joignant même le plus souvent celui d'exciter et d'écouter son petit babil que je trouvais agréable. Ce plaisir devenu par degrés habitude se trouva je ne sais comment transformé dans une espèce de devoir dont je sentis bientôt la gêne, surtout à cause de la harangue préliminaire qu'il fallait écouter, et dans laquelle il ne manquait jamais de m'appeler souvent M. Rousseau pour montrer qu'il me connaissait bien, ce qui m'apprenait assez au contraire qu'il ne me connaissait pas plus que ceux qui l'avaient instruit[1]. Dès lors je passai par là moins volontiers, et enfin je pris machinalement[2] l'habitude de faire le plus souvent un détour quand j'approchais de cette traverse.

Voilà ce que je découvris en y réfléchissant : car rien de tout cela ne s'était offert jusqu'alors distinctement à ma pensée[3]. Cette observation m'en a rappelé successivement des multitudes d'autres[4] qui m'ont bien confirmé que les vrais et premiers[5] motifs de la plupart de mes actions ne me sont pas aussi clairs à moi-même que je me l'étais longtemps figuré[6]. Je sais et je sens[7] que faire du bien est le plus vrai bonheur que le cœur humain puisse goûter ; mais il y a longtemps que ce bonheur a été mis hors de ma portée, et ce n'est pas dans un aussi misérable sort que le mien[8] qu'on peut espérer de placer avec choix et avec fruit une seule action réellement bonne. Le plus grand soin de ceux qui règlent ma destinée ayant été que tout ne fût pour moi que fausse et trompeuse apparence, un motif de vertu n'est jamais qu'un leurre qu'on me présente pour m'attirer dans le piège où l'on veut m'enlacer. Je sais cela ; je sais que le seul bien qui

---

1. Rousseau considère que personne ne le connaît dans son être intime ; tout ce qu'on dit de lui est donc inexact.   2. Troisième occurrence d'un mot de la même famille : au sens de « sans y songer ».   3. Une nouvelle fois, les *Rêveries* affirment que l'effort introspectif promeut bien la connaissance de soi.   4. Première rédaction : « m'en a rappelé d'autres ».   5. « et premiers » ajouté en interligne.   6. Rousseau remet en cause l'idée qu'il serait complètement transparent à sa propre conscience, idée capitale et fondatrice des *Confessions*.   7. « et je sens » ajouté en interligne.   8. « que le mien » ajouté en interligne.

soit désormais en ma puissance est de m'abstenir d'agir de peur de mal faire sans le vouloir et sans le savoir.

Mais il fut des temps plus heureux où suivant les mouvements de mon cœur je pouvais quelquefois rendre un autre cœur content et je me dois[1] l'honorable témoignage que chaque fois que j'ai pu goûter ce plaisir je l'ai trouvé plus doux qu'aucun autre. Ce penchant fut vif, vrai, pur, et rien dans mon plus secret intérieur ne l'a jamais démenti. Cependant j'ai senti souvent le poids de mes propres bienfaits par la chaîne des devoirs qu'ils entraînaient à leur suite : alors le plaisir a disparu et je n'ai plus trouvé dans la continuation des mêmes soins qui m'avaient d'abord charmé, qu'une gêne presque[2] insupportable. Durant mes courtes prospérités beaucoup de gens recouraient à moi, et jamais dans tous les services que je pus leur rendre aucun d'eux ne fut éconduit. Mais de ces premiers bienfaits versés avec effusion de cœur naissaient des chaînes d'engagements successifs que je n'avais pas prévus et dont je ne pouvais plus secouer le joug. Mes premiers services n'étaient aux yeux de ceux qui les recevaient que les arrhes[3] de ceux qui les devaient suivre ; et dès que quelque infortuné avait jeté sur moi le grappin d'un bienfait reçu, c'en était fait désormais, et ce premier bienfait libre et volontaire devenait un droit indéfini à tous ceux dont il pouvait avoir besoin dans la suite, sans que l'impuissance même suffît pour m'en affranchir. Voilà comment des jouissances très douces se transformaient pour moi dans la suite en d'onéreux assujettissements.

Ces chaînes cependant ne me parurent pas très pesantes tant qu'ignoré du public je vécus dans l'obscurité. Mais quand une fois ma personne fut affichée par mes écrits,

---

1. Première rédaction : « je me rends le témoignage ». **2.** « presque » ajouté en interligne. **3.** Rousseau écrit *erres*. « Arrhes : C'est ainsi qu'il faut écrire et prononcer dans le sens figuré. [...] Car pour le sens propre et naturel, il est certain qu'il faut écrire et prononcer *èrres* » (Trévoux).

faute grave sans doute[1], mais plus qu'expiée par mes malheurs, dès lors je devins le bureau général d'adresse de tous les souffreteux ou soi-disant tels, de tous les aventuriers qui cherchaient des dupes, de tous ceux qui sous prétexte du grand crédit qu'ils feignaient de m'attribuer voulaient s'emparer de moi de manière ou d'autre. C'est alors que j'eus lieu de connaître que tous les penchants de la nature sans excepter la bienfaisance elle-même, portés ou suivis dans la société sans prudence et sans choix, changent de nature et deviennent souvent aussi nuisibles qu'ils étaient utiles dans leur première direction[2]. Tant de cruelles expériences changèrent peu à peu mes premières dispositions[3] ou plutôt les renfermant enfin dans leurs véritables bornes elles m'apprirent à suivre moins aveuglément mon penchant à bien faire[4], lorsqu'il ne servait qu'à favoriser la méchanceté d'autrui.

Mais je n'ai point regret à ces mêmes expériences puisqu'elles m'ont procuré par la réflexion de nouvelles lumières sur la connaissance de moi-même et sur les vrais motifs de ma conduite en mille circonstances sur lesquelles je me suis si souvent fait illusion[5]. J'ai vu que pour bien faire avec plaisir, il fallait que j'agisse librement, sans contrainte, et que pour m'ôter toute la douceur d'une bonne œuvre il suffisait qu'elle devînt un devoir pour moi. Dès lors le poids de l'obligation me fait un fardeau des plus douces jouissances et, comme je l'ai dit dans l'Émile à ce que je crois[6], j'eusse été chez les Turcs un mauvais mari à l'heure où le cri public les appelle à remplir les devoirs de leur état.

Voilà qui modifie beaucoup l'opinion que j'eus long-

---

1. Rousseau se plaint une nouvelle fois de ce que ses œuvres l'ont rendu célèbre, et considère comme une imprudence dommageable son entrée en littérature.   **2.** Réaffirmation radicale de l'idée fondamentale du deuxième *Discours* (1755) : tous les maux de l'homme lui viennent de la société.   **3.** L'habitude peut modifier, au moins en partie, le caractère. Idée qui sera réexprimée dans la *Huitième Promenade*.   **4.** Au sens de « faire du bien ». **5.** Voir note 6, p. 118.   **6.** Erreur de mémoire ou négligence voulue ? La remarque se trouve dans les *Confessions*, V, t. 1, p. 283.

temps de ma propre vertu ; car il n'y en a point à suivre ses penchants, et à se donner, quand ils nous y portent, le plaisir de bien faire[1]. Mais elle consiste à les vaincre quand le devoir le commande, pour faire ce qu'il nous prescrit, et voilà ce que j'ai su moins faire qu'homme du monde[2]. Né sensible et bon, portant la pitié jusqu'à la faiblesse et me sentant exalter l'âme par tout ce qui tient à la générosité, je fus humain, bienfaisant, secourable par goût, par passion même, tant qu'on n'intéressa que mon cœur ; j'eusse été le meilleur et le plus clément des hommes si j'en avais été le plus puissant, et pour éteindre en moi tout désir de vengeance il m'eût suffi de pouvoir me venger. J'aurais même été juste sans peine contre mon propre intérêt, mais contre celui des personnes qui m'étaient chères je n'aurais pu me résoudre à l'être. Dès que mon devoir et mon cœur étaient en contradiction le premier eut rarement la victoire, à moins qu'il ne fallût seulement que m'abstenir ; alors j'étais fort le plus souvent, mais agir contre mon penchant me fut toujours impossible. Que ce soient les hommes, le devoir ou même la nécessité qui commande, quand mon cœur se tait, ma volonté reste sourde, et je ne saurais obéir. Je vois le mal qui me menace et je le laisse arriver plutôt que de m'agiter pour le prévenir. Je commence quelquefois avec effort, mais cet effort me lasse et m'épuise bien vite ; je ne saurais continuer. En toute chose imaginable ce que je ne fais pas avec plaisir m'est bientôt impossible à faire.

Il y a plus. La contrainte d'accord avec mon désir suffit pour l'anéantir, et le changer en répugnance, en aversion même, pour peu qu'elle agisse trop fortement, et voilà ce qui me rend pénible la bonne œuvre qu'on exige et que je faisais de moi-même lorsqu'on ne l'exigeait pas. Un bienfait purement gratuit est certainement une œuvre que j'aime à faire. Mais quand celui qui l'a reçu s'en fait un

---

1. Rousseau passe du constat psychologique (incapacité à se contraindre) au jugement moral (cela l'empêche d'être vertueux).
2. *Qu'aucun homme au monde.* Pour Rousseau, la vertu d'un acte ne tient ni à l'intention ni à sa bienfaisance mais à l'effort qu'il exige.

titre pour en exiger la continuation sous peine de sa haine,
quand il me fait une loi d'être à jamais son bienfaiteur
pour avoir d'abord pris plaisir à l'être, dès lors la gêne
commence et le plaisir s'évanouit. Ce que je fais alors
quand je cède est faiblesse et mauvaise honte, mais la
bonne volonté n'y est plus, et loin que je m'en applau-
disse en moi-même, je me reproche en ma conscience de
bien faire à contrecœur.

Je sais qu'il y a une espèce de contrat et même le plus
saint de tous entre le bienfaiteur et l'obligé. C'est une
sorte de société qu'ils forment l'un avec l'autre, plus
étroite que celle qui unit les hommes en général, et si
l'obligé s'engage tacitement à la reconnaissance, le bienfaiteur s'engage de même à conserver à l'autre, tant qu'il
ne s'en rendra pas indigne, la même bonne volonté qu'il
vient de lui témoigner, et à lui en renouveler les actes
toutes les fois qu'il le pourra et qu'il en sera requis. Ce
ne sont pas là des conditions expresses, mais ce sont des
effets naturels de la relation qui vient de s'établir entre
eux. Celui qui la première fois refuse un service gratuit
qu'on lui demande ne donne aucun droit de se plaindre à
celui qu'il a refusé ; mais celui qui dans un cas semblable
refuse au même la même grâce qu'il lui accorda ci-devant
frustre une espérance qu'il l'a autorisé à concevoir ; il
trompe et dément une attente qu'il a fait naître. On sent
dans ce refus je ne sais quoi d'injuste et de plus dur que
dans l'autre, mais il n'en est pas moins l'effet d'une indépendance que le cœur aime, et à laquelle il ne renonce
pas sans effort. Quand je paye une dette, c'est un devoir
que je remplis ; quand je fais un don c'est un plaisir que
je me donne. Or le plaisir de remplir ses devoir[s] est de
ceux que la seule habitude[1] de la vertu fait naître : ceux
qui nous viennent immédiatement de la nature ne s'élèvent pas si haut que cela[2].

---

1. Au sens de « l'habitude seule ».   **2.** Phrase puissante : la
morale exige de nous plus que la loi de nature (qui comporte certes
l'amour du prochain et la bienveillance mais aussi l'indépendance).
La vertu morale est donc supérieure à la bienveillance naturelle.

Après[1] tant de tristes expériences j'ai appris à prévoir de loin les conséquences de mes premiers mouvements suivis, et je me suis souvent abstenu d'une bonne œuvre que j'avais le désir et le pouvoir de faire, effrayé de l'assujettissement auquel dans la suite je[2] m'allais soumettre si je m'y livrais inconsidérément. Je n'ai pas toujours senti[3] cette crainte, au contraire dans ma jeunesse je m'attachais[4] par mes propres bienfaits, et j'ai souvent éprouvé de même que ceux que j'obligeais s'affectionnaient à moi par reconnaissance encore plus que par intérêt. Mais les choses ont bien changé de face[5] à cet égard comme à tout autre aussitôt que mes malheurs ont commencé. J'ai vécu dès lors dans une génération nouvelle qui ne ressemblait point à la première, et mes propres sentiments pour les autres ont souffert des changements que j'ai trouvés dans les leurs. Les mêmes gens que j'ai vus successivement dans ces deux générations si différentes se sont pour ainsi dire assimilés successivement à l'une et à l'autre. C'est ainsi que le Comte des Charmettes, pour qui j'eus une si tendre estime et qui m'aimait si sincèrement a fait ses parents Évêques en devenant l'un des ouvriers des manœuvres Choiseuliennes, c'est ainsi que le bon Abbé Palais jadis mon obligé et mon ami, brave et honnête garçon dans sa jeunesse, s'est procuré un établissement en France en devenant traître et faux à mon égard. C'est ainsi que l'Abbé de Binis que j'avais pour sous secrétaire à Venise, et qui me marqua toujours l'attachement et l'estime que ma conduite lui dut naturellement inspirer, changeant de langage et d'allure à propos pour son intérêt a su gagner de bons bénéfices aux dépens de sa conscience et de la vérité. Moultou lui-même a changé du blanc au noir[6]. De vrais et francs qu'ils étaient d'abord, devenus

---

1. En interligne au-dessus de « Instruit par », biffé.   **2.** En interligne au-dessus de « il », biffé.   **3.** En interligne au-dessus de « éprouvé », biffé.   **4.** Au sens affectif, avec cependant toute la remotivation de l'image par le sens propre.   **5.** « de face » ajouté en interligne.   **6.** Les deux phrases commençant par « c'est ainsi » et celle-ci sur Moultou ont été biffées dans le manuscrit, soit par Rousseau, soit par les éditeurs de la première édition.

ce qu'ils sont, ils ont fait comme tous les autres et par cela seul que les temps sont changés, les hommes ont changé comme eux. Eh ! comment pourrais-je garder les mêmes sentiments pour ceux en qui je trouve le contraire de ce qui les fit naître. Je ne les hais point, parce que je ne saurais haïr ; mais je ne puis me défendre du mépris qu'ils méritent ni m'abstenir de le leur témoigner[1].

Peut-être sans m'en apercevoir ai-je changé moi-même plus qu'il n'aurait fallu. Quel naturel résisterait sans s'altérer à une situation pareille à la mienne ? Convaincu par vingt ans d'expérience que tout ce que la nature a mis d'heureuses dispositions dans mon cœur est tourné par ma destinée et par ceux qui en disposent au préjudice de moi-même ou d'autrui, je ne puis plus regarder une bonne œuvre qu'on me présente à faire que comme un piège qu'on me tend et sous lequel est caché quelque mal. Je sais que quel que soit l'effet de l'œuvre je n'en aurai pas moins le mérite de ma bonne intention. Oui, ce mérite y est toujours sans doute, mais le charme intérieur n'y est plus, et sitôt que ce stimulant me manque, je ne sens qu'indifférence et glace au dedans de moi, et sûr qu'au lieu de faire une action vraiment utile je ne fais qu'un acte de dupe, l'indignation de l'amour-propre jointe au désaveu de la raison ne m'inspire que répugnance et résistance où j'eusse été plein d'ardeur et de zèle dans mon état naturel.

Il est des sortes d'adversités qui élèvent et renforcent l'âme, mais il en est qui l'abattent et la tuent ; telle est celle dont je suis la proie[2]. Pour peu qu'il y eût eu quelque mauvais levain dans la mienne elle l'eût fait fermenter à l'excès, elle m'eût rendu frénétique ; mais elle ne m'a rendu que nul[3]. Hors d'état de bien faire et pour moi-même et pour autrui, je m'abstiens d'agir ; et cet état, qui n'est innocent que parce qu'il est forcé, me fait trou-

1. C'est l'attitude des autres qui dicte à Rousseau la sienne. Il n'est en rien responsable des liens qui existent entre lui et les autres.   2. Rousseau constate à quel point le complot a transformé son âme.   3. Ce mot a un sens précis chez Rousseau : « sans incidence sur le monde extérieur ».

ver une sorte de douceur à me livrer pleinement sans reproche à mon penchant naturel. Je vais trop loin sans doute, puisque j'évite les occasions d'agir, même où je ne vois que du bien à faire. Mais certain qu'on ne me laisse pas voir les choses comme elles sont, je m'abstiens de juger sur les apparences qu'on leur donne, et de quelque leurre qu'on couvre les motifs d'agir, il suffit que ces motifs soient laissés à ma portée pour que je sois sûr qu'ils sont trompeurs.

Ma destinée semble avoir tendu dès mon enfance le premier piège qui m'a rendu longtemps si facile [1] à tomber dans tous les autres. Je suis né le plus confiant des hommes et durant quarante ans entiers jamais cette confiance ne fut trompée une seule fois. Tombé tout d'un coup dans un autre ordre de gens et de choses j'ai donné dans mille embûches sans jamais en apercevoir aucune, et vingt ans d'expérience ont à peine suffi pour m'éclairer sur mon sort. Une fois convaincu qu'il n'y a que mensonge et fausseté dans les démonstrations grimacières qu'on me prodigue, j'ai passé rapidement à l'autre extrémité : car quand on est une fois sorti de son naturel, il n'y a plus de bornes qui nous retiennent. Dès lors je me suis dégoûté des hommes, et ma volonté concourant avec la leur à cet égard me tient encore plus éloigné d'eux que ne font toutes leurs machines.

Ils ont beau faire : cette répugnance ne peut jamais aller jusqu'à l'aversion. En pensant à la dépendance où ils se sont mis de moi pour me tenir dans la leur ils me font une pitié réelle. Si je ne suis malheureux ils le sont eux-mêmes, et chaque fois que je rentre en moi je les trouve toujours à plaindre. L'orgueil peut-être se mêle encore à ces jugements, je me sens trop au-dessus d'eux pour les haïr. Ils peuvent m'intéresser tout au plus jusqu'au mépris, mais jamais jusqu'à la haine : enfin je m'aime trop moi-même pour pouvoir haïr qui que ce soit. Ce serait resserrer, comprimer mon existence, et je voudrais plutôt l'étendre sur tout l'univers.

---

1. Construction singulière.

J'aime mieux les fuir que les haïr. Leur aspect frappe mes sens et par eux mon cœur d'impressions que mille regards cruels me rendent pénibles ; mais le malaise cesse aussitôt que l'objet qui le cause a disparu. Je m'occupe d'eux et bien malgré moi par leur présence, mais jamais par leur souvenir. Quand je ne les vois plus, ils sont pour moi comme s'ils n'existaient point.

Ils ne me sont même indifférents qu'en ce qui se rapporte à moi ; car dans leurs rapports entre eux ils peuvent encore m'intéresser et m'émouvoir comme les personnages d'un drame que je verrais représenter. Il faudrait que mon être moral fût anéanti pour que la justice me devînt indifférente. Le spectacle de l'injustice et de la méchanceté me fait encore bouillir le sang de colère[1] ; les actes de vertu où je ne vois ni forfanterie ni ostentation me font toujours tressaillir de joie et m'arrachent encore de douces larmes. Mais il faut que je les voie et les apprécie moi-même ; car après ma propre histoire il faudrait que je fusse insensé pour adopter sur quoi que ce fût le jugement des hommes, et pour croire aucune chose sur la foi d'autrui.

Si ma figure et mes traits étaient aussi parfaitement inconnus aux hommes que le sont mon caractère et mon naturel, je vivrais encore sans peine[2] au milieu d'eux. Leur société même pourrait me plaire tant que je leur serais parfaitement étranger. Livré sans contrainte à mes inclinations naturelles, je les aimerais encore s'ils ne s'occupaient jamais de moi. J'exercerais sur eux une bienveillance universelle et parfaitement désintéressée : mais sans former jamais d'attachement particulier, et sans porter le joug d'aucun devoir, je ferais envers eux librement et de moi-même, tout ce qu'ils ont tant de peine à faire incités par leur amour-propre et contraints par toutes leurs lois.

Si j'étais resté libre, obscur, isolé comme j'étais fait pour l'être, je n'aurais fait que du bien : car je n'ai dans le cœur le germe d'aucune passion nuisible. Si j'eusse été

---

1. Voir la même remarque dans les *Confessions*, I, t. 1, p. 47.
2. « sans peine » en interligne au-dessus de « avec plaisir », biffé.

invisible et tout-puissant comme Dieu, j'aurais été bienfaisant et bon comme lui. C'est la force et la liberté qui
font les excellents hommes. La faiblesse et l'esclavage
n'ont fait jamais que des méchants. Si j'eusse été posses-
seur de l'anneau de Gygès[1] il m'eût tiré de la dépendance
des hommes et les eût mis dans la mienne. Je me suis
souvent demandé dans mes châteaux en Espagne quel
usage j'aurais fait de cet anneau ; car c'est bien là que la
tentation d'abuser doit être près du pouvoir. Maître de
contenter mes désirs, pouvant tout sans pouvoir être
trompé par personne, qu'aurais-je pu désirer avec quelque
suite ? Une seule chose : c'eût été de voir tous les cœurs
contents. L'aspect de la félicité publique eût pu seul toucher mon cœur d'un sentiment permanent, et l'ardent
désir d'y concourir eût été ma plus constante passion.
Toujours juste sans partialité et toujours bon sans faiblesse, je me serais également garanti des méfiances
aveugles et des haines implacables ; parce que, voyant les
hommes tels qu'ils sont et lisant aisément au fond de leurs
cœurs, j'en aurais peu trouvé d'assez aimables pour mériter toutes mes affections, peu d'assez odieux pour mériter
toute ma haine, et que leur méchanceté même m'eût dis-
posé à les plaindre par la connaissance certaine du mal
qu'ils se font à eux-mêmes en voulant en faire à autrui.
Peut-être aurais-je eu dans des moments de gaieté l'enfantillage d'opérer quelquefois des prodiges : mais parfaitement désintéressé pour moi-même et n'ayant pour loi que
mes inclinations naturelles, sur quelques actes de justice
sévère j'en aurais fait mille de clémence et d'équité.
Ministre de la providence et dispensateur de ses lois selon
mon pouvoir j'aurais fait des miracles plus sages et plus

---

1. Référence à Platon (*La République*, 359c) qui raconte, après
Hérodote, que cet anneau aurait permis à Gygès, invisible, de déposer le roi Candaule et de séduire sa femme. Mais peut-être Rousseau pense-t-il également à l'anneau de Mangogul, le sultan des
Bijoux indiscrets, le roman libertin que Diderot, alors son ami, a
publié en 1748 : cette allusion approximative cadrerait avec le
contexte érotique.

utiles que ceux de la légende dorée et du tombeau de St Médard[1].

Il n'y a qu'un seul point sur lequel la faculté de pénétrer partout invisible m'eût pu faire chercher des tentations auxquelles j'aurais mal résisté, et une fois entré dans ces voies d'égarement, où n'eussé-je point été conduit par elles. Ce serait bien mal connaître la nature et moi-même que de me flatter que ces facilités ne m'auraient point séduit, ou que la raison m'aurait arrêté dans cette fatale pente. Sûr de moi sur tout autre article, j'étais perdu par celui-là seul. Celui que sa puissance met au-dessus de l'homme doit être au-dessus des faiblesses de l'humanité, sans quoi cet excès de force ne servira qu'à le mettre en effet au-dessous des autres et de ce qu'il eût été lui-même s'il fût resté leur égal.

Tout bien considéré, je crois que je ferai mieux de jeter mon anneau magique avant qu'il m'ait fait faire quelque sottise. Si les hommes s'obstinent à me voir tout autre que je ne suis et que mon aspect irrite[2] leur injustice, pour leur ôter cette vue il faut les fuir, mais non pas m'éclipser au milieu d'eux. C'est à eux de se cacher devant moi, de me dérober leurs manœuvres, de fuir la lumière du jour, de s'enfoncer en terre comme des taupes. Pour moi qu'ils me voient s'ils peuvent, tant mieux, mais cela leur est impossible ; ils ne verront jamais à ma place que le J. J.[3] qu'ils se sont fait[4] et qu'ils ont fait selon leur cœur, pour le haïr à leur aise. J'aurais donc tort de m'affecter de la façon dont ils me voient : je n'y dois prendre aucun intérêt véritable, car ce n'est pas moi qu'ils voient ainsi[5].

_____

1. Allusion aux miracles que rapporte Jacques de Voragine dans son hagiographie, *La Légende dorée* (XIIIe siècle), et à ceux qui se produisirent vers 1730 sur la tombe du diacre Pâris, dans le cimetière de Saint-Médard, sur ceux qu'on a appelés les « convulsionnaires ». **2.** *Exacerbe*. **3.** Il lui est arrivé de se plaindre d'être réduit à son prénom. **4.** Manuscrit : « qu'ils se sont faits ». **5.** Rousseau a une conscience très aiguë de la distance qui peut séparer l'être et l'apparence, en l'occurrence sa nature propre et la perception que les autres ont de lui.

Le résultat que je puis tirer de toutes ces réflexions[1] est que je n'ai jamais été vraiment propre à la société civile où tout est gêne, obligation, devoir, et que mon naturel indépendant me rendit toujours incapable des assujettissements nécessaires à qui veut vivre avec les hommes. Tant que j'agis librement je suis bon et je ne fais que du bien ; mais sitôt que je sens le joug, soit de la nécessité soit des hommes je deviens rebelle ou plutôt rétif, alors je suis nul. Lorsqu'il faut faire le contraire de ma volonté, je ne le fais point, quoi qu'il arrive ; je ne fais pas non plus ma volonté même, parce que je suis faible. Je m'abstiens d'agir : car toute ma faiblesse est pour l'action, toute ma force est négative, et tous mes péchés sont d'omission, rarement de commission[2]. Je n'ai jamais cru que la liberté de l'homme consistât à faire ce qu'il veut, mais bien à ne jamais faire ce qu'il ne veut pas, et voilà celle que j'ai toujours réclamée, souvent conservée, et par qui j'ai été le plus en scandale à mes contemporains. Car pour eux, actifs, remuants, ambitieux, détestant la liberté dans les autres et n'en voulant point pour eux mêmes, pourvu qu'ils fassent quelquefois leur volonté, ou plutôt qu'ils dominent celle d'autrui, ils se gênent toute leur vie à faire ce qui leur répugne et n'omettent rien de servile pour commander. Leur tort n'a donc pas été de m'écarter de la société comme un membre inutile, mais de m'en proscrire comme un membre pernicieux : car j'ai très peu fait de bien, je l'avoue, mais pour du mal il n'en est entré dans ma volonté de ma vie, et je doute qu'il y ait aucun homme au monde qui en ait réellement moins fait que moi[3].

---

1. Il s'agit donc bien d'un examen de conscience, d'une introspection.   **2.** Vocabulaire de théologie morale : le péché lié à ne pas faire ce qu'on devrait (*omission*) s'oppose à celui de faire ce qu'on ne devrait pas (*commission*).   **3.** Rousseau retrouve ici la conviction sur laquelle s'ouvraient les *Confessions* : « [...] qu'un seul te dise, s'il l'ose : *je fus meilleur que cet homme-là*. »

« Le pilote des argonautes n'était pas plus fier que moi. » (p. 110)

Gravure de Dupréel.

Roger Viollet

SEPTIÈME PROMENADE

Le recueil de mes longs rêves est à peine commencé, et déjà je sens qu'il touche à sa fin[1]. Un autre amusement lui succède, m'absorbe, et m'ôte même le temps de rêver. Je m'y livre avec un engouement qui tient de l'extravagance et qui me fait rire moi-même quand j'y réfléchis ; mais je ne m'y livre pas moins, parce que dans la situation où me voilà, je n'ai plus d'autre règle[2] de conduite que de suivre en tout mon penchant sans contrainte. Je ne peux rien à mon sort, je n'ai que des inclinations innocentes et tous les jugements des hommes étant désormais nuls pour moi, la sagesse même veut qu'en ce qui reste à ma portée je fasse tout ce qui me flatte, soit en public soit à part moi, sans autre règle que ma fantaisie, et sans autre mesure que le peu de force qui m'est resté[3]. Me voilà donc à mon foin pour toute nourriture, et à la botanique pour toute occupation. Déjà vieux j'en avais pris la première teinture en Suisse auprès du Docteur d'Ivernois[4], et j'avais herborisé assez

---

1. Est-ce l'annonce de la fin prochaine de la rédaction des *Rêveries* ? Rappelons que la *Septième* est la dernière qui nous soit parvenue mise au net de la main de Rousseau. Voir également la carte à jouer n° 1, p. 203.   **2.** Noter le sens paradoxal du mot puisqu'il recouvre « suivre en tout son penchant sans contrainte », attitude que Rousseau va expliciter et justifier dans les premières pages de cette *Promenade*.   **3.** Ces deux phrases résument l'acquis de la *Promenade* précédente. Son cas précis, « la situation où [le] voilà », justifie l'inaction.   **4.** Cf. *Confessions*, t. 2, p. 512 : « Le goût de la botanique que j'avais commencé de prendre auprès du docteur d'Ivernois donnant un nouvel intérêt à mes promenades, me faisait parcourir le pays en herborisant ». C'était en 1764.

heureusement durant mes voyages pour prendre une connaissance passable du règne végétal. Mais devenu plus que sexagénaire et sédentaire à Paris, les forces commençant à me manquer pour les grandes herborisations, et d'ailleurs assez livré à ma copie de musique pour n'avoir pas besoin d'autre occupation, j'avais abandonné cet amusement qui ne m'était plus nécessaire ; j'avais rendu mon herbier[1], j'avais vendu mes livres, content de revoir quelquefois les plantes communes que je trouvais autour de Paris dans mes promenades. Durant cet intervalle le peu que je savais s'est presque entièrement effacé de ma mémoire et bien plus rapidement qu'il ne s'y était gravé.

Tout d'un coup, âgé de soixante-cinq[2] ans passés, privé du peu de mémoire que j'avais et des forces qui me restaient pour courir la campagne, sans guide, sans livres, sans jardin, sans herbier, me voilà repris de cette folie, mais avec plus d'ardeur encore que je n'en eus en m'y livrant la première fois ; me voilà sérieusement occupé du sage projet d'apprendre par cœur tout le *Regnum vegetabile* de Murray[3] et de connaître toutes les plantes connues sur la terre. Hors d'état de racheter des livres de botanique je me suis mis en devoir de transcrire ceux qu'on m'a prêtés, et résolu de refaire un herbier plus riche que le premier, en attendant que j'y mette toutes les

---

1. Le manuscrit pourrait se lire également « vendu ». Comment se déterminer ? On sait que Rousseau avait pensé un moment à faire des herbiers : Malesherbes lui annonce dans une lettre du 2 janvier 1772 qu'il peut compter sur des acheteurs pour au moins 6 herbiers de plantes venant des environs de Paris. Et Rousseau répond le 17 avril en évoquant trois formats possibles pour ces herbiers. À l'époque précise de la rédaction des *Rêveries*, il est encore occupé à un travail de botanique : une lettre à l'abbé de Pramont datée du 13 avril 1778 lui demande de venir retirer les « plantes gravées » (c'est-à-dire des planches représentant des spécimens) qu'il a mises en ordre pour lui ; il s'agit bien d'un travail rémunéré puisque Rousseau propose à son correspondant de le rembourser si l'exemplaire ne lui convient pas.   2. « cinq » au-dessus de « six », biffé. Rousseau a eu 65 ans en juin 1777 et aura 66 ans à Ermenonville, quelques jours avant de mourir.   3. *Regnum vegetabile* : titre de l'introduction latine, par Murray, du *Systema vegetabilium* de Linné, paru en 1774. Voir p. 137, n. 2.

plantes de la mer et des alpes et tous les arbres des Indes, je commence toujours à bon compte par le mouron, le cerfeuil, la bourrache et le séneçon ; j'herborise savamment sur la cage de mes oiseaux et à chaque nouveau brin d'herbe que je rencontre, je me dis avec satisfaction, voilà toujours une plante de plus[1].

Je ne cherche pas à justifier le parti que je prends de suivre cette fantaisie ; je la trouve très raisonnable[2], persuadé que dans la position où je suis me livrer aux amusements qui me flattent est une grande sagesse, et même grande vertu : c'est le moyen de ne laisser germer dans mon cœur aucun levain de vengeance ou de haine, et pour trouver encore dans ma destinée du goût à quelque amusement, il faut assurément avoir un naturel bien épuré de toutes passions irascibles. C'est me venger de mes persécuteurs à ma manière, je ne saurais les punir plus cruellement que d'être heureux malgré eux[3].

Oui, sans doute la raison me permet, me prescrit même de me livrer à tout penchant qui m'attire et que rien ne m'empêche de suivre ; mais elle ne m'apprend pas pourquoi ce penchant m'attire, et quel attrait je puis trouver à une vaine étude faite sans profit, sans progrès, et qui, vieux radoteur déjà caduc[4] et pesant, sans facilité, sans mémoire, me ramène aux exercices de la jeunesse et aux leçons d'un écolier. Or c'est une bizarrerie que je voudrais m'expliquer ; il me semble que, bien éclaircie, elle pourrait jeter quelque nouveau jour sur cette connaissance de moi-même à l'acquisition de laquelle j'ai consacré mes derniers loisirs[5].

J'ai pensé quelquefois assez profondément ; mais rarement avec plaisir, presque toujours contre mon gré et comme par force : la rêverie me délasse et m'amuse, la

---

1. Noter ici l'humour de Rousseau.   **2.** Observer, dans la suite du paragraphe, pourquoi cet adjectif, lui aussi apparemment paradoxal, a son sens propre.   **3.** Voir le même thème dans la *Première Promenade.*   **4.** *Vieilli, qui touche à sa fin.*   **5.** Le début primesautier et humoristique de cette *Promenade* ne l'empêche pas d'être elle aussi un exercice d'introspection. Noter le complément : « que je voudrais *m'*expliquer » : il est le destinataire de cette autobiographie.

réflexion me fatigue et m'attriste ; penser fut toujours pour moi une occupation pénible et sans charme[1]. Quelquefois mes rêveries finissent par la méditation, mais plus souvent mes méditations finissent par la rêverie, et durant ces égarements mon âme erre et plane dans l'univers sur les ailes de l'imagination dans des extases qui passent toute autre jouissance.

Tant que je goûtai celle-là dans toute sa pureté toute autre occupation me fut toujours insipide. Mais quand une fois, jeté dans la carrière littéraire par des impulsions étrangères[2], je sentis la fatigue du travail d'esprit et l'importunité d'une célébrité malheureuse, je sentis en même temps languir et s'attiédir mes douces rêveries, et bientôt forcé de m'occuper malgré moi de ma triste situation, je ne pus plus retrouver que bien rarement ces chères extases qui durant cinquante ans m'avaient tenu lieu de fortune et de gloire, et sans autre dépense que celle du temps m'avaient rendu dans l'oisiveté le plus heureux des mortels.

J'avais même à craindre dans mes rêveries que mon imagination effarouchée par mes malheurs ne tournât enfin de ce côté son activité, et que le continuel sentiment de mes peines me resserrant le cœur par degrés ne m'accablât enfin de leur poids. Dans cet état, un instinct qui m'est naturel me faisant fuir toute idée attristante imposa silence à mon imagination et fixant mon attention sur les objets qui m'environnaient me fit pour la première fois détailler le spectacle de la nature, que je n'avais guère contemplé jusqu'alors qu'en masse et dans son ensemble.

Les arbres, les arbrisseaux, les plantes sont la parure et le vêtement de la terre. Rien n'est si triste que l'aspect d'une campagne nue et pelée qui n'étale aux yeux que

---

1. On se souvient du scandale produit par son affirmation du *Discours sur l'inégalité* : « Si [la nature] nous a destinés à être sains, j'ose presque assurer que l'état de réflexion est un état contre nature, et que l'homme qui médite est un animal dépravé ». **2.** Nouvelle allusion que Rousseau ne se donne pas la peine d'expliciter. Il pense vraisemblablement à Diderot, qui l'a incité à concourir pour le prix de l'Académie de Dijon, puisque de là date sa célébrité.

des pierres, du limon et des sables. Mais vivifiée par la nature et revêtue de sa robe de noces au milieu du cours des eaux et du chant des oiseaux, la terre offre à l'homme dans l'harmonie des trois règnes un spectacle plein de vie, d'intérêt et de charmes, le seul spectacle au monde dont ses yeux et son cœur ne se lassent jamais.

Plus un contemplateur[1] a l'âme sensible plus il se livre aux extases qu'excite en lui cet accord. Une rêverie douce et profonde s'empare alors de ses sens, et il se perd avec une délicieuse ivresse dans l'immensité de ce beau système avec lequel il se sent identifié[2]. Alors tous les objets particuliers lui échappent ; il ne voit et ne sent rien que dans le tout. Il faut que quelque circonstance particulière resserre ses idées et circonscrive son imagination pour qu'il puisse observer par parties cet univers qu'il s'efforçait d'embrasser.

C'est ce qui m'arriva naturellement quand mon cœur resserré par la détresse rapprochait et concentrait tous ses mouvements autour de lui pour conserver ce reste de chaleur prêt à s'évaporer et s'éteindre dans l'abattement où je tombais par degrés. J'errais nonchalamment dans les bois et dans les montagnes, n'osant penser de peur d'attiser mes douleurs. Mon imagination qui se refuse aux objets de peine laissait mes sens se livrer aux impressions légères mais douces des objets environnants. Mes yeux se promenaient sans cesse de l'un à l'autre, et il n'était pas possible que dans une variété si grande il ne s'en trouvât qui les fixaient davantage et les arrêtaient plus longtemps.

Je pris goût à cette récréation des yeux, qui dans l'infortune repose, amuse, distrait l'esprit et suspend le sentiment des peines. La nature des objets aide beaucoup à cette diversion et la rend plus séduisante. Les odeurs suaves, les vives couleurs, les plus élégantes formes semblent se disputer à l'envi le droit de fixer notre attention. Il ne faut qu'aimer le plaisir pour se livrer à des sensa-

---

1. « Celui qui admire avec méditation les grandeurs de Dieu et de la nature » (Trévoux). **2.** Cf. p. 57.

tions si douces, et si cet effet n'a pas lieu sur tous ceux
qui en sont frappés, c'est dans les uns faute de sensibilité
naturelle et dans la plupart que leur esprit, trop occupé
d'autres idées, ne se livre qu'à la dérobée aux objets qui
frappent leurs sens.

Une autre chose contribue encore à éloigner du règne
végétal l'attention des gens de goût ; c'est l'habitude de
ne chercher dans les plantes que des drogues et des
remèdes. Théophraste s'y était pris autrement et l'on peut
regarder ce philosophe comme le seul botaniste de l'antiquité : aussi n'est-il presque point connu parmi nous ;
mais grâce à un certain Dioscoride[1], grand compilateur
de recettes, et à ses commentateurs la médecine s'est tellement emparée des plantes transformées en simples[2]
qu'on n'y voit que ce qu'on n'y voit point[3], savoir[4] les
prétendues vertus qu'il plaît au tiers et au quart de leur
attribuer. On ne conçoit pas que l'organisation végétale
puisse par elle-même mériter quelque attention ; des gens
qui passent leur vie à arranger savamment des coquilles[5]
se moquent de la botanique comme d'une étude inutile
quand on n'y joint pas, comme ils disent, celle des pro-
priétés, c'est-à-dire quand on n'abandonne pas l'observation de la nature qui ne ment point et qui ne nous dit rien
de tout cela pour se livrer uniquement à l'autorité des
hommes qui sont menteurs et qui nous affirment beaucoup de choses qu'il faut croire sur leur parole, fondée
elle-même le plus souvent sur l'autorité d'autrui. Arrêtez-
vous dans une prairie émaillée à examiner successivement
les fleurs dont elle brille, ceux qui vous verront faire,
vous prenant pour un frater[6], vous demanderont des

---

1. Médecin et botaniste grec de l'Antiquité. 2. « C'est un
nom général qu'on donne à toutes les herbes et plantes, parce
qu'elles ont chacune leur vertu particulière pour servir de remède
simple » (Trévoux). 3. Condamnation laconique de l'intellec-
tualisme excessif que Rousseau reproche aux botanistes de son
temps. 4. *à savoir*. 5. Coquillages, fossiles. 6. En latin,
« frère », le mot désigne l'aide d'un chirurgien.

herbes pour guérir la rogne[1] des enfants, la gale des
hommes ou la morve des chevaux. Ce dégoûtant préjugé
est détruit en partie dans les autres pays et surtout en
Angleterre grâce à Linnæus[2] qui a un peu tiré la botanique des écoles de pharmacie pour la rendre à l'histoire
naturelle et aux usages économiques[3] ; mais en France où
cette étude a moins pénétré chez les gens du monde, on
est resté sur ce point tellement barbare qu'un bel esprit
de Paris voyant à Londres un jardin de curieux[4] plein
d'arbres et de plantes rares s'écria pour tout éloge : *Voilà
un fort beau jardin d'Apothicaire !* À ce compte le premier Apothicaire fut Adam. Car il n'est pas aisé d'imagi-
ner un jardin mieux assorti de plantes que celui d'Éden.

Ces idées médicinales ne sont assurément guère
propres à rendre agréable l'étude de la botanique, elles
flétrissent l'émail des prés, l'éclat des fleurs, dessèchent
la fraîcheur des bocages, rendent la verdure et les
ombrages insipides et dégoûtants ; toutes ces structures
charmantes et gracieuses intéressent fort peu quiconque
ne veut que piler tout cela dans un mortier, et l'on n'ira
pas chercher des guirlandes pour les bergères parmi des
herbes pour les lavements.

Toute cette pharmacie ne souillait point mes images
champêtres, rien n'en était plus éloigné que des tisanes et
des emplâtres. J'ai souvent pensé en regardant de près les
champs, les vergers, les bois et leurs nombreux habitants
que le règne végétal était un magasin d'aliments donnés
par la nature à l'homme et aux animaux. Mais jamais il
ne m'est venu à l'esprit d'y chercher des drogues et des
remèdes. Je ne vois rien dans ses diverses productions qui
m'indique un pareil usage, et elle nous aurait montré le
choix si elle nous l'avait prescrit, comme elle a fait pour

---

1. « Espèce de gale » (Trévoux).   2. Linné, botaniste suédois,
le premier à avoir proposé un système pour ordonner la connaissance des plantes, le *Systema naturae*. Rousseau lui donne son nom
en latin, qui restait la langue des livres de botanique.   3. « Économie : conduite sage ; ménagement prudent qu'on fait de son bien
ou de celui d'autrui » (Trévoux).   4. « Celui qui a ramassé les
choses les plus rares, les plus belles et les plus extraordinaires qu'il
a pu trouver, tant dans les arts que dans la nature » (Trévoux).

les comestibles. Je sens même que le plaisir que je prends
à parcourir les bocages serait empoisonné par le sentiment
des infirmités humaines s'il me laissait penser à la fièvre,
à la pierre, à la goutte et au mal caduc[1]. Du reste je ne
disputerai point aux végétaux les grandes vertus qu'on
leur attribue ; je dirai seulement qu'en supposant ces vertus réelles, c'est malice pure aux malades de continuer à
l'être ; car de tant de maladies que les hommes se donnent[2] il n'y en a pas une seule dont vingt sortes d'herbes
ne guérissent radicalement[3].

Ces tournures d'esprit qui rapportent toujours tout à
notre intérêt matériel, qui font chercher partout du profit
ou des remèdes, et qui feraient regarder avec indifférence
toute la nature si l'on se portait toujours bien, n'ont
jamais été les miennes. Je me sens là-dessus tout à
rebours des autres hommes : tout ce qui tient au sentiment
de mes besoins attriste et gâte mes pensées, et jamais je
n'ai trouvé de vrai charme aux plaisirs de l'esprit qu'en
perdant tout à fait de vue l'intérêt de mon corps. Ainsi
quand même[4] je croirais à la médecine, et quand même
ses remèdes seraient agréables, je ne trouverais jamais à
m'en occuper ces délices que donne une contemplation
pure et désintéressée, et mon âme ne saurait s'exalter et
planer sur la nature, tant que je la sens tenir aux liens
de mon corps. D'ailleurs, sans avoir eu jamais grande
confiance à la médecine j'en ai eu beaucoup à des médecins que j'estimais, que j'aimais, et à qui je laissais gou-
verner ma carcasse avec pleine autorité. Quinze ans
d'expérience m'ont instruit à mes dépens ; rentré maintenant sous les seules lois de la nature, j'ai repris par elle
ma première santé. Quand les médecins n'auraient point
contre moi d'autres griefs, qui pourrait s'étonner de leur

---

1. Désignation traditionnelle de l'épilepsie.   **2.** Idée impor-
tante chez Rousseau : les maladies viennent aux hommes de leur
façon de vivre et non de la nature.   **3.** Discours au deuxième
degré, où Rousseau ironise sur la puissance que les médecins prêtent aux plantes médicinales.   **4.** *Quand bien même.*

haine ? Je suis la preuve vivante de la vanité de leur art et de l'inutilité de leurs soins[1].

Non, rien de personnel, rien qui tienne à l'intérêt de mon corps ne peut occuper vraiment mon âme. Je ne médite, je ne rêve jamais plus délicieusement que quand je m'oublie moi-même. Je sens des extases, des ravissements inexprimables à me fondre pour ainsi dire dans le système des êtres, à m'identifier avec la nature entière[2]. Tant que les hommes furent mes frères, je me faisais des projets de félicité terrestre ; ces projets étant toujours relatifs au tout, je ne pouvais être heureux que de la félicité publique, et jamais l'idée d'un bonheur particulier n'a touché mon cœur que quand j'ai vu mes frères ne chercher le leur que dans ma misère. Alors pour ne les pas haïr il a bien fallu les fuir ; alors me réfugiant chez la mère commune j'ai cherché dans ses bras à me soustraire aux atteintes de ses enfants, je suis devenu solitaire, ou, comme ils disent, insociable et misanthrope[3], parce que la plus sauvage solitude me paraît préférable à la société des méchants, qui ne se nourrit que de trahisons et de haine.

Forcé de m'abstenir de penser, de peur de penser à mes malheurs malgré moi ; forcé de contenir les restes d'une imagination riante mais languissante, que tant d'angoisses pourraient effaroucher à la fin ; forcé de tâcher d'oublier les hommes, qui m'accablent d'ignominie et d'outrages, de peur que l'indignation ne m'aigrît enfin contre eux, je ne puis cependant me concentrer tout entier en moi-même, parce que mon âme expansive cherche malgré que j'en aie à étendre ses sentiments et son existence sur d'autres êtres, et je ne puis plus comme autrefois me jeter tête baissée dans ce vaste océan de la nature, parce que mes facultés affaiblies et relâchées ne trouvent plus

---

1. Rousseau s'examine soigneusement et à tout propos se donne en preuve des vérités sur l'humanité qu'il a établies en théorie. 2. La rêverie en vient au point de lui faire perdre la conscience réflexive de soi : il devient alors pur sentiment d'exister. 3. Telle est l'image qu'« ils » donnent de lui, mais Rousseau se regarde comme le « plus sociable et le plus aimant des humains » (p. 43).

d'objets assez déterminés, assez fixes, assez à ma portée pour s'y attacher fortement et que je ne me sens plus assez de vigueur pour nager dans le chaos de mes anciennes extases. Mes idées ne sont presque plus que des sensations, et la sphère de mon entendement ne passe[1] pas les objets dont je suis immédiatement entouré.

Fuyant les hommes, cherchant la solitude, n'imaginant plus, pensant encore moins, et cependant doué d'un tempérament vif qui m'éloigne de l'apathie languissante et mélancolique, je commençai de m'occuper de tout ce qui m'entourait et par un instinct fort naturel je donnai la préférence aux objets les plus agréables. Le règne minéral n'a rien en soi d'aimable et d'attrayant ; ses richesses enfermées dans le sein de la terre semblent avoir été éloignées des regards des hommes pour ne pas tenter leur cupidité. Elles sont là comme en réserve pour servir un jour de supplément aux véritables richesses qui sont plus à sa portée et dont il perd le goût à mesure qu'il se corrompt. Alors il faut qu'il appelle l'industrie, la peine et le travail au secours de ses misères ; il fouille les entrailles de la terre, il va chercher dans son centre aux risques de sa vie et aux dépens de sa santé des biens imaginaires à la place des biens réels qu'elle lui offrait d'elle-même quand il savait en jouir[2]. Il fuit le soleil et le jour qu'il n'est plus digne de voir ; il s'enterre tout vivant et fait bien, ne méritant plus de vivre à la lumière du jour. Là, des carrières, des gouffres, des forges, des fourneaux, un appareil d'enclumes, de marteaux, de fumée et de feu succèdent aux douces images des travaux champêtres. Les visages hâves des malheureux qui languissent dans les infectes vapeurs des mines, de noirs forgerons, de hideux cyclopes, sont le spectacle que l'appareil des mines substitue au sein de la terre à celui de la verdure et des fleurs, du ciel azuré, des bergers amoureux et des laboureurs robustes sur sa surface.

Il est aisé, je l'avoue, d'aller ramassant du sable et des

---

1. *ne dépasse pas.*   2. La même idée était déjà développée dans le *Discours sur l'origine de l'inégalité*, 2ᵉ partie.

pierres, d'en remplir ses poches et son cabinet[1], et de se donner avec cela les airs d'un naturaliste : mais ceux qui s'attachent et se bornent à ces sortes de collections sont pour l'ordinaire de riches ignorants qui ne cherchent à cela que le plaisir de l'étalage. Pour profiter dans[2] l'étude des minéraux, il faut être chimiste et physicien ; il faut faire des expériences pénibles et coûteuses, travailler dans des laboratoires, dépenser beaucoup d'argent et de temps parmi le charbon, les creusets, les fourneaux, les cornues, dans la fumée et les vapeurs étouffantes, toujours au risque de sa vie et souvent aux dépens de sa santé. De tout ce triste et fatigant travail résulte pour l'ordinaire beaucoup moins de savoir que d'orgueil, et où est le plus médiocre chimiste qui ne croie pas avoir pénétré toutes les grandes opérations de la nature pour avoir trouvé par hasard peut-être quelques petites combinaisons de l'art.

Le règne animal est plus à notre portée et certainement mérite encore mieux d'être étudié. Mais enfin cette étude n'a-t-elle pas aussi ses difficultés, ses embarras, ses dégoûts et ses peines ; surtout pour un solitaire qui n'a ni dans ses jeux ni dans ses travaux d'assistance à espérer de personne. Comment observer, disséquer, étudier, connaître les oiseaux dans les airs, les poissons dans les eaux, les quadrupèdes plus légers que le vent, plus forts que l'homme et qui ne sont pas plus disposés à venir s'offrir à mes recherches que moi de courir après eux pour les y soumettre de force ? J'aurais donc pour ressource des escargots, des vers, des mouches[3], et je passerais ma vie à me mettre hors d'haleine pour courir après des papillons, à empaler de pauvres insectes, à disséquer des souris quand j'en pourrais prendre ou les charognes des bêtes que par hasard je trouverais mortes. L'étude des

---

1. « Le lieu le plus retiré dans le plus bel appartement des Palais, des grandes Maisons. [...] Signifie aussi une pièce d'appartement et un lieu retiré dans les maisons ordinaires, où l'on étudie, où l'on se séquestre du reste du monde, et où l'on serre ce que l'on a de plus précieux » (Trévoux).   2. « Tirer de l'avantage, de l'utilité, du profit de quelque chose » (Trévoux).   3. Première rédaction : « moucherons ».

animaux n'est rien sans l'anatomie ; c'est par elle qu'on apprend à les classer, à distinguer les genres, les espèces. Pour les étudier par leurs mœurs, par leurs caractères, il faudrait avoir des volières, des viviers, des ménageries ; il faudrait les contraindre en quelque manière que ce pût être à rester rassemblés autour de moi. Je n'ai ni le goût ni les moyens de les tenir en captivité, ni l'agilité nécessaire pour les suivre dans leurs allures quand ils sont en liberté. Il faudra donc les étudier morts, les déchirer, les désosser, fouiller à loisir dans leurs entrailles palpitantes ! Quel appareil affreux qu'un amphithéâtre anatomique, des cadavres puants, de baveuses et livides chairs, du sang, des intestins dégoûtants, des squelettes affreux, des vapeurs pestilentielles ! Ce n'est pas là[1], sur ma parole, que J. J. ira chercher ses amusements.

Brillantes[2] fleurs, émail des prés, ombrages frais, ruisseaux, bosquets, verdure, venez purifier mon imagination salie par tous ces hideux objets. Mon âme morte à tous les grands mouvements ne peut plus s'affecter que par des objets sensibles ; je n'ai plus que des sensations, et ce n'est plus que par elles que la peine ou le plaisir peuvent m'atteindre ici-bas. Attiré par les riants objets qui m'entourent, je les considère, je les contemple, je les compare, j'apprends enfin à les classer, et me voilà tout d'un coup aussi botaniste qu'a besoin de l'être celui qui ne veut étudier la nature que pour trouver sans cesse de nouvelles raisons de l'aimer[3].

Je ne cherche point à m'instruire : il est trop tard. D'ailleurs je n'ai jamais vu que tant de science contribuât au bonheur de la vie[4]. Mais je cherche à me donner des amusements doux et simples que je puisse goûter sans

---

1. Le rythme sur lequel il évoque tous ces efforts mime ici la facilité avec laquelle l'imagination de ce soi-disant paresseux s'emballe. **2.** En interligne, au-dessus de « Riantes », biffé.   **3.** « On croit qu'on ne s'applique aux choses que pour en donner des leçons. Je cultive la botanique pour la botanique même », disait Rousseau à ceux qui croyaient qu'il allait en écrire un traité, d'après le témoignage de Bernardin de Saint-Pierre, *Essai sur Rousseau*.   **4.** Autre grande conviction de Rousseau qui fustige l'inhumanité ou l'abstraction liées souvent à une ambition démesurée de savoir.

peine et qui me distraient de mes malheurs. Je n'ai ni dépense à faire ni peine à prendre pour errer nonchalamment d'herbe en herbe, de plante en plante, pour les examiner, pour comparer leurs divers caractères, pour marquer leurs rapports et leurs différences, enfin pour observer l'organisation végétale de manière à suivre la marche et le jeu de ces machines vivantes, à chercher quelquefois avec succès leurs lois générales, la raison et la fin de leurs structures diverses, et à me livrer au charme de l'admiration reconnaissante pour la main qui me fait jouir de tout cela.

Les plantes semblent avoir été semées avec profusion sur la terre comme les étoiles dans le ciel pour inviter l'homme par l'attrait du plaisir et de la curiosité à l'étude de la nature ; mais les astres sont placés loin de nous ; il faut des connaissances préliminaires, des instruments des machines, de bien longues échelles pour les atteindre et les rapprocher à notre portée. Les plantes y sont naturellement. Elles naissent sous nos pieds, et dans nos mains pour ainsi dire, et si la petitesse de leurs parties essentielles les dérobe quelquefois à la simple vue, les instruments qui les y rendent sont d'un beaucoup plus facile usage que ceux de l'astronomie. La botanique est l'étude d'un oisif et paresseux solitaire : une pointe et une loupe sont tout l'appareil dont il a besoin pour les observer. Il se promène il erre librement d'un objet à l'autre, il fait la revue de chaque fleur avec intérêt et curiosité, et sitôt qu'il commence à saisir les lois de leur structure il goûte à les observer un plaisir sans peine aussi vif que s'il lui en coûtait beaucoup. Il y a dans cette oiseuse occupation un charme qu'on ne sent que dans le plein calme des passions[1] mais qui suffit seul alors pour rendre la vie heureuse et douce : mais sitôt[2] qu'on y mêle un motif d'intérêt ou de vanité, soit pour remplir des places ou pour faire des livres, sitôt qu'on ne veut apprendre que

---

1. Condition fondamentale. Les passions ayant pour effet de troubler l'esprit humain, ce n'est que dans leur « silence » que l'homme peut apprécier les bonheurs simples.   2. La moindre utilité recherchée dans cette étude ruine sa beauté intrinsèque.

pour instruire, qu'on n'herborise que pour devenir auteur
ou professeur, tout ce doux charme s'évanouit, on ne voit
plus dans les plantes que des instruments de nos passions,
on ne trouve plus aucun vrai plaisir dans leur étude, on
ne veut plus savoir mais montrer qu'on sait, et dans les
bois on n'est que sur le théâtre du monde, occupé du soin
de s'y faire admirer ; ou bien se bornant à la botanique
de cabinet et de jardin tout au plus, au lieu d'observer les
végétaux dans la nature, on ne s'occupe que de systèmes
et de méthodes ; matière éternelle de dispute qui ne fait
pas connaître une plante de plus et ne jette aucune véritable lumière sur l'histoire naturelle et le règne végétal.
De là les haines, les jalousies que la concurrence de célébrité excite chez les botanistes auteurs autant et plus que
chez les autres savants. En dénaturant cette aimable étude
ils la transplantent au milieu des villes et des académies
où elle ne dégénère pas moins que les plantes exotiques
dans les jardins des curieux.

Des dispositions bien différentes [1] ont fait pour moi de
cette étude une espèce de passion qui remplit le vide de
toutes celles que je n'ai plus. Je gravis les rochers, les
montagnes, je m'enfonce dans les vallons, dans les bois,
pour me dérober autant qu'il est possible au souvenir des
hommes et aux atteintes des méchants. Il me semble que
sous les ombrages d'une forêt je suis oublié, libre et paisible comme si je n'avais plus d'ennemis ou que le feuil-
lage des bois dût me garantir de leurs atteintes comme il
les éloigne de mon souvenir et je m'imagine dans ma
bêtise qu'en ne pensant point à eux [2] ils ne penseront point
à moi. Je trouve une si grande douceur dans cette illusion
que je m'y livrerais tout entier si ma situation, ma faiblesse et mes besoins me le permettaient. Plus la solitude
où je vis alors est profonde, plus il faut que quelque objet
en remplisse le vide, et ceux que mon imagination me
refuse ou que ma mémoire repousse sont suppléés par les

---

1. Tout le tableau qui précède sert à annoncer par contraste le
goût de Rousseau pour une étude gratuite de la botanique.
2. *que si je ne pense point à eux.*

productions spontanées que la terre, non forcée[1] par les hommes, offre à mes yeux de toutes parts. Le plaisir d'aller dans un désert[2] chercher de nouvelles plantes couvre celui d'échapper à mes persécuteurs et parvenu dans des lieux où je ne vois nulles traces d'hommes je respire plus à mon aise comme dans un asile où leur haine ne me poursuit plus.

Je me rappellerai toute ma vie une herborisation que je fis un jour du côté de la Robaila, montagne du justicier Clerc. J'étais seul, je m'enfonçai dans les anfractuosités de la montagne et, de bois en bois, de roche en roche, je parvins à un réduit si caché que je n'ai vu de ma vie un aspect plus sauvage. De noirs sapins entremêlés de hêtres prodigieux dont plusieurs tombés de vieillesse et entrelacés les uns dans les autres fermaient ce réduit de barrières impénétrables, quelques intervalles que laissait cette sombre enceinte n'offraient au-delà que des roches coupées à pic et d'horribles précipices que je n'osais regarder qu'en me couchant sur le ventre. Le duc, la chevêche et l'orfraie faisaient entendre leurs cris dans les fentes de la montagne, quelques petits oiseaux rares mais familiers tempéraient cependant l'horreur de cette solitude. Là je trouvai la dentaire heptaphyllos, le cyclamen, le nidus avis, le grand laserpitium et quelques autres plantes qui me charmèrent et m'amusèrent longtemps : mais insensiblement dominé par la forte impression des objets, j'oubliai la botanique et les plantes, je m'assis sur des oreillers de lycopodium et de mousses, et je me mis à rêver plus à mon aise en pensant que j'étais là dans un refuge ignoré de tout l'univers[3] où les persécuteurs ne me déterreraient pas[4]. Un mouvement d'orgueil se mêla bientôt à cette rêverie. Je me comparais à ces grands

---

1. Au sens hyperbolique de « violée, contrainte », sens qui traduit la réprobation de Rousseau.   **2.** Au sens classique de « lieu écarté et solitaire ».   **3.** En interligne au-dessus de « toute la terre », biffé.   **4.** Cette image fait un écho troublant à celle d'« enterrer tout vivant » de la *Première Promenade*, p. 44.

voyageurs[1] qui découvrent une île déserte, et je me disais avec complaisance : sans doute je suis le premier mortel qui ait pénétré jusqu'ici ; je me regardais presque comme un autre Colomb. Tandis que je me pavanais dans cette idée j'entends peu loin de moi un certain cliquetis que je crus reconnaître ; j'écoute : le même bruit se répète et se multiplie[2]. Surpris et curieux je me lève, je perce à travers un fourré de broussailles du côté d'où venait le bruit et dans une combe à vingt pas du lieu où je croyais être parvenu le premier j'aperçois une manufacture de bas.

Je ne saurais exprimer l'agitation confuse et contradictoire que je sentis dans mon cœur à cette découverte. Mon premier mouvement fut un sentiment de joie de me retrouver parmi des humains où je m'étais cru totalement seul : mais ce mouvement plus rapide que l'éclair fit bientôt place à un sentiment douloureux plus durable, comme ne pouvant dans les antres mêmes des alpes échapper aux cruelles mains des hommes acharnés à me tourmenter. Car j'étais bien sûr qu'il n'y avait peut-être pas deux hommes dans cette fabrique qui ne fussent initiés dans le complot dont le prédicant Montmollin[3] s'était fait le chef, et qui tirait de plus loin ses premiers mobiles. Je me hâtai d'écarter cette triste idée et je finis par rire en moi-même, et de ma vanité puérile et de la manière comique dont j'en avais été puni.

Mais en effet qui jamais eût dû s'attendre à trouver une manufacture dans un précipice[4]. Il n'y a que la Suisse au monde qui présente ce mélange de la nature sauvage et de l'industrie humaine[5]. La Suisse entière n'est pour ainsi dire qu'une grande ville dont les rues, larges et longues

1. Rousseau fut toute sa vie un grand lecteur de récits de voyage, une des sources de la connaissance anthropologique en son temps. 2. Noter le passage au présent. 3. Pasteur de Môtiers-Travers. Leurs relations s'étaient envenimées en 1765 et Rousseau l'accusa d'avoir monté les villageois contre lui. 4. Les aspects sérieux de la méditation vont de pair avec un rythme et un ordre de la narration qui lui donnent tout son humour. Rousseau commente en effet le caractère injustifié de sa méprise avant même d'en expliquer l'énigme. 5. La même idée était déjà développée dans la *Lettre à d'Alembert* (1758).

plus que celle de St Antoine [1], sont semées de forêts, coupées de montagnes et dont les maisons éparses et isolées
ne communiquent entre elles que par des jardins anglais [2].
Je me rappelai à ce sujet une autre herborisation que Du
Peyrou, d'Escherny, le colonel Pury, le justicier Clerc et
moi avions faite il y avait quelque temps sur la montagne
de Chasseron, du sommet de laquelle on découvre sept
lacs. On nous dit qu'il n'y avait qu'une seule maison sur
cette montagne, et nous n'eussions sûrement pas deviné
la profession de celui qui l'habitait, si l'on n'eût ajouté
que c'était un libraire, et qui même faisait fort bien ses
affaires dans le pays. Il me semble qu'un seul fait de
cette espèce fait mieux connaître la Suisse que toutes les
descriptions des voyageurs [3].

En voici un autre de même nature ou à peu près qui ne
fait pas moins connaître un peuple fort différent. Durant
mon séjour à Grenoble je faisais souvent de petites herborisations hors la ville avec le Sr Bovier [4], avocat de ce
pays-là, non pas qu'il aimât ni sût la botanique, mais
parce que s'étant fait mon garde de la manche [5], il se
faisait autant que la chose était possible une loi de ne pas

---

1. Longue et large rue qui va du centre de Paris vers l'est,
proche du quartier où il réside alors ; c'est depuis toujours un quartier d'ateliers d'artisans.   **2.** Par métaphore, des paysages naturels que les gens des villes regarderaient comme des jardins anglais,
c'est-à-dire des jardins entièrement ordonnés pour avoir l'air naturels et sauvages, ce qui est la dernière mode en la matière et dont
Ermenonville est un exemple célèbre.   **3.** À propos de l'étude
d'un pays comme à propos de son caractère, Rousseau recourt à la
méthode inductive : un détail concret bien choisi est significatif de
toute une réalité riche et complexe. Sur le même principe, le paragraphe suivant donne une petite anecdote jugée aussi révélatrice du
caractère français que celle-ci du caractère suisse.   **4.** Il a laissé
un témoignage, publié, du passage de Rousseau à Grenoble.
5. « Les Gardes de la Manche sont vingt-quatre gentilshommes,
gardes du corps de la compagnie écossaise, qui servent toujours
aux côtés du Roi [...]. On les nomme gentilshommes Gardes de la
Manche parce qu'ils sont toujours aux côtés et comme à la manche
du Roi » (Trévoux). Rousseau avait-il en tête la précision que
donne le même dictionnaire : « aux funérailles des rois, deux gar-
dent aussi le corps, et sont aux côtés du lit debout [...]. C'est aussi
ceux qui mettent le corps dans le cercueil » ?

me quitter d'un pas. Un jour nous nous promenions le long de l'Isère dans un lieu tout plein de saules épineux. Je vis sur ces arbrisseaux des fruits mûrs, j'eus la curiosité d'en goûter, et leur trouvant une petite acidité très agréable, je me mis à manger de ces grains pour me rafraîchir ; le sieur Bovier se tenait à côté de moi sans m'imiter et sans rien dire. Un de ses amis survint, qui me voyant picorer ces grains me dit : Eh Monsieur, que faites-vous là ? ignorez-vous que ce fruit empoisonne ? Ce fruit empoisonne, m'écriai-je tout surpris ? Sans doute reprit-il et tout le monde sait si bien cela que personne dans le pays ne s'avise d'en goûter. Je regardai le Sr Bovier et je lui dis, Pourquoi donc ne m'avertissiez-vous pas ? Ah ! monsieur, me répondit-il d'un ton respectueux, je n'osais pas prendre cette liberté. Je me mis à rire de cette humilité Dauphinoise, en discontinuant néanmoins ma petite collation. J'étais persuadé, comme je le suis encore, que toute production naturelle agréable au goût ne peut être nuisible au corps ou ne l'est du moins que par son excès. Cependant j'avoue que je m'écoutai un peu tout le reste de la journée : mais j'en fus quitte pour un peu d'inquiétude ; je soupai très bien, dormis mieux, et me levai le matin en parfaite santé, après avoir avalé la veille quinze ou vingt grains de ce terrible hippophaé, qui empoisonne à très petite dose, à ce que tout le monde me dit à Grenoble le lendemain. Cette aventure me parut si plaisante que je ne me la rappelle jamais sans rire de la singulière discrétion de M. l'Avocat Bovier.

Toutes mes courses de botanique, les diverses impressions du local [1] des objets qui m'ont frappé, les idées qu'il m'a fait naître, les incidents qui s'y sont mêlés, tout cela m'a laissé des impressions qui se renouvellent par l'aspect des plantes herborisées dans ces mêmes lieux. Je ne reverrai plus ces beaux paysages, ces forêts, ces lacs, ces bosquets, ces rochers, ces montagnes dont l'aspect a toujours touché mon cœur : mais maintenant que je ne peux plus courir ces heureuses contrées je n'ai qu'à ouvrir mon

---

1. *Lieu considéré dans sa caractéristique.*

herbier et bientôt il m'y transporte. Les fragments des plantes que j'y ai cueillies suffisent pour me rappeler tout ce magnifique spectacle. Cet herbier est pour moi un journal d'herborisations qui me les fait recommencer avec un nouveau charme et produit l'effet d'une optique[1] qui les peindrait derechef à mes yeux.

C'est la chaîne des idées accessoires qui m'attache à la botanique[2]. Elle rassemble et rappelle à mon imagination toutes les idées qui la flattent davantage. Les prés, les eaux, les bois, la solitude, la paix surtout et le repos qu'on trouve au milieu de tout cela sont retracés par elle incessamment à ma mémoire. Elle me fait oublier les persécutions des hommes, leur haine, leur mépris leurs outrages et tous les maux dont ils ont payé mon tendre et sincère attachement pour eux. Elle me transporte dans des habitations paisibles au milieu de gens simples et bons tels que ceux avec qui j'ai vécu jadis. Elle me rappelle et mon jeune âge et mes innocents plaisirs, elle m'en fait jouir derechef, et me rend heureux bien souvent encore au milieu du plus triste sort qu'ait subi jamais un mortel.

---

1. La chambre optique est un outil très en faveur au XVIIIe siècle, sorte de boîte percée d'un trou qui permet de « voir peints à rebours, sur un morceau de papier blanc, les objets de dehors qui répondent à ce trou auquel on a mis un verre convexe ».
2. Conclusion de la recherche par Rousseau des causes de son attrait pour la botanique, ce dernier paragraphe est à la fois explicatif et descriptif : la botanique ne remplace pas la rêverie, elle la promeut et l'alimente.

« Ce premier moment décida de moi pour toute ma vie. » (p. 181)
Rousseau et Mme de Warens, gravure de Leloir.

HUITIÈME PROMENADE[1]

En méditant sur les dispositions de mon âme dans toutes les situations de ma vie, je suis extrêmement frappé de voir si peu de proportion[2] entre les diverses combinaisons de ma destinée et les sentiments habituels de bien ou mal être dont elles m'ont affecté. Les divers intervalles de mes courtes prospérités ne m'ont laissé presque aucun souvenir agréable de la manière intime et permanente dont elles m'ont affecté et au contraire dans toutes les misères de ma vie je me sentais constamment rempli de sentiments tendres, touchants, délicieux, qui versant un baume salutaire sur les blessures de mon cœur navré semblaient en convertir la douleur en volupté, et dont l'aimable souvenir me revient seul dégagé de celui des maux que j'éprouvais en même temps. Il me semble que j'ai plus goûté la douceur de l'existence, que j'ai réellement plus vécu quand mes sentiments, resserrés pour ainsi dire autour de mon cœur par ma destinée, n'allaient point s'évaporant au-dehors sur tous les objets de l'estime des hommes, qui en mérite[nt] si peu par eux-mêmes et qui font l'unique occupation des gens que l'on croit heureux.

Quand tout était dans l'ordre autour de moi, quand j'étais content de tout ce qui m'entourait et de la sphère dans laquelle j'avais à vivre, je la remplissais de mes

---

1. À partir de cette *Huitième Promenade*, le manuscrit est d'une écriture beaucoup plus petite et moins soignée et comporte des rajouts et renvois nombreux. **2.** *si peu de rapport.*

affections ; mon âme expansive s'étendait sur d'autres objets, et sans cesse attiré loin de moi par des goûts de mille espèces, par des attachements aimables qui sans cesse occupaient mon cœur, je m'oubliais en quelque façon moi-même, j'étais tout entier à ce qui m'était étranger et j'éprouvais dans la continuelle agitation de mon cœur toute la vicissitude des choses humaines. Cette vie orageuse ne me laissait ni paix au dedans ni repos au dehors. Heureux en apparence je n'avais pas un sentiment qui pût soutenir l'épreuve de la réflexion et dans lequel je pusse vraiment me complaire. Jamais je n'étais parfaitement content ni d'autrui ni de moi-même. Le tumulte du monde m'étourdissait, la solitude m'ennuyait, j'avais sans cesse besoin de changer de place et je n'étais bien nulle part. J'étais fêté pourtant, bien voulu, bien reçu, caressé partout. Je n'avais pas un ennemi, pas un malveillant, pas un envieux. Comme on ne cherchait qu'à m'obliger j'avais souvent le plaisir d'obliger moi-même beaucoup de monde et sans bien, sans emploi, sans fauteurs[1], sans grands talents bien développés ni bien connus je jouissais des avantages attachés à tout cela, et je ne voyais personne dans aucun état[2] dont le sort me parût préférable au mien. Que me manquait-il donc pour être heureux ; je l'ignore ; mais je sais que je ne l'étais pas.

Que me manque-t-il aujourd'hui pour être le plus infortuné des mortels ? Rien de tout ce que les hommes ont pu mettre du leur pour cela. Hé bien, dans cet état déplorable je ne changerais pas encore d'être et de destinée contre le plus fortuné d'entre eux, et j'aime encore mieux être moi dans toute ma misère que d'être aucun de ces gens-là dans toute leur prospérité. Réduit à moi seul, je me nourris il est vrai de ma propre substance mais elle

---

1. « Celui qui appuie et favorise une mauvaise opinion, un mauvais parti. [...] Ne se dit guère qu'en mauvaise part » (Trévoux). Le *Dictionnaire de l'Académie*, 1778, donne la même définition. Rousseau ne semble pas prendre le mot en ce sens péjoratif, sauf à penser qu'il inscrit dans cet emploi du mot sa dénonciation de la servitude qui lie les protégés aux protecteurs.   2. Situation personnelle et sociale.

ne s'épuise pas et je me suffis à moi-même, quoique je rumine pour ainsi dire à vide et que mon imagination tarie et mes idées éteintes ne fournissent plus d'aliments à mon cœur. Mon âme offusquée obstruée par mes organes s'affaisse de jour en jour et sous le poids de ces lourdes masses n'a plus assez de vigueur pour s'élancer comme autrefois hors de sa vieille enveloppe[1].

C'est à ce retour sur nous-même que nous force l'adversité, et c'est peut-être là ce qui la rend le plus insupportable à la plupart des hommes. Pour moi qui ne trouve à me reprocher que des fautes, j'en accuse ma faiblesse et je me console ; car jamais mal prémédité n'approcha de mon cœur.

Cependant à moins d'être stupide comment contempler un moment ma situation sans la voir aussi horrible qu'ils l'ont rendue et sans périr de douleur et de désespoir. Loin de cela, moi le plus sensible des êtres, je la contemple et ne m'en émeus pas ; et sans combats, sans efforts sur moi-même je me vois presque avec indifférence dans un état dont nul autre homme peut-être ne supporterait l'aspect sans effroi.

Comment en suis-je venu là. Car j'étais bien loin de cette disposition paisible au premier soupçon du complot dont j'étais enlacé depuis longtemps sans m'en être aucunement aperçu. Cette découverte nouvelle me bouleversa. L'infamie et la trahison me surprirent au dépourvu ; quelle âme honnête est préparée à de tels genres de peines, il faudrait les mériter pour les prévoir. Je tombai dans tous les pièges qu'on creusa sous mes pas, l'indignation, la fureur, le délire s'emparèrent de moi, je perdis la tramontane[2], ma tête se bouleversa, et dans les ténèbres

---

1. En marge de cette phrase, située en haut d'une page et séparée du reste par un trait, Rousseau n'a pas indiqué de renvoi au texte. Nous lui gardons la place que lui ont assignée les éditeurs de 1782.
2. « Tramontane : [...] signifie aussi l'étoile du Nord qui sert à conduire les vaisseaux sur mer. Ce qui fait qu'on dit figurément qu'un homme a perdu la tramontane, pour dire qu'il est déconcerté, qu'il ne sait où il en est, ni ce qu'il fait ; qu'il a perdu le jugement et la raison » (Trévoux). Rousseau a maintenant conscience que le complot l'a conduit au bord de la folie.

horribles où l'on n'a cessé de me tenir plongé je n'aperçus plus ni lueur pour me conduire ni appui ni prise où je pusse me tenir ferme et résister au désespoir qui m'entraînait.

Comment vivre heureux et tranquille dans cet état affreux. J'y suis pourtant encore et plus enfoncé que jamais, et j'y ai retrouvé le calme et la paix, et j'y vis heureux et tranquille, et j'y ris des incroyables tourments que mes persécuteurs se donnent sans cesse tandis que je reste en paix occupé de fleurs, d'étamines et d'enfantillages, et que je ne songe pas même à eux[1].

Comment s'est fait ce passage. Naturellement insensiblement et sans peine. La première surprise fut épouvantable. Moi qui me sentais digne d'amour et d'estime ; moi qui me croyais honoré, chéri comme je méritais de l'être, je me vis travesti tout d'un coup en un monstre affreux tel qu'il n'en exista jamais. Je vois toute une génération se précipiter tout entière dans cette étrange opinion sans explication, sans doute, sans honte, et sans que je puisse au moins parvenir à savoir jamais la cause de cette étrange révolution. Je me débattis avec violence et ne fis que mieux m'enlacer. Je voulus forcer mes persécuteurs à s'expliquer avec moi, ils n'avaient garde. Après m'être longtemps tourmenté sans succès il fallut bien prendre haleine. Cependant j'espérais toujours, je me disais : un aveuglement si stupide, une si absurde prévention ne saurait gagner tout le genre humain. Il y a des hommes de sens qui ne partagent pas ce délire, il y a des âmes justes qui détestent la fourberie et les traîtres. Cherchons, je trouverai peut-être enfin un homme, si je le trouve ils sont confondus. J'ai cherché vainement, je ne l'ai point trouvé[2]. La ligue est universelle, sans exception, sans retour et je suis sûr d'achever mes jours dans cette affreuse proscription sans jamais en pénétrer le mystère.

---

1. Cette dernière mention montre que l'arrachement à la pensée du complot est volontariste mais non entièrement couronné de succès.   **2.** Allusion à Diogène. Voir encore ci-dessous.

C'est dans cet état déplorable[1] qu'après de longues angoisses[2], au lieu du désespoir qui semblait devoir être enfin mon partage, j'ai retrouvé la sérénité, la tranquillité, la paix, le bonheur même, puisque chaque jour de ma vie me rappelle avec plaisir celui de la veille, et que je n'en désire point d'autre pour le lendemain.

D'où vient cette différence, d'une seule chose. C'est que j'ai appris[3] à porter le joug de la nécessité sans murmure. C'est que je m'efforçais de tenir encore à mille choses et que toutes ces prises m'ayant successivement échappé, réduit à moi seul j'ai repris enfin mon assiette. Pressé de tous côté[s] je demeure en équilibre parce que ne m'attachant plus à rien, je ne m'appuie que sur moi.

Quand je m'élevais avec tant d'ardeur contre l'opinion je portais encore son joug sans que je m'en aperçusse. On veut être estimé des gens qu'on estime et tant que je pus juger avantageusement des hommes ou du moins de quelques hommes, les jugements qu'ils portaient de moi ne pouvaient m'être indifférents. Je voyais que souvent les jugements du public sont équitables ; mais je ne voyais pas que cette équité même était l'effet du hasard[4], que les règles sur lesquelles les hommes fondent leurs opinions ne sont tirées que de leurs passions ou de leurs préjugés qui en sont l'ouvrage et que lors même qu'ils jugent bien, souvent encore ces bons jugements naissent d'un mauvais principe, comme lorsqu'ils feignent d'honorer en quelque succès le mérite d'un homme non par esprit de justice mais pour se donner un air impartial en calomniant tout à leur aise le même homme sur d'autres points.

Mais quand après de longues et vaines recherches je les vis tous rester sans exception dans le plus inique et

---

1. « Qui mérite d'être pleuré, qui attriste » (Trévoux). **2.** « Vieux mot qui signifie douleur violente. Il se dit plus communément des afflictions de l'esprit. » **3.** La sérénité de Rousseau est une conquête, le fruit d'un apprentissage, non pas un don ou un trait de caractère. **4.** C'est une sorte d'application de la loi des grands nombres qui donne aux jugements populaires une apparence de justice. Mais les jugements ne sont pas pesés chacun en lui-même.

absurde système qu'un esprit infernal pût inventer ; quand je vis qu'à mon égard la raison était bannie de toutes les têtes et l'équité de tous les cœurs ; quand je vis une génération frénétique se livrer tout entière à l'aveugle fureur de ses guides contre un infortuné qui jamais ne fit, ne voulut, ne rendit de mal à personne ; quand après avoir vainement cherché dix ans un homme il fallut éteindre enfin ma lanterne et m'écrier : il n'y en a plus ; alors je commençai à me voir seul sur la terre et je compris que mes contemporains n'étaient par rapport à moi que des êtres mécaniques qui n'agissaient que par impulsion et dont je ne pouvais calculer l'action que par les lois du mouvement. Quelque intention, quelque passion que j'eusse pu supposer dans leurs âmes, elles n'auraient jamais expliqué leur conduite à mon égard d'une façon que je pusse entendre. C'est ainsi [que] leurs dispositions intérieures cessèrent d'être quelque chose pour moi. Je ne vis plus en eux que des masses différemment mues, dépourvues à mon égard de toute moralité.

Dans tous les maux qui nous arrivent, nous regardons plus à l'intention qu'à l'effet. Une tuile qui tombe d'un toit peut nous blesser davantage mais ne nous navre pas tant qu'une pierre lancée à dessein par une main malveillante. Le coup porte à faux quelquefois mais l'intention ne manque jamais son atteinte. La douleur matérielle est ce qu'on sent le moins dans les atteintes de la fortune, et quand les infortunés ne savent à qui s'en prendre de leurs malheurs ils s'en prennent à la destinée qu'ils personnifient et à laquelle ils prêtent des yeux et une intelligence pour les tourmenter à dessein. C'est ainsi qu'un joueur dépité par ses pertes se met en fureur sans savoir contre qui. Il imagine un sort qui s'acharne à dessein sur lui pour le tourmenter, et trouvant un aliment à sa colère il s'anime et s'enflamme contre l'ennemi qu'il s'est créé. L'homme sage qui ne voit dans tous les malheurs qui lui arrivent que les coups de l'aveugle nécessité n'a point ces agitations insensées, il crie dans sa douleur mais sans emportement, sans colère ; il ne sent du mal dont il est la proie que l'atteinte matérielle, et les coups qu'il reçoit ont beau blesser sa personne, pas un n'arrive jusqu'à son cœur.

C'est beaucoup que d'en être venu là, mais ce n'est pas tout si l'on s'arrête. C'est bien avoir coupé le mal mais c'est avoir laissé la racine. Car cette racine n'est pas dans les êtres qui nous sont étrangers, elle est en nous-même et c'est là qu'il faut travailler pour l'arracher tout à fait. Voilà ce que je sentis parfaitement dès que je commençai de revenir à moi. Ma raison ne me montrant qu'absurdités dans toutes les explications que je cherchais à donner à ce qui m'arrive, je compris que les causes, les instruments, les moyens de tout cela m'étant inconnus et inexplicables devaient être nuls pour moi. Que je devais regarder tous les détails de ma destinée comme autant d'actes d'une pure fatalité où je ne devais supposer ni direction, ni intention, ni cause morale, qu'il fallait m'y soumettre sans raisonner et sans regimber parce que cela serait inutile, que tout ce que j'avais à faire encore sur la terre étant de m'y regarder comme un être purement passif, je ne devais point user à résister inutilement à ma destinée la force qui me restait pour la supporter. Voilà ce que je me disais [1], ma raison, mon cœur y acquiesçaient et néanmoins je sentais ce cœur murmurer encore. D'où venait ce murmure ; je le [2] cherchai, je le trouvai ; il venait de l'amour-propre qui après s'être indigné contre les hommes se soulevait encore contre la raison.

Cette découverte n'était pas si facile à faire qu'on pourrait croire, car un innocent persécuté prend longtemps pour un pur amour de la justice l'orgueil de son petit individu. Mais aussi la véritable source une fois bien connue est facile à tarir ou du moins à détourner. L'estime de soi-même est le plus grand mobile des âmes fières, l'amour-propre, fertile en illusions, se déguise et se fait prendre pour cette estime, mais quand la fraude enfin se découvre et que l'amour-propre ne peut plus se cacher,

---

1. Il s'agit bien d'un exercice moral volontariste, qui reste difficile à mener à terme, à cause de l'amour-propre. **2.** Neutre, désigne non le murmure mais toute l'interrogative qui précède.

8

dès lors il n'est plus à craindre et quoiqu'on l'étouffe avec peine on le subjugue[1] au moins aisément.

Je n'eus jamais beaucoup de pente à l'amour-propre, mais cette passion factice s'était exaltée en moi dans le monde et surtout quand je fus auteur ; j'en avais peut-être encore moins qu'un autre mais j'en avais prodigieusement. Les terribles leçons que j'ai reçues l'ont bientôt renfermé dans ses premières bornes, il commença par se révolter contre l'injustice mais il a fini par la dédaigner. En se repliant sur mon âme et en coupant les relations extérieure[s] et qui le rendent exigeant, en renonçant aux comparaisons et aux préférences, il s'est contenté que je fusse bon pour moi ; alors redevenant amour de moi-même il est rentré dans l'ordre de la nature et m'a délivré du joug de l'opinion.

Dès lors j'ai retrouvé la paix de l'âme et presque la félicité ; dans quelque situation qu'on se trouve ce n'est que par lui qu'on est constamment malheureux. Quand il se tait et que la raison parle elle nous console enfin de tous les maux qu'il n'a pas dépendu de nous d'éviter. Elle les anéantit même autant qu'ils n'agissent pas immédiatement sur nous car on est sûr alors d'éviter leurs plus poignantes atteintes en cessant de s'en occuper. Ils ne sont rien pour celui qui n'y pense pas. Les offenses, les vengeances, les passe-droits, les outrages, les injustices ne sont rien pour celui qui ne voit dans les maux qu'il endure que le mal même et non pas l'intention, pour celui dont la place ne dépend pas dans sa propre estime de celle qu'il plaît aux autres de lui accorder[2]. De quelque façon que les hommes veuillent me voir ils ne sauraient changer mon être, et malgré leur puissance et malgré toutes leurs sourdes intrigues, je continuerai, quoi qu'ils fassent, d'être en dépit d'eux ce que je suis. Il est vrai que leurs dispositions à mon égard influent sur ma situation réelle, la barrière qu'ils ont mise entre eux et moi m'ôte toute

---

1. La variation de « étouffer avec peine » à « subjuguer aisément » montre que, si la connaissance de soi change peu le caractère, elle transforme la façon d'agir.   2. C'est-à-dire celui qui ne dépend pas de l'amour-propre.

ressource de subsistance et d'assistance dans ma vieillesse et mes besoins. Elle me rend l'argent même inutile,
puisqu'il ne peut me procurer les services qui me sont
nécessaires, il n'y a plus ni commerce ni secours réciproque ni correspondance entre eux et moi. Seul au milieu
d'eux je n'ai que moi seul pour ressource et cette ressource est bien faible à mon âge et dans l'état où je suis.
Ces maux sont grands, mais ils ont perdu pour moi toute
leur force depuis que j'ai su les supporter sans m'en irri-
ter. Les points où le vrai besoin se fait sentir sont toujours
rares. La prévoyance et l'imagination les multiplient, et
c'est par cette continuité de sentiments qu'on s'inquiète
et qu'on se rend malheureux. Pour moi j'ai beau savoir
que je souffrirai demain il me suffit de ne pas souffrir
aujourd'hui pour être tranquille. Je ne m'affecte point du
mal que je prévois mais seulement de celui que je sens,
et cela le réduit à très peu de chose. Seul, malade et
délaissé dans mon lit, j'y peux mourir d'indigence, de
froid et de faim sans que personne s'en mette en peine.
Mais qu'importe si je ne m'en mets pas en peine moi-
même et si je m'affecte aussi peu que les autres de mon
destin quel qu'il soit. N'est-ce rien surtout à mon âge que
d'avoir appris à voir la vie et la mort, la maladie et la
santé, la richesse et la misère, la gloire et la diffamation
avec la même indifférence. Tous les autres vieillards s'in-
quiètent de tout ; moi je ne m'inquiète de rien, quoi qu'il
puisse arriver tout m'est indifférent, et cette indifférence
n'est pas l'ouvrage de ma sagesse elle est celui de mes
ennemis. Apprenons à prendre donc ces avantages en
compensation des maux qu'ils me font. En me rendant
insensible à l'adversité ils m'ont fait plus de bien que
s'ils m'eussent épargné ses atteintes. En ne l'éprouvant
pas je pourrais toujours la craindre, au lieu qu'en la subju-
guant [1] je ne la crains plus.

Cette disposition me livre, au milieu des traverses de
ma vie, à l'incurie de mon naturel presque aussi pleine-

---

1. Il ne s'agit donc pas d'*ignorer* mais de *maîtriser* le joug de
l'opinion sur soi-même.

ment que si je vivais dans la plus complète prospérité. Hors les courts moments[1] où je suis rappelé par la présence des objets aux plus douloureuses inquiétudes. Tout le reste du temps, livré par mes penchants aux affections qui m'attirent, mon cœur se nourrit encore des sentiments pour lesquels il était né, et j'en jouis avec des êtres imaginaires qui les produisent et qui les partagent comme si ces êtres existaient réellement. Ils existent pour moi qui les ai créés et je ne crains ni qu'ils me trahissent ni qu'ils m'abandonnent. Ils dureront autant que mes malheurs mêmes et suffiront pour me les faire oublier.

Tout me ramène à la vie heureuse et douce pour laquelle j'étais né. Je passe les trois quarts de ma vie, ou occupé d'objets instructifs et même agréables auxquels je livre avec délices mon esprit et mes sens, ou avec les enfants de mes fantaisies que j'ai créés selon mon cœur et dont le commerce en nourrit les sentiments, ou avec moi seul, content de moi-même et déjà plein du bonheur que je sens m'être dû. En tout ceci l'amour de moi-même fait toute l'œuvre, l'amour-propre n'y entre pour rien. Il n'en est pas ainsi des tristes moments que je passe encore au milieu des hommes, jouet de leurs caresses traîtresses, de leurs compliments ampoulés et dérisoires, de leur mielleuse malignité. De quelque façon que je m'y sois pu prendre l'amour-propre alors fait son jeu. La haine et l'animosité que je vois dans leurs cœurs à travers cette grossière enveloppe déchirent le mien de douleur et l'idée d'être ainsi sottement pris pour dupe ajoute encore à cette douleur un dépit très puéril, fruit d'un sot amour-propre dont je sens toute la bêtise mais que je ne puis subjuguer. Les efforts que j'ai faits pour m'aguerrir à ces regards insultants et moqueurs sont incroyables. Cent fois j'ai passé par les promenades publiques et par les lieux les plus fréquentés dans l'unique dessein de m'exercer à ces

---

1. La victoire de Rousseau est d'avoir circonscrit à de « courts moments » ces angoisses qui l'ont obsédé durant des mois. L'introspection conjointement à l'écriture lui a permis de conquérir sa sérénité. La composition des *Rêveries* n'est pas un dérivatif mais un exemple réussi de reconquête de soi.

cruelles bordes[1] ; non seulement je n'y ai pu parvenir mais je n'ai même rien avancé, et tous mes pénibles mais vains efforts m'ont laissé tout aussi facile à troubler, à navrer, à indigner qu'auparavant[2].

Dominé par mes sens quoi que je puisse faire, je n'ai jamais su résister à leurs impressions, et tant que l'objet agit sur eux mon cœur ne cesse d'en être affecté ; mais ces affections passagères ne durent qu'autant que la sensation qui les cause. La présence de l'homme haineux m'affecte violemment, mais sitôt qu'il disparaît l'impression cesse ; à l'instant que je ne le vois plus je n'y pense plus. J'ai beau savoir qu'il va s'occuper de moi, je ne saurais m'occuper de lui. Le mal que je ne sens point actuellement[3] ne m'affecte en aucune sorte, le persécuteur que je ne vois point est nul pour moi. Je sens l'avantage que cette position donne à ceux qui disposent de ma destinée. Qu'ils en disposent donc tout à leur aise. J'aime encore mieux qu'ils me tourmentent sans résistance que d'être forcé de penser à eux pour me garantir de leurs coups.

Cette action de mes sens sur mon cœur[4] fait le seul tourment de ma vie. Les jours où je ne vois personne, je ne pense plus à ma destinée, je ne la sens plus, je ne souffre plus, je suis heureux et content sans diversion, sans obstacle. Mais j'échappe rarement à quelque atteinte sensible et lorsque j'y pense le moins, un geste, un regard sinistre que j'aperçois, un mot envenimé que j'entends, un malveillant que je rencontre suffit pour me bouleverser. Tout ce que je puis faire en pareil cas est d'oublier bien vite et de fuir. Le trouble de mon cœur disparaît avec l'objet qui l'a causé et je rentre dans le calme aussitôt que je suis seul. Ou si quelque chose m'inquiète, c'est la crainte de rencontrer sur mon passage quelque nouveau

---

1. Mot difficilement lisible dans le manuscrit. Peut-être « borde » : régionalisme au sens de « occasion de moquerie », ou « bourde » : au sens ancien de « mensonge ».　　2. Ces deux dernières phrases ont été ajoutées sur une autre page, avec un signe de renvoi. 3. *en réalité* ; sens philosophique.　　4. Rousseau n'est pas un pur esprit, enfermé dans l'abstrait ou dans la folie.

sujet de douleur. C'est là ma seule peine ; mais elle suffit
pour altérer mon bonheur. Je loge au milieu de Paris[1]. En
sortant de chez moi je soupire après la campagne et la
solitude, mais il faut l'aller chercher si loin qu'avant de
pouvoir respirer à mon aise je trouve en mon chemin
mille objets qui me serrent le cœur, et la moitié de la
journée se passe en angoisses avant que j'aie atteint
l'asile que je vais chercher. Heureux du moins quand on
me laisse achever ma route. Le moment où j'échappe au
cortège des méchants est délicieux, et sitôt que je me vois
sous les arbres, au milieu de la verdure, je crois me voir
dans le paradis terrestre et je goûte un plaisir interne aussi
vif que si j'étais[2] le plus heureux des mortels.

Je me souviens parfaitement que durant mes courtes
prospérités, ces mêmes promenades solitaires qui me sont
aujourd'hui si délicieuses m'étaient insipides et ennu-
yeuses. Quand j'étais chez quelqu'un à la campagne, le
besoin de faire de l'exercice et de respirer le grand air me
faisait souvent sortir seul, et m'échappant comme un
voleur je m'allais promener dans le parc ou dans la campagne, mais loin d'y trouver le calme heureux que j'y goûte
aujourd'hui, j'y portais l'agitation des vaines idées qui
m'avaient occupé dans le salon, le souvenir de la compagnie que j'y avais laissée m'y suivait dans la solitude, les
vapeurs de l'amour-propre et le tumulte du monde ternis-
saient à mes yeux la fraîcheur des bosquets et troublaient la
paix de la retraite. J'avais beau fuir au fond des bois, une
foule importune me suivait partout et voilait pour moi toute
la nature[3]. Ce n'est qu'après m'être détaché des passions
sociales et de leur triste cortège que je l'ai retrouvée avec
tous ses charmes.

Convaincu de l'impossibilité de contenir ces premiers

---

1. Effectivement, Rousseau habite alors, rive droite, dans un
quartier populaire de Paris. Voir p. 58.   **2.** L'imparfait montre
qu'il y a ressemblance mais non identité.   **3.** Distinction très
claire entre la solitude de fait, insuffisante parce qu'obsédée par
le discours social, et la solitude réelle, où le sujet peut se concentrer
sur lui-même.

mouvements involontaires[1], j'ai cessé tous mes efforts
pour cela. Je laisse à chaque atteinte mon sang s'allumer,
la colère et l'indignation[2] s'emparer de mes sens, je cède
à la nature cette première explosion que toutes mes forces
ne pourraient arrêter ni suspendre. Je tâche seulement
d'en arrêter les suites avant qu'elle ait produit aucun effet.
Les yeux étincelants, le feu du visage, le tremblement des
membres, les suffocantes palpitations, tout cela tient au
seul physique et le raisonnement n'y peut rien ; mais
après avoir laissé faire au naturel sa première explosion,
l'on peut redevenir son propre maître en reprenant peu à
peu ses sens ; c'est ce que j'ai tâché de faire longtemps
sans succès, mais enfin plus heureusement. Et cessant
d'employer ma force en vaine résistance, j'attends le
moment de vaincre en laissant agir ma raison, car elle ne
me parle que quand elle peut se faire écouter. Eh ! que
dis-je, hélas, ma raison ! J'aurais grand tort encore de lui
faire l'honneur de ce triomphe, car elle n'y a guère de
part. Tout vient également d'un tempérament versatile
qu'un vent impétueux agite, mais qui rentre dans le calme
à l'instant que le vent ne souffle plus. C'est mon naturel
ardent qui m'agite, c'est mon naturel indolent qui
m'apaise. Je cède à toutes les impulsions présentes, tout
choc me donne un mouvement vif et court ; sitôt qu'il
n'y a plus de choc le mouvement cesse, rien de commu-
niqué ne peut se prolonger en moi. Tous les événements
de la fortune, toutes les machines des hommes ont peu de
prise sur un homme ainsi constitué. Pour m'affecter de
peines durables, il faudrait que l'impression se renouvelât
à chaque instant. Car les intervalles, quelque courts qu'ils
soient, suffisent pour me rendre à moi-même[3]. Je suis ce
qu'il plaît aux hommes tant qu'ils peuvent agir sur mes
sens ; mais au premier instant de relâche, je redeviens ce

---

1. C'est-à-dire tout ce qui « suffit pour [l]e bouleverser » ; voir
deux paragraphes plus haut. **2.** « indignation » en surcharge au-
dessus d'« imagination » dans le manuscrit. **3.** Rousseau ne se
vante pas d'une totale emprise sur lui-même mais d'une technique
de maîtrise de soi qui cède, tactiquement, dans un premier temps,
à la réaction physique irrationnelle.

que la nature a voulu, c'est là, quoi qu'on puisse faire mon état le plus constant et celui par lequel en dépit de la destinée je goûte un bonheur pour lequel je me sens constitué. J'ai décrit cet état dans une de mes rêveries[1]. Il me convient si bien que je ne désire autre chose que sa durée et ne crains que de le voir troubler. Le mal que m'ont fait les hommes ne me touche en aucune sorte ; la crainte seule de celui qu'ils peuvent me faire encore est capable de m'agiter ; mais certain qu'ils n'ont plus de nouvelle prise par laquelle ils puissent m'affecter d'un sentiment permanent je me ris[2] de toutes leurs trames et je jouis de moi-même en dépit d'eux.

---

1. La rêverie sur le lac, la *Cinquième Promenade*.   **2.** Cf. p. 154 et l'article de Jean Starobinski, « Surmonter la peur », *Rousseau and the Eighteenth Century, Essays in honor of R.A. Leigh*, Oxford, The Voltaire Foundation, 1992, p. 117-123.

NEUVIÈME PROMENADE

Le bonheur est un état permanent[1] qui ne semble pas fait ici-bas pour l'homme[2]. Tout est sur la terre dans un flux continuel qui ne permet à rien d'y prendre une forme constante. Tout change autour de nous. Nous changeons nous-même et nul ne peut s'assurer qu'il aimera demain ce qu'il aime aujourd'hui. Ainsi tous nos projets de félicité pour cette vie sont des chimères. Profitons du contentement d'esprit quand il vient ; gardons-nous de l'éloigner par notre faute, mais ne faisons pas des projets pour l'enchaîner, car ces projets-là sont de pures folies. J'ai peu vu d'hommes heureux, peut-être point ; mais j'ai souvent vu des cœurs contents, et de tous les objets qui m'ont frappé c'est celui qui m'a le plus contenté moi-même. Je crois que c'est une suite naturelle du pouvoir des sensations sur mes sentiments internes. Le bonheur n'a point d'enseigne extérieure ; pour le connaître il faudrait lire dans le cœur de l'homme heureux ; mais le contentement se lit dans les yeux, dans le maintien, dans l'accent, dans la démarche et semble se communiquer à celui qui l'aperçoit. Est-il une jouissance plus douce que de voir un peuple entier se livrer à la joie un jour de fête et tous les

---

1. Fontenelle écrivait au début de son opuscule *Du Bonheur* : « On entend ici par le mot de Bonheur un état, une situation telle qu'on en désirât la durée sans changement ; et en cela le bonheur est différent du plaisir qui n'est qu'un sentiment agréable, mais court et passager, et qui ne peut jamais être un état. »   **2.** Proposition relative à valeur consécutive.

cœurs s'épanouir aux rayons expansifs du plaisir qui
passe rapidement mais vivement à travers les nuages de
la vie.

Il y a trois jours que M. P.[1] vint avec un empressement
extraordinaire me montrer l'éloge de Mad. Geoffrin par
M. d'Alembert. La lecture fut précédée de longs et grands
éclats de rire sur le ridicule néologisme de cette pièce et
sur les badins jeux de mots dont il la disait remplie. Il
commença de lire en riant toujours, je l'écoutai d'un
sérieux qui le calma, et voyant toujours que je ne l'imitais
point il cessa enfin de rire. L'article le plus long et le plus
recherché de cette pièce roulait sur le plaisir que prenait
Mad. G. à voir les enfants et à les faire causer. L'auteur
tirait avec raison de cette disposition une preuve de bon
naturel. Mais il ne s'arrêtait pas là et il accusait décidé-
ment de mauvais naturel et de méchanceté tous ceux qui
n'avaient pas le même goût, au point de dire que si l'on
interrogeait là-dessus ceux qu'on mène au gibet ou à la
roue[2] tous conviendraient qu'ils n'avaient pas aimé les
enfants. Ces assertions faisaient un effet singulier dans la
place où elles étaient. Supposant tout cela vrai, était-ce là
l'occasion de le dire et fallait-il souiller l'éloge d'une
femme estimable des images de supplice et de malfaiteur.
Je compris aisément le motif de cette affectation vilaine
et quand M. P. eut fini de lire, en relevant ce qui m'avait
paru bien dans l'éloge j'ajoutai que l'auteur en l'écrivant
avait dans le cœur moins d'amitié que de haine.

Le lendemain, le temps étant assez beau quoique froid,
j'allai faire une course jusqu'à l'école militaire, comptant
d'y trouver des mousses[3] en pleine fleur. En allant, je
rêvais sur la visite de la veille et sur l'écrit de M. d'Alem-

---

1. Vraisemblablement Prevost, un Genevois, encore jeune
puisque né en 1751, ami d'amis de Rousseau, qui lui rendit visite
plusieurs fois vers la fin de sa vie.   **2.** Deux supplices encore
en vigueur au XVIIIe siècle.   **3.** L'intérêt de Rousseau pour ces
plantes d'hiver n'est pas récent : dans une lettre du 2 janvier 1772,
Malesherbes remercie Rousseau du moussier qu'il lui a rassemblé.

bert où je pensais bien que ce placage épisodique[1] n'avait
pas été mis sans dessein, et la seule affectation de m'ap-
porter cette brochure, à moi à qui l'on cache tout, m'apprenait assez quel en était l'objet. J'avais mis mes enfants
aux Enfants-Trouvés[2], c'en était assez pour m'avoir travesti en père dénaturé, et de là, en étendant et caressant
cette idée, on en avait peu à peu tiré la conséquence évi-
dente[3] que je haïssais les enfants ; en suivant par la pensée la chaîne de ces gradations j'admirais avec quel art[4]
l'industrie humaine sait changer les choses du blanc au
noir. Car je ne crois pas que jamais homme ait plus aimé
que moi à voir de petits bambins folâtrer et jouer
ensemble, et souvent dans la rue et aux promenades je
m'arrête à regarder leur espièglerie et leurs petits jeux
avec un intérêt que je ne vois partager à personne. Le jour
même où vint M. P., une heure avant sa visite j'avais eu
celle des deux petits du Soussoi, les plus jeunes enfants
de mon hôte, dont l'aîné peut avoir sept ans. Ils étaient
venus m'embrasser de si bon cœur et je leur avais rendu
si tendrement leurs caresses que malgré la disparité des
âges ils avaient paru se plaire avec moi sincèrement, et
pour moi j'étais transporté d'aise de voir que ma vieille
figure ne les avait pas rebutés ; le cadet même paraissait
revenir à moi si volontiers que plus enfant qu'eux je me
sentais attacher à lui déjà par préférence et je le vis partir
avec autant de regret que s'il m'eût appartenu.

Je comprends que le reproche d'avoir mis mes enfants
aux Enfants-Trouvés a facilement dégénéré, avec un peu
de tournure[5], en celui d'être un père dénaturé et de haïr

---

1. Les épisodes désignaient des pièces ajoutées à la pièce principale, dans le théâtre antique. À l'époque de Rousseau, l'adjectif
avait acquis la connotation de « superflu », « ajout et encombre-
ment inutile ». 2. Nom de l'hôpital parisien où l'on recueillait
les enfants abandonnés. Rousseau y avait laissé les cinq enfants
qu'il avait eus de Thérèse Levasseur, avec qui il n'était pas marié.
Il en avait fait l'aveu en 1751 pour la première fois à Mme de
Francueil. Des recherches entreprises puis abandonnées n'avaient
pas permis de retrouver ces enfants. 3. Adjectif ajouté en interligne. 4. *Artifice*. 5. « Tour d'esprit qu'on donne aux choses » (Trévoux).

les enfants. Cependant il est sûr que c'est la crainte d'une destinée pour eux mille fois pire et presque inévitable par toute autre voie qui m'a le plus déterminé dans cette démarche. Plus indifférent sur ce qu'ils deviendraient et hors d'état de les élever moi-même, il aurait fallu dans ma situation les laisser élever par leur mère qui les aurait gâtés et par sa famille qui en aurait fait des monstres[1]. Je frémis encore d'y penser. Ce que Mahomet fit de Séide[2] n'est rien auprès de ce qu'on aurait fait d'eux à mon égard, et les pièges qu'on m'a tendus là-dessus dans la suite me confirment assez que le projet en avait été formé. À la vérité j'étais bien éloigné de prévoir alors ces trames atroces : mais je savais que l'éducation pour eux la moins périlleuse était celle des Enfants-Trouvés et je les y mis. Je le ferais encore avec bien moins de doute aussi si la chose était à faire et je sais bien que nul père n'est plus tendre que je l'aurais été pour eux, pour peu que l'habitude eût aidé la nature.

Si j'ai fait quelque progrès dans la connaissance du cœur humain, c'est le plaisir que j'avais à voir et observer les enfants qui m'a valu cette connaissance. Ce même plaisir dans ma jeunesse y a mis une espèce d'obstacle, car je jouais avec les enfants si gaiement et de si bon cœur que je ne songeais guère à les étudier. Mais quand en vieillissant j'ai vu que ma figure caduque les inquiétait, je me suis abstenu de les importuner, et j'ai mieux aimé me priver d'un plaisir que de troubler leur joie ; content alors de me satisfaire en regardant leurs jeux et tous leurs petits manèges, j'ai trouvé le dédommagement de mon sacrifice dans les lumières que ces observations m'ont fait acquérir sur les premiers et vrais mouvements

---

1. Rousseau vivait avec Thérèse depuis 1745 et a toujours loué son bon cœur. Mais il ne pensait pas de même de la mère de celle-ci.   2. Allusion à un personnage de la pièce de Voltaire *Le Fanatisme ou Mahomet le Prophète* (1742) ainsi décrit par l'auteur dans une lettre au roi de Prusse : « C'est un jeune homme né avec de la vertu, qui, séduit par son fanatisme, assassine un vieillard qui l'aime ; et qui, dans l'idée de servir Dieu, se rend coupable sans le savoir d'un parricide ; c'est un imposteur qui ordonne ce meurtre, et qui promet à l'assassin un inceste pour récompense. »

de la nature auxquels tous nos savants ne connaissent rien. J'ai consigné dans mes écrits la preuve que je m'étais occupé de cette recherche trop soigneusement pour ne l'avoir pas faite avec plaisir[1], et ce serait assurément la chose du monde la plus incroyable que l'Héloïse et l'Émile fussent l'ouvrage d'un homme qui n'aimait pas les enfants.

Je n'eus jamais ni présence d'esprit ni facilité de parler ; mais depuis mes malheurs ma langue et ma tête se sont de plus en plus embarrassées. L'idée et le mot propre m'échappent également, et rien n'exige un meilleur discernement et un choix d'expressions plus justes que les propos qu'on tient aux enfants. Ce qui augmente encore en moi cet embarras est l'attention des écoutants, les interprétations et le poids qu'ils donnent à tout ce qui part d'un homme qui, ayant écrit expressément pour les enfants, est supposé ne devoir leur parler que par oracles. Cette gêne extrême et l'inaptitude que je me sens me trouble, me déconcerte et je serais bien plus à mon aise devant un monarque d'Asie que devant un bambin qu'il faut faire babiller.

Un autre inconvénient me tient maintenant plus éloigné d'eux, et[2] depuis mes malheurs je les vois toujours avec le même plaisir, mais je n'ai plus avec eux la même familiarité. Les enfants n'aiment pas la vieillesse, l'aspect de la nature défaillante est hideux à leurs yeux, leur répugnance que j'aperçois me navre ; et j'aime mieux m'abstenir de les caresser que de leur donner de la gêne ou du dégoût. Ce motif qui n'agit que sur les âmes vraiment aimantes est nul pour tous nos docteurs et doctoresses. Mad. Geoffrin s'embarrassait fort peu que les enfants eussent du plaisir avec elle pourvu qu'elle en eût avec eux. Mais pour moi ce plaisir est pis que nul, il est négatif quand il n'est pas partagé, et je ne suis plus dans la situa-

---

1. Selon une conviction que Rousseau se plaît à répéter, l'humeur qu'avait un auteur quand il écrivait serait perceptible à la lecture de ses pages. **2.** Depuis « je n'eus jamais », le texte ne peut plus être connu que par l'édition originale : le manuscrit porte à cet endroit un signe de renvoi à une page qui a dû disparaître.

tion ni dans l'âge où je voyais le petit cœur d'un enfant
s'épanouir avec le mien. Si cela pouvait m'arriver encore,
ce plaisir devenu plus rare n'en serait pour moi que plus
vif et je l'éprouvais bien l'autre matin par celui que je
prenais à caresser les petits du Soussoi, non seulement
parce que la bonne qui les conduisait ne m'en imposait[1]
pas beaucoup et que je sentais moins le besoin de m'écouter devant elle, mais encore parce que l'air jovial avec
lequel ils m'abordèrent ne les quitta point, et qu'ils ne
parurent ni se déplaire ni s'ennuyer avec moi.

Oh si j'avais encore quelques moments de pures
caresses qui vinssent du cœur ne fût-ce que d'un enfant
encore en jaquette[2], si je pouvais voir encore dans
quelques yeux la joie et le contentement d'être avec moi,
de combien de maux et de peines ne me dédommage-
raient pas ces courts mais doux épanchements de mon
cœur. Ah je ne serais pas obligé de chercher parmi les
animaux le regard de la bienveillance qui m'est désormais
refusé parmi les humains. J'en puis juger sur bien peu
d'exemples mais toujours chers à mon souvenir. En voici
un qu'en tout autre état j'aurais oublié presque et dont
l'impression qu'il a faite sur moi peint bien toute ma
misère. Il y a deux ans que, m'étant allé promener du
côté de la Nouvelle-France[3], je poussai plus loin, puis,
tirant à gauche et voulant tourner autour de Montmartre,
je traversai le village de Clignancourt. Je marchais distrait
et rêvant sans regarder autour de moi quand tout à coup
je me sentis saisir les genoux. Je regarde et je vois un
petit enfant de cinq ou six ans qui serrait mes genoux de
toute sa force en me regardant d'un air si familier et si
caressant que mes entrailles s'émurent et je me disais :
c'est ainsi que j'aurais été traité des miens. Je pris l'enfant
dans mes bras, je le baisai plusieurs fois dans une espèce
de transport et puis je continuai mon chemin. Je sentais

---

1. Ne m'impressionnait pas.   2. « Robe de petits garçons,
qu'ils portent jusqu'à ce qu'on leur donne la culotte » (Trévoux).   3. D'après Henri Roddier, le quartier qui se trouve au
carrefour de l'actuelle rue de Montholon et du faubourg Poisson-
nière.

en marchant qu'il me manquait quelque chose, un besoin naissant me ramenait sur mes pas. Je me reprochais d'avoir quitté si brusquement cet enfant, je croyais voir dans son action sans cause apparente une sorte d'inspiration qu'il ne fallait pas dédaigner. Enfin cédant à la tentation je reviens sur mes pas, je cours à l'enfant, je l'embrasse de nouveau et je lui donne de quoi acheter des petits pains de Nanterre dont le marchand passait là par hasard, et je commençai à le faire jaser. Je lui demandai où était son père ; il me le montra qui reliait des tonneaux. J'étais prêt à quitter l'enfant pour aller lui parler quand je vis que j'avais été prévenu [1] par un homme de mauvaise mine qui me parut être une de ces mouches [2] qu'on tient sans cesse à mes trousses. Tandis que cet homme lui parlait à l'oreille, je vis les regards du tonnelier se fixer attentivement sur moi d'un air qui n'avait rien d'amical. Cet objet me resserra le cœur à l'instant et je quittai le père et l'enfant avec plus de promptitude encore que je n'en avais mis à revenir sur mes pas, mais dans un trouble moins agréable qui changea toutes mes dispositions.

Je les ai pourtant senti renaître assez souvent depuis lors, je suis repassé plusieurs fois par Clignancourt dans l'espérance d'y revoir cet enfant, mais je n'ai plus revu ni lui ni le père, et il ne m'est plus resté de cette rencontre qu'un souvenir assez vif mêlé toujours de douceur et de tristesse, comme toutes les émotions qui pénètrent encore quelquefois jusqu'à mon cœur et qu'une réaction douloureuse finit toujours en le refermant [3].

Il y a compensation à tout. Si mes plaisirs sont rares et courts je les goûte aussi plus vivement quand ils viennent que s'ils m'étaient plus familiers ; je les rumine pour ainsi dire par de fréquents souvenirs, et quelque rares qu'ils soient, s'ils étaient purs et sans mélange je serais plus heureux peut-être que dans ma prospérité. Dans l'extrême misère on se trouve riche de peu. Un gueux qui trouve un écu en est plus affecté que ne le serait un riche en trouvant

---

1. *Devancé.*   2. Au sens de « mouchard », d'« espion de la police ».   3. Première rédaction du manuscrit : « finit toujours par le refermer ».

une bourse d'or. On rirait si l'on voyait dans mon âme l'impression qu'y font les moindres plaisirs de cette espèce que je puis dérober à la vigilance de mes persécuteurs. Un des derniers s'offrit il y a quatre ou cinq ans, que je ne me rappelle jamais sans me sentir ravi d'aise d'en avoir si bien profité.

Un dimanche nous étions allés, ma femme et moi, dîner à la porte Maillot. Après le dîner nous traversâmes le bois de Boulogne jusqu'à la Muette, là nous nous assîmes sur l'herbe à l'ombre en attendant que le soleil fût baissé pour nous en retourner ensuite tout doucement par Passy. Une vingtaine de petites filles conduites par une manière de religieuse vinrent les unes s'asseoir, les autres folâtrer assez près de nous. Durant leurs jeux vint à passer un oublieur[1] avec son tambour et son tourniquet, qui cherchait pratique[2]. Je vis que les petites filles convoitaient fort les oublies et deux ou trois d'entre elles, qui apparemment possédaient quelques liards, demandèrent la permission de jouer. Tandis que la gouvernante hésitait et disputait, j'appelai l'oublieur et je lui dis : Faites tirer toutes ces demoiselles chacune à son tour et je vous paierai le tout. Ce mot répandit dans toute la troupe une joie qui seule eût plus que payé ma bourse quand je l'aurais toute employée à cela.

Comme je vis qu'elles s'empressaient avec un peu de confusion, avec l'agrément de la gouvernante je les fis ranger toutes d'un côté, et puis passer de l'autre côté l'une après l'autre à mesure qu'elles avaient tiré. Quoiqu'il n'y eût point de billet blanc et qu'il revînt au moins une oublie à chacune de celles qui n'auraient rien, qu'aucune d'elles ne pouvait être absolument mécontente, afin de rendre la fête encore plus gaie, je dis en secret à l'oublieur d'user de son adresse ordinaire en sens contraire en faisant tomber autant de bons lots qu'il pourrait, et que je lui en tiendrais compte. Au moyen de cette prévoyance,

---

1. « Garçon pâtissier qui va crier des oublies » (Trévoux). Oublie : « pâtisserie ronde, déliée et cuite entre deux fers ; on la fait avec de la pâte délayée » (Trévoux).   2. *Qui cherchait de la clientèle.*

il y eut tout près d'une centaine d'oublies distribuées, quoique les jeunes filles ne tirassent chacune qu'une seule fois, car là-dessus je fus inexorable, ne voulant ni favoriser des abus ni marquer des préférences qui produiraient des mécontentements. Ma femme insinua à celles qui avaient de bons lots d'en faire part à leurs camarades, au moyen de quoi le partage devint presque égal et la joie plus générale.

Je priai la religieuse de vouloir bien tirer à son tour, craignant fort qu'elle ne rejetât dédaigneusement mon offre ; elle l'accepta de bonne grâce, tira comme les pensionnaires et prit sans façon ce qui lui revint, je lui en sus un gré infini, et je trouvai à cela une sorte de politesse qui me plut fort et qui vaut bien, je crois, celle des simagrées. Pendant toute cette opération il y eut des disputes qu'on porta devant mon tribunal, et ces petites filles venant plaider tour à tour leur cause me donnèrent occasion de remarquer que, quoiqu'il n'y en eût aucune de jolie, la gentillesse de quelques-unes faisait oublier leur laideur.

Nous nous quittâmes enfin très contents les uns des autres ; et cet après-midi fut un de ceux de ma vie dont je me rappelle le souvenir avec le plus de satisfaction. La fête au reste ne fut pas ruineuse, mais pour trente sols qu'il m'en coûta tout au plus, il y eut pour plus de cent écus de contentement. Tant il est vrai que le vrai plaisir ne se mesure pas sur la dépense et que la joie est plus amie des liards que des louis. Je suis revenu plusieurs autres fois à la même place à la même heure, espérant d'y rencontrer encore la petite troupe, mais cela n'est plus arrivé.

Ceci me rappelle un autre amusement à peu près de même espèce dont le souvenir m'est resté de beaucoup plus loin. C'était dans le malheureux temps où, faufilé parmi les riches et les gens de lettres, j'étais quelquefois réduit à partager leurs tristes plaisirs. J'étais à la Chevrette [1] au temps de la fête du maître de la maison ; toute sa famille

---

1. Château de Mme d'Épinay, au pied de la colline de Montmorency.

s'était réunie pour la célébrer, et tout l'éclat des plaisirs
bruyants fut mis en œuvre pour cet effet. Jeux, spectacles,
festins, feux d'artifice, rien ne fut épargné. L'on n'avait pas
le temps de prendre haleine et l'on s'étourdissait au lieu de
s'amuser. Après le dîner on alla prendre l'air dans l'ave-
nue ; on tenait une espèce de foire. On dansait, les messieurs daignèrent danser avec les paysannes, mais les
dames gardèrent leur dignité. On vendait là des pains
d'épice. Un jeune homme de la compagnie s'avisa d'en
acheter pour les lancer l'un après l'autre au milieu de la
foule, et l'on prit tant de plaisir à voir tous ces manants se
précipiter, se battre, se renverser pour en avoir, que tout le
monde voulut se donner le même plaisir. Et pains d'épice
de voler à droite et à gauche, et filles et garçons de courir,
s'entasser et s'estropier, cela paraissait charmant à tout le
monde. Je fis comme les autres par mauvaise honte,
quoique en dedans je ne m'amusasse pas autant qu'eux.
Mais bientôt ennuyé de vider ma bourse pour faire écraser
les gens, je laissai là la bonne compagnie et je fus me promener seul dans la foire. La variété des objets m'amusa
longtemps. J'aperçus entre autres cinq ou six Savoyards
autour d'une petite fille qui avait encore sur son inventaire [1]
une douzaine de chétives pommes dont elle aurait bien
voulu se débarrasser. Les Savoyards de leur côté auraient
bien voulu l'en débarrasser, mais ils n'avaient que deux ou
trois liards à eux tous et ce n'était pas de quoi faire une
grande brèche aux pommes. Cet inventaire était pour eux
le jardin des Hespérides, et la petite fille était le dragon qui
le gardait. Cette comédie m'amusa longtemps ; j'en fis
enfin le dénouement en payant les pommes à la petite fille
et les lui faisant distribuer aux petits garçons. J'eus alors un
des plus doux spectacles qui puissent flatter un cœur
d'homme, celui de voir la joie unie avec l'innocence de
l'âge se répandre tout autour de moi car les spectateurs
mêmes en la voyant la partagèrent, et moi qui partageais à
si bon marché cette joie, j'avais de plus celle de sentir
qu'elle était mon ouvrage.

---

1. Au sens d'*éventaire*, selon une confusion populaire fréquente
à l'époque entre les deux mots.

En comparant cet amusement avec ceux que je venais de quitter, je sentais avec satisfaction la différence qu'il y a des goûts sains et des plaisirs naturels à ceux que fait naître l'opulence, et qui ne sont guère que des plaisirs de moquerie et des goûts exclusifs engendrés par le mépris. Car quelle sorte de plaisir pouvait-on prendre à voir des troupeaux d'hommes avilis par la misère s'entasser, s'étouffer, s'estropier brutalement pour s'arracher avidement quelques morceaux de pains d'épice foulés aux pieds et couverts de boue ?

De mon côté, quand j'ai bien réfléchi sur l'espèce de volupté que je goûtais dans ces sortes d'occasions, j'ai trouvé qu'elle consistait moins dans un sentiment de bienfaisance que dans le plaisir de voir des visages contents. Cet aspect a pour moi un charme qui, bien qu'il pénètre jusqu'à mon cœur, semble être uniquement de sensation. Si je ne vois la satisfaction que je cause, quand même j'en serais sûr je n'en jouirais qu'à demi. C'est même pour moi un plaisir désintéressé qui ne dépend pas de la part que j'y puis avoir. Car dans les fêtes du peuple celui de voir des visages gais m'a toujours vivement attiré. Cette attente a pourtant été souvent frustrée en France où cette nation qui se prétend si gaie montre peu cette gaieté dans ses jeux. Souvent j'allais jadis aux guinguettes pour y voir danser le menu peuple : mais ses danses étaient si maussades, son maintien si dolent, si gauche, que j'en sortais plutôt contristé que réjoui. Mais à Genève et en Suisse, où le rire ne s'évapore pas sans cesse en folles malignités, tout respire le contentement et la gaieté dans les fêtes, la misère n'y porte point son hideux aspect, le faste n'y montre pas non plus son insolence ; le bienêtre, la fraternité, la concorde y disposent les cœurs à s'épanouir, et souvent dans les transports d'une innocente joie les inconnus s'accostent, s'embrassent et s'invitent à jouir de concert des plaisirs du jour. Pour jouir moi-même de ces aimables fêtes, je n'ai pas besoin d'en être, il me suffit de les voir ; en les voyant, je les partage ; et parmi tant de visages gais, je suis bien sûr qu'il n'y a pas un cœur plus gai que le mien.

Quoique ce ne soit là qu'un plaisir de sensation il a certainement une cause morale, et la preuve en est que ce même aspect, au lieu de me flatter, de me plaire, peut me déchirer de douleur et d'indignation quand je sais que ces signes de plaisir et de joie sur les visages des méchants ne sont que des marques que leur malignité est satisfaite. La joie innocente est la seule dont les signes flattent mon cœur. Ceux de la cruelle et moqueuse joie le navrent et l'affligent quoiqu'elle n'ait nul rapport à moi. Ces signes sans doute ne sauraient être exactement les mêmes, partant de principes si différents : mais enfin ce sont également des signes de joie, et leurs différences sensibles ne sont assurément pas proportionnelles à celles des mouvements qu'ils excitent en moi.

Ceux de douleur et de peine me sont encore plus sensibles, au point qu'il m'est impossible de les soutenir sans être agité moi-même d'émotions peut-être encore plus vives que celles qu'ils représentent. L'imagination renforçant la sensation m'identifie avec l'être souffrant et me donne souvent plus d'angoisse qu'il n'en sent lui-même. Un visage mécontent est encore un spectacle qu'il m'est impossible de soutenir, surtout si j'ai lieu de penser que ce mécontentement me regarde. Je ne saurais dire combien l'air grognard et maussade des valets qui servent en rechignant m'a arraché d'écus dans les maisons où j'avais autrefois la sottise de me laisser entraîner, et où les domestiques m'ont toujours fait payer bien chèrement l'hospitalité des maîtres. Toujours trop affecté des objets sensibles et surtout de ceux qui portent signe de plaisir ou de peine, de bienveillance ou d'aversion, je me laisse entraîner par ces impressions extérieures sans pouvoir jamais m'y dérober autrement que par la fuite[1]. Un signe, un geste, un coup d'œil d'un inconnu suffit pour troubler mes plaisirs ou calmer mes peines, je ne suis à moi que quand je suis seul, hors de là je suis le jouet de tous ceux qui m'entourent.

Je vivais jadis avec plaisir dans le monde quand je n'y

---

1. Voir la *Huitième Promenade*, p. 161.

voyais dans tous les yeux que bienveillance, ou tout au pis indifférence dans ceux à qui j'étais inconnu. Mais aujourd'hui qu'on ne prend pas moins de peine à montrer mon visage au peuple qu'à lui masquer mon naturel, je ne puis mettre le pied dans la rue sans m'y voir entouré d'objets déchirants ; je me hâte de gagner à grands pas la campagne ; sitôt que je vois la verdure, je commence à respirer. Faut-il s'étonner si j'aime la solitude ? Je ne vois qu'animosité sur les visages des hommes, et la nature me rit toujours.

Je sens pourtant encore, il faut l'avouer, du plaisir à vivre au milieu des hommes tant que mon visage leur est inconnu. Mais c'est un plaisir qu'on ne me laisse guère. J'aimais encore il y a quelques années à traverser les villages et à voir au matin les laboureurs raccommoder leurs fléaux ou les femmes sur leur porte avec leurs enfants. Cette vue avait je ne sais quoi qui touchait mon cœur. Je m'arrêtais quelquefois, sans y prendre garde, à regarder les petits manèges de ces bonnes gens, et je me sentais soupirer sans savoir pourquoi. J'ignore si l'on m'a vu sensible à ce petit plaisir et si l'on a voulu me l'ôter encore, mais au changement que j'aperçois sur les physionomies à mon passage, et à l'air dont je suis regardé, je suis bien forcé de comprendre qu'on a pris grand soin de m'ôter cet incognito. La même chose m'est arrivée et d'une façon plus marquée encore aux Invalides[1]. Ce bel établissement m'a toujours intéressé. Je ne vois jamais sans attendrissement et vénération ces groupes de bons vieillards qui peuvent dire comme ceux de Lacédémone :

> *Nous avons été jadis*
> *Jeunes, vaillants et hardis*[2].

Une de mes promenades favorites était autour de l'École militaire[3] et je rencontrais avec plaisir çà et là

---

1. Hôpital créé en 1670 par Louis XIV pour recevoir les soldats blessés. **2.** *Vie de Lycurgue*, par Plutarque, trad. Amyot. **3.** Non loin des Invalides, magnifique bâtiment construit sur ordre de Mme de Pompadour, maîtresse de Louis XV.

quelques invalides qui, ayant conservé l'ancienne honnêteté militaire, me saluaient en passant. Ce salut que mon
cœur leur rendait au centuple me flattait et augmentait le
plaisir que j'avais à les voir. Comme je ne sais rien cacher
de ce qui me touche je parlais souvent des invalides et de
la façon dont leur aspect m'affectait. Il n'en fallut pas
davantage. Au bout de quelque temps je m'aperçus que
je n'étais plus un inconnu pour eux, ou plutôt que je le
leur étais bien davantage puisqu'ils me voyaient du même
œil que fait le public [1]. Plus d'honnêteté, plus de saluta-
tions. Un air repoussant, un regard farouche avaient suc-
cédé à leur première urbanité. L'ancienne franchise de
leur métier ne leur laissant pas comme aux autres couvrir
leur animosité d'un masque ricaneur et traître, ils me
montrent tout ouvertement la plus violente haine et tel est
l'excès de ma misère que je suis forcé de distinguer dans
mon estime ceux qui me déguisent le moins leur fureur.

Depuis lors je me promène avec moins de plaisir du
côté des Invalides ; cependant, comme mes sentiments
pour eux ne dépendent pas des leurs pour moi, je ne vois
toujours point sans respect et sans intérêt ces anciens
défenseurs de leur patrie : mais il m'est bien dur de me
voir si mal payé de leur part de la justice que je leur
rends. Quand par hasard j'en rencontre quelqu'un qui a
échappé aux instructions communes [2], ou qui ne connais-
sant pas ma figure ne me montre aucune aversion, l'honnête salutation de ce seul-là me dédommage du maintien
rébarbatif des autres. Je les oublie pour ne m'occuper que
de lui, et je m'imagine qu'il a une de ces âmes comme la
mienne où la haine ne saurait pénétrer. J'eus encore ce
plaisir l'année dernière en passant l'eau pour m'aller promener à l'île aux Cygnes. Un pauvre vieux invalide dans
un bateau attendait compagnie pour traverser. Je me pré-
sentai et je dis au batelier de partir. L'eau était forte et la
traversée fut longue. Je n'osais presque pas adresser la

---

1. Le contact direct permet aux hommes de bien de connaître
Rousseau. Mais toute connaissance indirecte, par les rumeurs qu'on
fait circuler à son sujet, le fait méconnaître.   2. Celles que les
agents du « complot » répandent contre lui.

parole à l'invalide de peur d'être rudoyé et rebuté comme à l'ordinaire, mais son air honnête me rassura. Nous causâmes. Il me parut homme de sens et de mœurs. Je fus surpris et charmé de son ton ouvert et affable, je n'étais pas accoutumé à tant de faveur ; ma surprise cessa quand j'appris qu'il arrivait tout nouvellement de province. Je compris qu'on ne lui avait pas encore montré ma figure et donné ses instructions. Je profitai de cet incognito pour converser quelques moments avec un homme [1] et je sentis à la douceur que j'y trouvais combien la rareté des plaisirs les plus communs est capable d'en augmenter le prix. En sortant du bateau il préparait ses deux pauvres liards. Je payai le passage et le priai de les resserrer [2] en tremblant de le cabrer. Cela n'arriva point, au contraire il parut sensible à mon attention et surtout à celle que j'eus encore, comme il était plus vieux que moi, de lui aider [3] à sortir du bateau. Qui croirait que je fus assez enfant pour en pleurer d'aise. Je mourais d'envie de lui mettre une pièce de vingt-quatre sols dans la main pour avoir du tabac ; je n'osai jamais. La même honte qui me retint m'a souvent empêché de faire de bonnes actions qui m'auraient comblé de joie et dont je ne me suis abstenu qu'en déplorant mon imbécillité. Cette fois, après avoir quitté mon vieux invalide, je me consolai bientôt en pensant que j'aurais pour ainsi dire agi contre mes propres principes en mêlant aux choses honnêtes un prix d'argent qui dégrade leur noblesse et souille leur désintéressement. Il faut s'empresser de secourir ceux qui en ont besoin, mais dans le commerce ordinaire de la vie laissons la bienveillance naturelle et l'urbanité faire chacune leur œuvre sans que jamais rien de vénal et de mercantile ose approcher d'une si pure source pour la corrompre ou pour l'altérer. On dit qu'en Hollande le peuple se fait payer pour vous dire

---

1. Allusion à Diogène. Cette désignation prouve que Rousseau pense que le complot agit de telle sorte qu'il ne peut plus rencontrer personne librement, sinon quand il parvient à se promener incognito. Voir *Huitième Promenade*. **2.** « Remettre une chose en lieu sûr, d'où on l'avait tirée » (Trévoux). **3.** On dit alors indifféremment « aider quelqu'un » ou « aider à quelqu'un ».

l'heure et pour vous montrer le chemin. Ce doit être un bien méprisable peuple que celui qui trafique ainsi des plus simples devoirs de l'humanité.

J'ai remarqué qu'il n'y a que l'Europe seule où l'on vende l'hospitalité. Dans toute l'Asie on vous loge gratuitement, je comprends qu'on n'y trouve pas si bien toutes ses aises. Mais n'est-ce rien que de se dire : je suis homme et reçu chez des humains. C'est l'humanité pure qui me donne le couvert. Les petites privations s'endurent sans peine quand le cœur est mieux traité que le corps.

DIXIÈME PROMENADE

Aujourd'hui jour de Pâques fleuries [1] il y a précisément cinquante ans de ma première connaissance avec Mad. de Warens. Elle avait vingt-huit ans alors, étant née avec le siècle. Je n'en avais pas encore dix-sept [2] et mon tempérament naissant, mais que j'ignorais encore, donnait une nouvelle chaleur à un cœur naturellement plein de vie. S'il n'était pas étonnant qu'elle conçût de la bienveillance pour un jeune homme vif, mais doux et modeste, d'une figure assez agréable, il l'était encore moins qu'une femme charmante, pleine d'esprit et de grâces, m'inspirât avec la reconnaissance des sentiments plus tendres que je n'en distinguais pas. Mais ce qui est moins ordinaire est que ce premier moment décida de moi pour toute ma vie, et produisit par un enchaînement inévitable le destin du reste de mes jours. Mon âme dont mes organes n'avaient pas développé les plus précieuses facultés n'avait encore aucune forme déterminée. Elle attendait dans une sorte d'impatience le moment qui devait la lui donner, et ce moment accéléré par cette rencontre ne vint pourtant pas sitôt, et dans la simplicité de mœurs que l'éducation m'avait donnée je vis longtemps prolonger pour moi cet

---

1. Désignation usuelle du dimanche qui précède Pâques, ou dimanche des Rameaux. L'image poétique présente dans « fleuries » corrobore l'impression de célébration, de fête, qui se dégage de cette ultime rêverie. 2. En fait, pas encore seize. Né le 28 juin 1712, Rousseau a quitté Genève le 15 mars 1728 et est arrivé à Annecy le 21 mars.

état délicieux mais rapide où l'amour et l'innocence habitent le même cœur. Elle m'avait éloigné[1]. Tout me rappelait à elle, il y fallut revenir. Ce retour fixa ma destinée, et longtemps encore avant de la posséder je ne vivais plus qu'en elle et pour elle. Ah si j'avais suffi à son cœur comme elle suffisait au mien. Quels paisibles et délicieux jours nous eussions coulés ensemble. Nous en avons passé de tels, mais qu'ils ont été courts et rapides, et quel destin les a suivis. Il n'y a pas de jour où je ne me rappelle avec joie et attendrissement cet unique et court temps de ma vie où je fus moi pleinement, sans mélange et sans obstacle, et où je puis véritablement dire avoir vécu[2]. Je puis dire à peu près comme ce préfet du prétoire qui disgracié sous Vespasien s'en alla finir paisiblement ses jours à la campagne : « J'ai passé soixante et dix ans sur la terre, et j'en ai vécu sept ». Sans ce court mais précieux espace je serais resté peut-être incertain sur moi, car tout le reste de ma vie, faible et sans résistance, j'ai été tellement agité, ballotté, tiraillé par les passions d'autrui, que presque passif dans une vie aussi orageuse j'aurais peine à démêler ce qu'il y a du mien dans ma propre conduite, tant la dure nécessité n'a cessé de s'appesantir sur moi. Mais durant ce petit nombre d'années, aimé d'une femme pleine de complaisance et de douceur, je fis ce que je voulais faire, je fus ce que je voulais être, et par l'emploi que je fis de mes loisirs, aidé de ses leçons et de son exemple, je sus donner à mon âme encore simple et neuve la forme qui lui convenait davantage et qu'elle a gardée toujours. Le goût de la solitude et de la contemplation naquit dans mon cœur avec les sentiments expansifs et tendres faits pour être son aliment. Le tumulte et le bruit les resserrent et les étouffent, le calme et la paix les raniment et les exaltent. J'ai besoin de me recueillir pour aimer. J'engageai maman à vivre à la cam-

---

1. Conformément à la mission pour laquelle elle reçoit une pension du roi de Piémont, elle l'a envoyé se convertir au catholicisme à Turin.   **2.** La richesse de la vie ne se mesure pas en années mais en intensité.

pagne. Une maison isolée au penchant d'un vallon[1] fut
notre asile, et c'est là que dans l'espace de quatre ou cinq
ans j'ai joui d'un siècle de vie et d'un bonheur pur et
plein qui couvre de son charme tout ce que mon sort
présent a d'affreux. J'avais besoin d'une amie selon mon
cœur, je la possédais. J'avais désiré la campagne je
l'avais obtenue, je ne pouvais souffrir l'assujettissement
j'étais parfaitement libre, et mieux que libre, car assujetti
par mes seuls attachements, je ne faisais que ce que je
voulais faire. Tout mon temps était rempli par des soins
affectueux ou par des occupations champêtres. Je ne dési-
rais rien que la continuation d'un état si doux. Ma seule
peine était la crainte qu'il ne durât pas longtemps, et cette
crainte née de la gêne de notre situation n'était pas sans
fondement. Dès lors je songeai à me donner en même
temps des diversions sur cette inquiétude et des ressources pour en prévenir l'effet[2]. Je pensai qu'une provision de talents était la plus sûre ressource contre la
misère, et je résolus d'employer mes loisirs à me mettre
en état, s'il était possible, de rendre un jour à la meilleure
des femmes l'assistance que j'en avais reçue.

---

1. Les Charmettes, près de Chambéry. La maison existe toujours.
2. La réalisation.

ANNEXES

La Nouvelle Héloïse [1]

Saint-Preux donne à Julie des conseils pour profiter de ses lectures. Cette page résume les idées de Rousseau sur l'importance à donner à la connaissance livresque.

Moins vous aurez de lecture à faire, mieux il faudra la choisir, et voici les raisons de mon choix. La grande erreur de ceux qui étudient est, comme je viens de vous dire, de se fier trop à leurs livres et de ne pas tirer assez de leur fond ; sans songer que de tous les Sophistes, notre propre raison est presque toujours celui qui nous abuse le moins. Sitôt qu'on veut rentrer en soi-même, chacun sent ce qui est bien, chacun discerne ce qui est beau ; nous n'avons pas besoin qu'on nous apprenne à connaître ni l'un ni l'autre, et l'on ne s'en impose là-dessus qu'autant qu'on s'en veut imposer. Mais les exemples du très bon et du très beau sont plus rares et moins connus, il les faut aller chercher loin de nous. La vanité, mesurant les forces de la nature sur notre faiblesse, nous fait regarder comme chimériques les qualités que nous ne sentons pas en nous-mêmes ; la paresse et le vice s'appuient sur cette prétendue impossibilité, et ce qu'on ne voit pas tous les jours l'homme faible prétend qu'on ne le voit jamais. C'est cette erreur qu'il faut détruire. Ce sont ces grands objets qu'il faut s'accoutumer à sentir et à voir, afin de s'ôter tout prétexte de ne les pas imiter. L'âme s'élève, le cœur

---

1. Édition Gagnebin-Raymond, 1964, t. 2, p. 58-59.

s'enflamme à la contemplation de ces divins modèles ; à force de les considérer on cherche à leur devenir semblable, et l'on ne souffre plus rien de médiocre sans un dégoût mortel.

N'allons donc pas chercher dans les livres des principes et des règles que nous trouvons plus sûrement au dedans de nous. Laissons-là toutes ces vaines disputes des philosophes sur le bonheur et sur la vertu ; employons à nous rendre bons et heureux le temps qu'ils perdent à chercher comment on doit l'être, et proposons-nous de grands exemples à imiter plutôt que de vains systèmes à suivre.

Première Lettre à M. le Maréchal de Luxembourg sur la Suisse

La description d'un pays par un voyageur dépend essentiellement de son état d'esprit.

À Môtiers, le 20 janvier 1763.

Vous voulez, Monsieur le Maréchal, que je vous décrive le pays que j'habite ? Mais comment faire ? Je ne sais voir qu'autant que je suis ému ; les objets indifférents sont nuls à mes yeux ; je n'ai de l'attention qu'à proportion de l'intérêt qui l'excite, et quel intérêt puis-je prendre à ce que je retrouve si loin de vous ? Des arbres, des rochers, des maisons, des hommes mêmes, sont autant d'objets isolés dont chacun en particulier donne peu d'émotion à celui qui le regarde : mais l'impression commune de tout cela, qui le réunit en un seul tableau, dépend de l'état où nous sommes en le contemplant. Ce tableau, quoique toujours le même, se peint d'autant de manières qu'il y a de dispositions différentes dans les cœurs des spectateurs ; et ces différences, qui font celles de nos jugements, n'ont pas lieu seulement d'un spectateur à l'autre, mais dans le même en différents temps. C'est ce que j'éprouve bien sensiblement en revoyant ce pays que j'ai tant aimé. J'y croyais retrouver ce qui m'avait charmé dans ma jeunesse ; tout est changé ; c'est un autre paysage, un autre air, un autre ciel, d'autres hommes, et ne voyant plus mes Montagnons avec des yeux de vingt ans, je les trouve beaucoup vieillis. On regrette le bon temps d'autrefois ; je le crois bien : nous attribuons aux choses tout le changement qui s'est fait en nous, et lorsque le plaisir nous quitte, nous croyons qu'il n'est plus nulle part. D'autres voient les choses comme nous les avons vues, et les verront comme nous les voyons aujourd'hui. Mais ce sont des descriptions que vous me demandez, non des réflexions, et les miennes m'entraînent comme un vieux enfant qui regrette encore ses anciens jeux. Les diverses impressions que ce pays a faites sur moi à différents âges me font conclure que nos relations[1] se rapportent toujours plus à nous qu'aux choses, et que, comme nous décrivons bien plus ce que nous sentons que ce qui est, il faudrait savoir comment était affecté l'auteur d'un voyage en l'écrivant pour juger de combien ses peintures sont au-deçà ou au-delà du vrai. Sur ce principe ne vous étonnez pas de voir devenir aride et froid sous ma plume un pays jadis si verdoyant, si vivant, si riant à mon gré : vous sentirez trop aisément dans ma lettre en quel temps de ma vie et en quelle saison de l'année elle a été écrite.

Sentiments du public sur mon compte dans les divers états qui le composent[2]

Avis composé par Rousseau en 1768 et placardé à l'intérieur de sa chambre.

Les Rois et les Grands ne disent pas ce qu'ils pensent, mais ils me traiteront toujours généreusement.

La vraie noblesse, qui aime la gloire et qui sait que je m'y connais, m'honore et se tait.

---

1. *Descriptions écrites.*   **2.** Édition Gagnebin-Raymond, t. 1, p. 1183-84.

Les Magistrats me haïssent à cause du tort qu'ils m'ont fait.

Les Philosophes, que j'ai démasqués, veulent à tout prix me perdre et réussiront.

Les Évêques, fiers de leur naissance et de leur état, m'estiment sans me craindre et s'honorent en me marquant des égards.

Les Prêtres, vendus aux philosophes, aboient après moi pour faire leur cour.

Les beaux esprits se vengent en m'insultant de ma supériorité qu'ils sentent.

Le peuple, qui fut mon idole, ne voit en moi qu'une perruque mal peignée et un homme décrété[1].

Les femmes, dupes de deux pisse-froid qui les méprisent[2], trahissent l'homme qui mérita le mieux d'elles.

Les Suisses ne me pardonneront jamais le mal qu'ils m'ont fait.

Le Magistrat de Genève sent ses torts, sait que je les lui pardonne, et les réparerait s'il l'osait.

Les chefs du peuple, élevés sur mes épaules, voudraient me cacher si bien que l'on ne vît qu'eux.

Les auteurs me pillent et me blâment, les fripons me maudissent, la canaille me hue.

Les gens de bien, s'il en existe encore, gémissent tout bas de mon sort ; et moi je le bénis, s'il peut instruire un jour les mortels.

Voltaire, que j'empêche de dormir, parodiera ces lignes. Ses grossières injures sont un hommage qu'il est forcé de me rendre malgré lui.

---

1. Contre qui est lancé un décret d'arrestation.   **2.** Cette page a été rapidement connue. Le 14 janvier 1769, d'Alembert répond à Hume qui l'avait interrogé à son sujet : « Ce pourrait bien être vous et moi, comme vous le dites ; mais cela est fort peu important à approfondir... »

Émile, livre IV [1]

    Le vicaire savoyard donne des conseils spirituels à son visiteur. La bonne foi est tout le mérite auquel l'homme peut aspirer.

    Commencez par mettre votre conscience en état de vouloir être éclairée. Soyez sincère avec vous-même. Appropriez-vous de mes sentiments ce qui vous aura persuadé, rejetez le reste. Vous n'êtes pas encore assez dépravé par le vice pour risquer de mal choisir. Je vous proposerais d'en conférer entre nous ; mais sitôt qu'on dispute on s'échauffe ; la vanité, l'obstination s'en mêlent, la bonne foi n'y est plus. Mon ami, ne disputez jamais, car on n'éclaire par la dispute ni soi ni les autres. Pour moi, ce n'est qu'après bien des années de méditation que j'ai pris mon parti : je m'y tiens ; ma conscience est tranquille, mon cœur est content. Si je voulais recommencer un nouvel examen de mes sentiments, je n'y porterais pas un plus pur amour de la vérité ; et mon esprit, déjà moins actif, serait moins en état de la connaître. Je resterai comme je suis, de peur qu'insensiblement le goût de la contemplation, devenant une passion oiseuse, ne m'attiédît sur l'exercice de mes devoirs, et de peur de retomber dans mon premier pyrrhonisme, sans retrouver la force d'en sortir. Plus de la moitié de ma vie est écoulée ; je n'ai plus que le temps qu'il me faut pour en mettre à profit le reste, et pour effacer mes erreurs par mes vertus. Si je me trompe, c'est malgré moi. Celui qui lit au fond de mon cœur sait bien que je n'aime pas mon aveuglement. Dans l'impuissance de m'en tirer par mes propres lumières, le seul moyen qui me reste pour en sortir est une bonne vie, et si des pierres mêmes Dieu peut susciter des enfants à Abraham, tout homme a droit d'espérer d'être éclairé lorsqu'il s'en rend digne.

---

1. Édition Gagnebin-Raymond, 1969, t. 4, p. 630-631.

Lettre à M. de Franquières [1]

Le 15 janvier 1769, Rousseau écrit une très longue lettre à M. de Franquières, sorte de manifeste autobiographique.

[...] Vous me marquez, Monsieur, que le résultat de vos recherches sur l'auteur des choses est un état de doute. Je ne puis juger de cet état, parce qu'il n'a jamais été le mien. J'ai cru dans mon enfance par autorité, dans ma jeunesse par sentiment, dans mon âge mûr par raison ; maintenant je crois parce que j'ai toujours cru. Tandis que ma mémoire éteinte ne me remet plus sur la trace de mes raisonnements, tandis que ma judiciaire affaiblie ne me permet plus de les recommencer, les opinions qui en ont résulté me restent dans toute leur force, et sans que j'aie la volonté ni le courage de les mettre derechef en délibération, je m'y tiens en confiance et en conscience, certain d'avoir apporté dans la vigueur de mon jugement à leurs discussions toute l'attention et la bonne foi dont j'étais capable. Si je me suis trompé, ce n'est pas ma faute ; c'est celle de la nature qui n'a pas donné à ma tête une plus grande mesure d'intelligence et de raison. Je n'ai rien de plus aujourd'hui, j'ai beaucoup de moins. Sur quel fondement recommencerais-je donc à délibérer ? Le moment presse ; le départ approche. Je n'aurais jamais le temps ni la force d'achever le grand travail d'une refonte. Permettez qu'à tout événement j'emporte avec moi la constance et la fermeté d'un homme, non les doutes décourageants et timides d'un vieux radoteur. [...]

Tout ceci, Monsieur, ne vous paraît guère philosophique, ni à moi non plus ; mais toujours de bonne foi avec moi-même, je sens se joindre à mes raisonnements quoique simples le poids de l'assentiment intérieur. Vous voulez qu'on s'en défie ; je ne saurais penser comme vous sur ce point, et je trouve au contraire dans ce jugement interne une sauvegarde naturelle contre les sophismes de

---

1. Édition Leigh, n° 6529.

ma raison. Je crains même qu'en cette occasion vous ne
confondiez les penchants secrets de notre cœur qui nous
égarent, avec ce dictamen plus secret, plus interne encore,
qui réclame et murmure contre ces décisions intéressées,
et nous ramène en dépit de nous sur la route de la vérité.
Ce sentiment intérieur est celui de la nature elle-même ;
c'est un appel de sa part contre les sophismes de la raison,
et ce qui le prouve est qu'il ne parle jamais plus fort que
quand notre volonté cède avec le plus de complaisance
aux jugements qu'il s'obstine à rejeter. Loin de croire que
qui juge d'après lui soit sujet à se tromper, je crois que
jamais il ne nous trompe et qu'il est la lumière de notre
faible entendement, lorsque nous voulons aller plus loin
que ce que nous pouvons concevoir.

Et après tout, combien de fois la philosophie elle-même
avec toute sa fierté n'est-elle pas forcée de recourir à ce
jugement interne qu'elle affecte de mépriser. N'était-ce
pas lui seul qui faisait marcher Diogène pour toute
réponse devant Zénon qui niait le mouvement ? N'était-
ce pas par lui que toute l'antiquité philosophique répondait aux pyrrhoniens ? N'allons pas si loin : tandis que
toute la philosophie moderne rejette les esprits, tout d'un
coup l'Évêque Berkeley s'élève et soutient qu'il n'y a
point de corps. Bon jeune homme, qui me paraissez si
bien né, de la bonne foi je vous en conjure, et permettez
que je vous cite ici un auteur qui ne vous sera pas suspect,
celui des *Pensées philosophiques*. Qu'un homme vienne
vous dire que projetant au hasard une multitude de caractères d'imprimerie, il a vu l'*Énéide* tout arrangée résulter
de ce jet : convenez qu'au lieu d'aller vérifier cette mer-
veille, vous lui répondrez froidement ; Monsieur, cela
n'est pas impossible, mais vous mentez. En vertu de quoi,
je vous prie, lui répondrez-vous ainsi ?

Eh qui ne sait que sans le sentiment interne, il ne reste-
rait bientôt plus de traces de vérité sur la terre, que nous
serions tous successivement le jouet des opinions les plus
monstrueuses, à mesure que ceux qui les soutiendraient
auraient plus de génie, d'adresse et d'esprit, et qu'enfin

réduits à rougir de notre raison même, nous ne saurions bientôt plus que croire ni que penser.

Mon portrait [1]

Un dossier posthume de Rousseau rassemble des pages éparses à caractère autobiographique. Voici le n° 35 :

Je ne fais jamais rien qu'à la promenade, la campagne est mon cabinet ; l'aspect d'une table, du papier et des livres me donne de l'ennui, l'appareil du travail me décourage, si je m'assieds pour écrire je ne trouve rien et la nécessité d'avoir de l'esprit me l'ôte. Je jette mes pensées éparses et sans suite sur des chiffons de papier, je couds ensuite tout cela tant bien que mal et c'est ainsi que je fais un livre. Jugez quel livre ! J'ai du plaisir à méditer, chercher, inventer, le dégoût est de mettre en ordre et la preuve que j'ai moins de raisonnement que d'esprit c'est que les transitions sont toujours ce qui me coûte le plus, cela ne m'arriverait pas si les idées se liaient bien dans ma tête. Au reste mon opiniâtreté naturelle m'a fait lutter à dessein contre cette difficulté, j'ai toujours voulu donner de la suite à tous mes écrits et voici le premier ouvrage que j'ai divisé par chapitres [2].

Lettre de Rousseau à Marc-Antoine-Louis Claret de La Tourrette de Monquin, le 26 janvier 1770 [3]

Rousseau, qui a commencé à herboriser sérieusement à partir de 1764, déclare régulièrement dans les années 1770 renoncer à cette étude.

---

1. Édition Gagnebin-Raymond, t. 1, p. 1128-29.   **2.** Seul le *Contrat social* comporte cette division.   **3.** Édition Leigh, n° 6655.

> Pauvres aveugles que nous sommes !
> Ciel, démasque les imposteurs,
> Et force leurs barbares cœurs
> À s'ouvrir aux regards des hommes !

C'en est fait, Monsieur, pour moi de la botanique, il n'en est plus question quant à présent, et il y a peu d'apparence que je sois dans le cas d'y revenir. D'ailleurs, je vieillis, je ne suis plus ingambe pour herboriser, et des incommodités qui m'avaient laissé d'assez longs relâches menacent de me faire payer cette trêve. C'est bien assez désormais pour mes forces des courses de nécessité, je dois renoncer à celles d'agrément ou les borner à des promenades qui ne satisfont pas l'avidité d'un botanophile. Mais en renonçant à une étude charmante qui pour moi s'était transformée en passion, je ne renonce pas aux avantages qu'elle m'a procurés, et surtout, Monsieur, à cultiver votre connaissance et vos bontés dont j'espère aller dans peu vous remercier en personne. C'est à vous qu'il faut renvoyer toutes les exhortations que vous me faites sur l'entreprise d'un Dictionnaire de botanique dont il est étonnant que ceux qui cultivent cette science sentent si peu la nécessité. Votre âge, Monsieur, vos talents, vos connaissances vous donnent les moyens de former, diriger et exécuter supérieurement cette entreprise, et les applaudissements avec lesquels vos premiers essais ont été reçus du public vous sont garants de ceux avec lesquels il accueillerait un travail plus considérable. Pour moi qui ne suis dans cette étude ainsi que dans beaucoup d'autres qu'un écolier radoteur, j'ai songé plutôt en herborisant à me distraire et m'amuser qu'à m'instruire et n'ai point eu dans mes observations tardives la sotte idée d'enseigner au public ce que je ne savais pas moi-même. Monsieur, j'ai vécu quarante ans heureux sans faire des livres, je me suis laissé entraîner dans cette carrière tard et malgré moi : j'en suis sorti de bonne heure. Si je ne retrouve pas après l'avoir quittée le bonheur dont je jouissais avant d'y entrer, je retrouve au moins assez de bon sens pour sentir que je n'y étais pas propre, et pour perdre à jamais la tentation d'y rentrer.

Lettre de Rousseau à Carl Linné[1]

Rousseau a été un des premiers en France à s'intéresser au botaniste suédois qui a systématisé la connaissance des plantes.

À Paris le 21 septembre 1771.

Recevez avec bonté, Monsieur, l'hommage d'un très ignare, mais très zélé disciple de vos disciples, qui doit en grande partie à la méditation de vos écrits la tranquillité dont il jouit, au milieu d'une persécution d'autant plus cruelle qu'elle est plus cachée et qu'elle couvre du masque de la bienveillance et de l'amitié la plus terrible haine que l'enfer excita jamais. Seul avec la nature et vous, je passe dans mes promenades champêtres des heures délicieuses, et je tire un profit plus réel de votre *Philosophia botanica* que de tous les livres de morale. J'apprends avec joie que je ne vous suis pas tout à fait inconnu et que vous voulez bien même me destiner quelques unes de vos productions. Soyez persuadé, Monsieur, qu'elles feront ma lecture chérie et que ce plaisir deviendra plus vif encore par celui de les tenir de vous. J'amuse ma vieille enfance à faire une petite collection de fruits et de graines. Si parmi vos trésors en ce genre il se trouvait quelques rebuts dont vous voulussiez faire un heureux, daignez songer à moi ; je les recevrais, Monsieur, avec une reconnaissance, seul retour que je puisse vous offrir, mais que le cœur dont elle part ne rend pas indigne de vous. Adieu, Monsieur, continuez d'ouvrir et d'interpréter aux hommes le livre de la nature ; pour moi content d'en déchiffrer quelques mots à votre suite dans le feuillet du règne végétal, je vous lis, je vous étudie, je

---

1. Édition Leigh, nº 6891.

vous médite, je vous honore et je vous aime de tout mon cœur.

J.J. Rousseau

À Monsieur de Linné Chevalier de l'étoile polaire, etc. À UPSAL [1]

Lettre de Rousseau à la duchesse de Portland [2]

À Paris le 23 janvier 1772.

Vous devez, Madame, depuis le retour de M. le Docteur Solander, jouir dans ses précieux entretiens des relations de ses voyages et des nombreuses découvertes qu'il a faites. J'apprends qu'animé par ses succès il va braver de nouveaux périls pour étendre l'inventaire des richesses du genre humain. Qu'il est heureux de pouvoir ainsi faire le tour du globe pour le profit et l'instruction de nous autres lâches casaniers ; et s'il réussit à trouver enfin des hommes, dans quelque région lointaine qu'il ait été forcé de les aller chercher, je suis très sûr qu'il se tiendra bien dédommagé de ses peines. Ô le beau voyage, Madame la Duchesse, ô la grande et digne entreprise ! Que ne m'a-t-il pas été donné d'y pouvoir concourir à sa suite ? La moindre utilité réelle pour mes ingrats contemporains m'eût fait bientôt oublier tous les maux qu'ils m'ont faits. Ô si j'étais jeune encore, si j'étais seul... si... mais tous ces si-là ne rendent pas la chose possible, et ne font qu'augmenter mes regrets.

N'étant plus utile à rien ni pour moi ni pour les autres, j'amuse ma radoteuse enfance, par des projets vraiment dignes d'un enfant. Je me suis par exemple avisé de commencer une collection végétale de fruits et de graines de toute espèce, et au train dont il m'est permis d'aller,

---

1. Aujourd'hui Uppsala, ville suédoise célèbre par son Université. **2.** Édition Leigh, n° 6925.

cette collection pourra commencer à prendre une espèce de forme dans cinquante ou soixante ans d'ici. Cependant m'y voilà livré avec la même ardeur qu'un vieux fou de Roi d'Arménie mettait à bâtir une Ville, quand il n'aurait dû songer qu'à se bâtir un tombeau. Je me suis avisé, Madame la Duchesse, que parmi les rebuts de votre cabinet, ou ceux des trésors de botanique apportés des terres australes par M. Solander, s'il se trouvait quelque bagatelle en fruits ou en graines dont vous ne dédaignassiez pas, vous ou lui, d'enrichir mon petit trésor, ce serait une gloire dont je sentirais bien le prix d'inscrire vos noms illustres parmi ceux des donateurs qui veulent bien y contribuer. Cette indiscrétion de ma part, fût-elle éconduite, m'aura toujours valu, si elle m'attire l'honneur d'une réponse, l'inestimable bien d'apprendre par vous-même, Madame la Duchesse, de bonnes nouvelles de votre santé, et la confirmation des bontés avec lesquelles vous avez agréé quelquefois l'hommage de mon respect.

Lettre de Rousseau à Marc-Antoine-Louis Claret de La Tourrette

Rousseau choisit d'étudier la botanique pour se distraire dans sa solitude, en regrettant les querelles des botanistes de profession.

À Paris le 25 janvier 1772.

Les détails de vos herborisations et de vos découvertes m'ont fait battre le cœur d'aise. Il me semblait que j'étais à votre suite, et que je partageais vos plaisirs ; ces plaisirs si purs, si doux, que si peu d'hommes savent goûter, et dont parmi ce peu-là moins encore sont dignes, puisque je vois avec autant de surprise que de chagrin que la botanique elle-même n'est pas exempte de ces jalousies, de ces haines couvertes[1] et cruelles qui empoisonnent et

---

1. cachées.

déshonorent tous les autres genres d'étude. Ne me soup-
çonnez point, Monsieur, d'avoir abandonné ce goût délicieux ; il jette un charme toujours nouveau sur ma vie
solitaire. Je m'y livre pour moi seul, sans succès, sans
progrès, presque sans communication, mais chaque jour
plus convaincu que les loisirs livrés à la contemplation
de la nature sont les moments de la vie où l'on jouit le
plus délicieusement de soi. J'avoue pourtant que depuis
votre départ j'ai joint un petit objet d'amour-propre, à
celui d'amuser innocemment et agréablement mon oisiveté. Quelques fruits étrangers, quelques graines qui me
sont par hasard tombés entre les mains m'ont inspiré la
fantaisie de commencer une très petite collection en ce
genre. [...]

Le papier me manque pour prolonger ma lettre. Je ne
vous parle point de moi, parce que je n'ai plus rien de
nouveau à vous en dire, et que je ne prends plus aucun
intérêt à ce que disent, publient, impriment, inventent,
assurent et prouvent, à ce qu'ils prétendent, mes contemporains, de l'être imaginaire et fantastique auquel il leur
a plu de donner mon nom. Je finis donc mon bavardage
avec ma feuille, vous priant d'excuser le désordre et le
griffonnage d'un homme qui a perdu toute habitude
d'écrire et qui ne la reprend presque que pour vous. Je
vous salue, Monsieur, de tout mon cœur et vous prie de
ne pas m'oublier auprès de Monsieur et Madame de
Fleurieu.

Lettre de Rousseau à la marquise de Créqui [1]

[vers le 12 mai 1776]

Je vous entends, Madame — les Ouvriers de ténèbres
sont arrivés jusqu'à vous. On vous a prouvé que J.J. était
un méchant, ce n'est pas à lui que l'on a prouvé cela,
c'est à vous en son absence, à son insu et en grand secret.
— Ainsi la vérité escortée de la ruse, de la puissance et

---

1. Édition Leigh, n° 7082.

de leurs nombreux satellites se masque, rampe et travaille sous terre, tandis que le Mensonge seul, délaissé, trahi mais intrépide et fier l'interpelle à grands cris et marche à la face du soleil. Et cela vous paraît assez naturel pour me juger sans vouloir m'entendre, pour ne pas même daigner rompre ouvertement avec moi, pour me déchirer le cœur à loisir par les anxiétés de l'incertitude. Je veux supposer tous les flambeaux de l'évidence réunis pour me convaincre. Je veux qu'un délateur secret ne soit pas toujours un homme vil, qu'un honnête homme puisse en diffamer un autre à son insu, qu'il soit permis de se cacher de l'accusé vivant et présent pour le juger sans vouloir ni lui parler ni l'écouter. Quelques hommes du moins ont droit d'être exceptés de cette inique règle, J.J. Rousseau pouvait se flatter d'en être un et j'aurais cru qu'une amitié de vingt ans avait quelques droits à réclamer, dans le cœur de Madame de Créqui pour un homme — fût-il d'ailleurs coupable — mais qu'elle a recherché et qui du moins n'eut jamais aucun tort avec elle. Pensez-y mieux, Madame, je vous en conjure par cet amour de la vérité et de l'équité que j'ai cru voir dans votre âme. Ne vous préparez pas des regrets pour le temps où vous connaîtrez trop tard votre erreur et ne pourrez la réparer. Je vous demande une explication ; faites percer un rayon de lumières dans cet abîme de noirceurs où ma raison se perd.

Mémoire écrit au mois de février 1777,
et depuis lors remis ou montré à diverses personnes [1]

Ma femme est malade depuis longtemps, et le progrès de son mal, qui la met hors d'état de soigner son petit ménage, lui rend les soins d'autrui nécessaires à elle-même, quand elle est forcée à garder son lit. Je l'ai jusqu'ici gardée et soignée dans toutes ses maladies, la vieil-

---

1. Copié par Rousseau dans un volume de copies de lettres et publié par Corancez en 1778.

lesse ne me permet plus le même service. D'ailleurs le
ménage tout petit qu'il est ne se fait pas tout seul ; il faut
se pourvoir au dehors de choses nécessaires à la subsistance et les préparer ; il faut maintenir la propreté dans la
maison*. Ne pouvant remplir seul tous ces soins j'ai été
forcé pour y pourvoir d'essayer de donner une servante à
ma femme. Dix mois d'expérience m'ont fait sentir l'in-
suffisance et les inconvénients inévitables et intolérables
de cette ressource dans une position pareille à la nôtre.
Réduits à vivre absolument seuls et néanmoins hors d'état
de nous passer du service d'autrui, il ne nous reste dans
les infirmités et l'abandon qu'un seul moyen de soutenir
nos vieux jours. C'est de prier ceux qui disposent de nos
destinées de vouloir bien disposer aussi de nos personnes
et nous ouvrir quelque asile où nous puissions subsister,
à nos frais, mais exempts d'un travail qui désormais passe
nos forces, et de détails et de soins dont nous ne sommes
plus capables.

Du reste, de quelque façon qu'on me traite, qu'on me
tienne en clôture formelle ou en apparente liberté, dans
un hôpital ou dans un désert, avec des gens doux ou durs,
faux ou francs (si de ceux-ci il en est encore), je consens
à tout pourvu qu'on rende à ma femme les soins que son
état exige, et qu'on me donne le couvert, le vêtement le
plus simple, et la nourriture la plus sobre jusqu'à la fin
de mes jours sans que je sois plus obligé de me mêler de
rien. Nous donnerons pour cela ce que nous pouvons
avoir d'argent, d'effets et de rentes, et j'ai lieu d'espérer
que cela pourra suffire dans des provinces où les denrées
sont à bon marché et dans des maisons destinées à cet
usage, où les ressources de l'économie sont connues et
pratiquées, surtout en me soumettant, comme je fais de
bon cœur, à un régime proportionné à mes moyens.

Je crois ne rien demander en ceci qui dans une aussi
triste situation que la mienne, s'il en peut être, se refuse
parmi les humains, et je suis même bien sûr que cet arrangement, loin d'être onéreux à ceux qui disposent de mon
sort, leur vaudrait des épargnes considérables et de soucis
et d'argent. Cependant l'expérience que j'ai du système

qu'on suit à mon égard me fait douter que cette faveur me soit accordée, mais je me dois de la demander, et si elle m'est refusée, j'en supporterai plus patiemment dans ma vieillesse les angoisses de ma situation, en me rendant le témoignage d'avoir fait ce qui dépendait de moi pour les adoucir.

* Mon inconcevable situation dont personne n'a l'idée, pas même ceux qui m'y ont réduit me force d'entrer dans ces détails.

Billet circulaire [1]

À tout Français aimant encore la justice et la vérité.

Français ! Nation jadis aimable et douce, qu'êtes-vous devenus ? Que vous êtes changés pour un étranger infortuné, seul, à votre merci, sans appui, sans défenseur, mais qui n'en aurait pas besoin chez un peuple juste ; pour un homme sans [fard] et sans fiel, ennemi de l'injustice, mais patient à l'endurer, qui jamais n'a fait, ni voulu, ni rendu de mal à personne, et qui depuis quinze ans plongé, traîné par vous dans la fange de l'opprobre et de la diffamation, se voit, se sent charger à l'envie d'indignités inouïes jusqu'ici parmi les humains, sans avoir pu jamais en apprendre au moins la cause ! C'est donc là votre franchise, votre douceur, votre hospitalité ? Quittez ce vieux nom de *Francs* ; il doit trop vous faire rougir. Le persécuteur de Job aurait pu beaucoup apprendre de ceux qui vous guident, dans l'art de rendre un mortel malheureux. Ils vous ont persuadé, je n'en doute pas, ils vous ont prouvé même, comme cela est toujours facile en se cachant de l'accusé, que je méritais ces traitements indignes, pires cent fois que la mort. En ce cas, je dois me résigner ; car je n'attends ni ne veux d'eux ni de vous aucune grâce ; mais ce que je veux et qui m'est dû tout

---

1. Édition Gagnebin-Raymond, t. 1, p. 990-992.

au moins, après une condamnation si cruelle et si infa-
mante, c'est qu'on m'apprenne enfin quels sont mes
crimes, et comment et par qui j'ai été jugé !

Pourquoi faut-il qu'un scandale aussi public soit pour
moi seul un mystère impénétrable ? À quoi bon tant de
machines, de ruses, de trahisons, de mensonges pour
cacher au coupable ses crimes qu'il doit savoir mieux que
personne s'il est vrai qu'il les ait commis ? Que si, pour
des raisons qui me passent, persistant à m'ôter un droit*
dont on n'a privé jamais aucun criminel, vous avez résolu
d'abreuver le reste de mes tristes jours d'angoisses, de
dérisions, d'opprobres, sans vouloir que je sache pourquoi, sans daigner écouter mes griefs, mes raisons, mes
plaintes, sans me permettre même de parler**, j'élèverai
au Ciel pour toute défense un cœur sans fraude et des
mains pures de tout mal, lui demandant, non, peuple
cruel, qu'il me venge et vous punisse (Ah qu'il éloigne
de vous tout malheur et toute erreur !) mais qu'il ouvre
bientôt à ma vieillesse un meilleur asile où vos outrages
ne m'atteignent plus.

J.J. R.

P.S. Français, on vous tient dans un délire qui ne ces-
sera point de mon vivant. Mais quand je n'y serai plus,
que l'accès sera passé, et que votre animosité, cessant
d'être attisée, laissera l'équité naturelle parler à vos
cœurs, vous regarderez mieux, je l'espère, à tous les faits,
dits, écrits que l'on m'attribue en se cachant de moi très
soigneusement, à tout ce qu'on vous fait croire de mon
caractère, à tout ce qu'on vous [fait] faire par bonté pour
moi. Vous serez alors bien surpris ! et, moins contents de
vous que vous ne l'êtes, vous trouverez, j'ose vous le
prédire, la lecture de ce billet plus intéressante qu'elle ne
peut vous paraître aujourd'hui. Quand enfin ces Messieurs, couronnant toutes leurs bontés, auront publié la
vie de l'infortuné qu'ils auront fait mourir de douleur,
cette vie impartiale et fidèle qu'ils préparent depuis longtemps avec tant de secret et de soin, avant que d'ajouter
foi à leur dire et à leurs preuves, vous rechercherez, je

m'assure, la source de tant de zèle, le motif de tant de peine, la conduite surtout qu'ils eurent envers moi de mon vivant. Ces recherches bien faites, je consens, je le déclare, puisque vous voulez me juger sans m'entendre, que vous jugiez entre eux et moi sur leur propre production.

* Quel homme de bon sens croira jamais qu'une aussi criante violation de la loi naturelle et du droit des gens puisse avoir pour principe une vertu ? S'il est permis de dépouiller un mortel de son état d'homme, ce ne peut être qu'après l'avoir jugé, mais non pas pour le juger. Je vois beaucoup d'ardents exécuteurs, mais je n'ai point aperçu de juge. Si tels sont les préceptes d'équité de la philosophie moderne, malheur sous ses auspices au faible innocent et simple ; honneur et gloire aux intransigeants cruels et rusés.

** De bonnes raisons doivent toujours être écoutées surtout de la part d'un accusé qui se défend ou d'un opprimé qui se plaint ; et si je n'ai rien de solide à dire, que ne me laisse-t-on parler en liberté ! C'est le plus sûr moyen de décrier tout à fait ma cause et de justifier pleinement mes accusateurs. Mais tant qu'on m'empêchera de parler ou qu'on refusera de m'entendre, qui pourra jamais sans témérité prononcer que je n'avais rien à dire ?

TEXTES DES CARTES À JOUER

Rousseau a laissé 27 morceaux de carton, qui sont en fait des cartes à jouer, imprimées d'un côté et vierges de l'autre. Ces cartes, trouvées par Girardin puis remises à Du Peyrou, ont été déposées à la Bibliothèque de Neuchâtel où elles se trouvent aujourd'hui. Du côté vierge le plus souvent, mais parfois aussi au-dessus de l'impression, on y lit des notes au crayon ou à l'encre, parfois au crayon repassé à l'encre, écrites de la main de Rousseau. Il s'agit de cartes dépareillées : il y a parmi elles deux cinq de cœur, deux six de cœur et même trois huit de cœur. Elles lui ont apparemment servi de brouillon ou d'aide-mémoire à l'époque où il composait les Rêveries du promeneur solitaire. *Ces petits textes se rapportent principalement à la thématique des* Rêveries, *mais ils ne sont pas datés. Ainsi la première carte fait penser à la phrase d'ouverture de la* Septième Promenade, *et la dernière évoque un plan de composition : mais on constate que ce n'est pas celui que Rousseau a adopté, et que seuls certains titres évoquent des* Promenades *que nous pouvons reconnaître. Ces notes sont donc d'émouvantes esquisses, des traits d'inspiration de Rousseau, qui ont été très rééélaborés dans le texte rédigé.*

Le recto (R°) désigne le côté imprimé des cartes à jouer.

1. [V°] Pour bien remplir le titre de ce recueil je l'aurais dû commencer il y a soixante ans : car ma vie entière n'a guère été qu'une longue rêverie divisée en chapitres par mes promenades de chaque jour.

Je le commence aujourd'hui quoique tard parce qu'il ne me reste plus rien de mieux à faire en ce monde.

Je sens déjà mon imagination se glacer, toutes mes facultés s'affaiblir. Je m'attends à voir mes rêveries devenir plus froides de jour en jour jusqu'à ce que l'ennui de les écrire m'en ôte le courage ; ainsi mon livre si je le continue doit naturellement finir quand j'approcherai de la fin de ma vie.

2. [V°] Il est vrai que l'h[omme] le plus impassible est assujetti par son corps et ses sens aux impressions du plaisir et de la douleur et à leurs effets. Mais ces impressions purement physiques ne sont par elles mêmes que des sensations. Elles peuvent seulement produire des passions même quelquefois des vertus soit lorsque l'impression profonde et durable se prolonge dans l'âme et survit à la sensation ; soit quand la volonté mue par d'autres motifs résiste au plaisir ou

[R°] consent à la douleur ; encore faut-il que cette volonté demeure toujours régnante dans l'acte [...] car si la sensation plus puissante arrache enfin le consentement, toute la moralité de la résistance s'évanouit et l'acte redevient et par lui même et par ses effets redevient absolument le même que s'il eût été pleinement consenti. Cette rigueur paraît dure, mais aussi n'est ce donc pas par lui que la vertu porte un nom si sublime. Si la victoire ne coûtait rien quelle couronne mériterait-elle.

3. [V°] Le bonheur est un état trop constant et l'homme un être trop muable pour que l'un convienne à l'autre. Solon citait à Crésus l'exemple de trois hommes heureux, moins à cause du bonheur de leur vie que de la douceur de leur mort, et ne lui accordait point d'être un h[omme] heureux tandis qu'il vivait encore. L'expérience prouva qu'il avait raison. J'ajoute que s'il est quelque homme vraiment heureux

[R°] sur la terre, on ne le citera pas en exemple, car personne que lui n'en sait rien.

[...] mouvement pressé continu que j'aperçois m'avertit que j'existe car il est certain que la seule affection que j'éprouve alors est la faible sensation d'un bruit léger, égal et monotone. De quoi donc est-ce que je jouis : de moi. Au [...]

4. [V°] Il est vrai que je ne fais rien sur la terre, mais quand je n'aurai plus de corps je n'y ferai rien non plus, et néanmoins je serai un plus excellent être, plus plein de sentiment et de vie que le plus agissant des mortels.

5. [V°] Un moderne les apetisse à sa mesure et moi je m'agrandis à la leur.

6. [R°] Et quelle erreur p[ar] ex[emple] ne vaut mieux que l'art de discerner les faux amis quand cet art n'est acquis qu'à force de nous montrer tels tous ceux qu'on avait crus véritables.

7. [V°] Ces M[essieurs] font comme une troupe de flibustiers qui tenaillant à leur aise un pauvre Espagnol le consolaient bénignement en lui prouvant par des arguments bien stoïques que la douleur n'était point un mal.

8. [V°] Mais je ne voulus ni lui donner mon adresse ni prendre la sienne, sûr qu'aussitôt que j'aurais le dos tourné, elle allait être interrogée, et que par des transformations familières à ces Messieurs ils sauraient tirer de mes intentions connues un mal beaucoup plus grand que le bien que j'aurais désiré faire.

9. [V°] Et quand mon innocence enfin reconnue aurait convaincu mes persécuteurs, quand la vérité luirait à tous les yeux plus brillante que le soleil, le public loin d'apaiser sa furie n'en deviendrait que plus acharné ; il me haïrait plus alors pour sa propre injustice qu'il ne me hait aujourd'hui pour les vices qu'il aime à m'attribuer. Jamais il ne me pardonnerait les indignités dont il me charge. Elles seront désormais pour lui mon plus irrémissible forfait.

10. [V°] Je dois toujours faire ce que je dois, parce que je le dois, mais non par aucun espoir de succès, car je sais bien que ce succès est désormais impossible.

11. [V°] Je me représente l'étonnement de cette génération si superbe, si orgueilleuse, si fière de son prétendu savoir, et qui compte avec une si cruelle suffisance sur l'infaillibilité de ses lumières à mon égard.

12. [V°] Il n'y a plus ni affinité ni fraternité entre eux et moi, ils m'ont renié pour leur frère et moi je me fais gloire de les prendre au mot. Que si néanmoins je pouvais remplir encore envers eux quelque devoir d'humanité je le ferais sans doute, non comme avec mes semblables mais comme avec des êtres souffrants et sensibles qui ont besoin de soulagement. Je soulagerais de même et de meilleur cœur encore un chien qui souffre. Car n'étant ni traître ni fourbe et ne caressant jamais par fausseté un chien m'est beaucoup plus proche qu'un homme de cette génération.

13. [V°] Le souverain lui-même n'a droit de faire grâce qu'après que le coupable a été jugé et condamné dans toutes les formes. Autrement ce serait lui imprimer la tache du crime sans l'en avoir convaincu, ce qui serait la plus criante de toutes les iniquités.

S'ils veulent me nourrir de pain, c'est en m'abreuvant d'ignominie. La charité dont ils veulent user à mon égard, n'est pas bénéficence, elle est opprobre et outrage ; elle est un moyen de m'avilir et rien de plus. Ils me voudraient mort sans doute ; mais ils m'aiment encor mieux vivant et diffamé.

14. [V°] Et je recevrai leur aumône avec la même reconnaissance qu'un passant peut avoir pour un voleur qui après lui avoir pris sa bourse lui en rend une petite partie pour achever son chemin. Encore y a t-il cette différence que l'intention du voleur n'est pas d'avilir le passant mais uniquement de le soulager.

Il n'y a que moi seul au monde qui se lève chaque jour
avec la certitude parfaite de n'éprouver dans la journée
aucune nouvelle peine et de ne pas se coucher plus malheureux.

15. [V°] L'attente de l'autre vie adoucit tous les maux
de celle-ci et rend les terreurs de la mort presque nulles ;
mais dans les choses de ce monde l'espérance est toujours
mêlée d'inquiétude et il n'y a de vrai repos que dans la
résignation.

16. [R°] qui consultent l'intérêt avant la justice et pré-
fèrent [non] celui qui a le mieux dit mais celui qui a
soutenu le parti qui leur convient le mieux. il arrivera
comme disait le C[ardin]al Mazarin d'un état qui n'est ni
moins multiplié ni plus nécessaire qu'il sera ridicule de
ne l'avoir pas et plus ridicule encore de l'avoir.
     et demandent bien plus de flatterie que d'éloquence
celui qui parle à leur avantage à celui qui a le mieux
parlé.

[V°] M Thiroux d'Epersenn[es] rue courtauvilain, mer-
credi 10 mars de la part de M. de la Curne.

17. [V°] *Rêverie*. D'où j'ai conclu que cet état m'était
agréable plutôt comme une suspension des peines de la
vie que comme une jouissance positive.
     Mais ne pouvant avec mon corps et mes sens me mettre
à la place des purs esprits. Je n'ai nul moyen de bien
juger de leur véritable manière d'être. [1]
     Veux-je me venger d'eux aussi cruellement qu'il est
possible ? Je n'ai pour cela qu'à vivre heureux et content ;
c'est un sûr moyen de les rendre misérable[s].
     En se donnant le besoin de me rendre malheureux ils
font dépendre de moi leur destinée.

18. [V°] Je penserais assez que l'existence des êtres
intelligents et libres est une suite nécessaire de celle de

---

1. Paragraphe barré par Rousseau.

Dieu, et je conçois une jouissance dans la Divinité même hors de sa plénitude ou plutôt qui la complémente c'est de régner sur des âmes justes.

19. [V°] Ils ont creusé entre eux et moi un abîme immense que rien ne peut plus ni combler ni franchir, et je suis aussi séparé d'eux pour le reste de ma vie que les morts le sont des vivants.

Cela me fait croire que de tous ceux qui parlent de la paix d'une bonne conscience, il y en a bien peu qui en parlent avec connaissance, et qui en aient senti les effets.

S'il y a désormais quelque chance qui puisse changer l'état des choses, ce que je ne crois pas, il est très sûr au moins que cette chance ne peut être qu'en ma faveur ; car en pis plus rien n'est possible.

20. [V°] Quand j'écrivais ceci je ne pensais guère qu'on voulût ou pût jamais l'altérer, contester la fidélité de mon récit. Mais le silencieux mystère avec lequel ceux à qui je le fais aujourd'hui m'écoutent me fait assez comprendre que ce fait n'a pas échappé au travail de ces Messieurs, et j'aurais bien dû prévoir que Francueil devenu par leurs soins un des suppôts de la ligue se garderait désormais de rendre ici hommage à la vérité. Cependant elle a été si longtemps connue de tout le monde et déclarée par lui-même, qu'il me paraît impossible qu'il n'en reste pas de suffisantes traces antérieures à son admission dans le complot.

21. [V°] Je ne puis douter que Fran[cueil] et ses associés n'aient conté depuis la chose bien différemment : mais quelques gens de bonne foi n'auront pas oublié peut-être comment il la racontait d'abord et dans la suite jusqu'à ce que son admission dans le complot lui fît changer de langage.

22. [V°] Les uns me recherchent avec empressement, pleurent de joie et d'attendrissement à ma vue, m'embrassent, me baisent avec transport, avec larmes, les autres

s'animent à mon aspect d'une fureur que je vois étinceler dans leurs yeux, les autres crachent ou sur moi ou tout près de moi avec tant d'affectation que l'intention m'en est claire. Des signes si différents sont tous inspirés par le même sentiment, cela ne m'est pas moins clair. Quel est ce sentiment qui se manifeste par tant de signes contraires. C'est celui, je le vois, de tous mes contemporains à mon égard ; du reste il m'est inconnu.

23. [V°] La honte accompagne l'innocence, le crime ne la connaît plus.

Je dis tout naïvement mes sentiments, mes opinions, quelque bizarres quelques paradoxes qu'elles puissent être ; je n'argumente ni ne prouve parce que je ne cherche à persuader personne et que je n'écris que pour moi.

24. [V°] Toute la puissance humaine est sans force désormais contre moi. Et si j'avais des passions fougueuses je les pourrais satisfaire à mon aise aussi publiquement qu'impunément. Car il est clair que redoutant plus que la mort toute explication avec moi ils l'éviteront à quelque prix que ce puisse être. D'ailleurs que me feront-ils, m'arrêteront-ils c'est tout ce que je demande et je ne puis l'obtenir. Me tourmenteront-ils ; ils changeront l'espèce de mes souffrances, mais ils ne les augmenteront pas ; me feront-ils mourir ? Oh qu'ils s'en garderont bien. Ce serait finir mes peines. Maître et Roi sur la terre tous ceux qui m'entourent sont à ma merci, je peux tout sur eux et ils ne peuvent plus rien sur moi.

[R°] Mais quand ces M[e]ss[ieu]r[s] m'ont réduit à l'état où je suis ils savaient bien que je n'avais pas l'âme haineuse et vindicative : sans quoi ils ne se serai[en]t jamais exposés à ce qui en pouvait arriver.

25. [V°] Qu'on est puissant, qu'on est fort quand on n'espère plus rien des hommes. Je ris de la folle ineptie des méchants, quand je songe que trente ans de soins, de travaux, de soucis, de peines ne leur ont servi qu'à me mettre pleinement au-dessus d'eux.

26. [V°] Qu'ils disent seulement comment ils ont su toutes ces choses-là et ce qu'ils ont fait pour les apprendre, je promets s'ils exécutent fidèlement cet article de ne faire aucune autre réponse à toutes leurs accusations.

Tout me montre et me persuade que la providence ne se mêle en aucune façon des opinions humaines ni de tout ce qui tient à la réputation, et qu'elle livre entièrement à la fortune et aux hommes tout ce qui reste ici bas de l'homme après sa mort.

27. [V°]

    1. Connais-toi toi-même
----
    2. Froides et tristes rêveries
----
    3. morale sensitive
----
comment dois-je me conduire avec mes contemporain[s]

Du mensonge

Trop peu de santé
éternité des peines

Morale sensitive

CHRONOLOGIE

1712. — *28 juin* : naissance à Genève. *7 juillet* : mort de sa mère.

1720 ou **1721**. — Assiste à la revue des troupes de Saint-Gervais à Plain Palais. Est blessé par son cousin Fazy et en se battant avec Pleince.

1722. — Son père quitte Genève pour Nyon. Rousseau est mis en pension à Bossey, chez le pasteur Lambercier.

1724. — Retour à Genève. Entre en apprentissage chez le greffier Jean-Louis Masseron.

1725. — *1er mai* : entre comme apprenti chez le graveur Du Commun.

1728. — *15 mars* : Rousseau quitte Genève. Il rencontre Mme de Warens à Annecy, le dimanche 21 mars, « jour de Pâques fleuries ».

1728 *(24 mars)*-**1729** *(été)*. — Séjourne à Turin. Il abjure le protestantisme à l'hospice des Catéchumènes. Devient laquais chez Mme de Vercellis, où il accuse Marion du vol du ruban, puis chez le comte de Gouvon.

1729 *(automne)*. — Entre à la maîtrise de la cathédrale d'Annecy.

1730-1731. — Mme de Warens voyage de son côté. Rousseau donne des leçons de musique : Lausanne, Neuchâtel.

1731 *(juillet-août)*. — Voyage à pied à Paris.

1731 *(octobre)*-**1732** *(juin)*. — Employé au cadastre de Chambéry.

1732. — Enseigne la musique. Rédige une première version de *Narcisse*. Mme de Warens décide de le « traiter en homme ».

1734. — Mort de Mgr de Bernex, protecteur de Mme de Warens. Difficultés financières.

1736. — Premier séjour aux Charmettes avec Mme de Warens. Par la suite, Rousseau y reviendra souvent séjourner seul.

1737. — Il se rend à Genève pour recueillir l'héritage de sa mère. Puis il se rend à Montpellier pour se soigner. Au cours du voyage, il rencontre Mme de Larnage.

1740. — Lyon, précepteur chez M. de Mably.

1742. — Projet de notation musicale présenté à l'Académie des Sciences de Paris.

1743 *(4 septembre)*-**1744** *(22 août)*. — Secrétaire de l'ambassade de France à Venise.

1745 *(mars)*. — Début de sa liaison avec Thérèse Le Vasseur.

1745 *(septembre)*. — Représentation des *Muses galantes* chez La Poplinière. L'ouvrage se heurte à la critique de Rameau, qui fait échouer un projet de représentation à Versailles.

1745 *(octobre-novembre)*. — Rousseau adapte *Les Fêtes de Ramire* de Rameau et Voltaire pour la Cour. À cette occasion, première lettre, très courtoise, de Voltaire à Rousseau.

1746. — Secrétaire de Mme Dupin, qui prépare un livre sur le rôle des femmes dans l'histoire. Cet ouvrage ne sera jamais terminé, mais Rousseau lit et recopie beaucoup d'extraits de livres d'histoire, de droit, de théorie politique.

1746. — Naissance du premier des cinq enfants de Rousseau. Ils seront déposés aux Enfants-Trouvés.

1749. — Collabore à l'*Encyclopédie* : rédige les articles de musicologie.

1749 *(octobre)*. — Lit le sujet du prix pour le concours de l'Académie de Dijon dans le *Mercure* et rédige le *Discours sur les sciences et les arts*.

1750. — Le *Discours* est couronné par l'Académie de Dijon.

1751. — *30 avril* : lettre à Mme de Francueil où il lui expose les raisons de l'abandon de ses enfants.

1751-1752. — Publie plusieurs défenses de son *Discours*.

1752. — *18 octobre* : *Le Devin du village* est représenté avec succès devant la Cour à Fontainebleau. Rousseau refuse d'assister à une audience royale, où on doit lui accorder une pension.

1754 *(juin-septembre)*. — Voyage à Genève. Rousseau redevient protestant.

1755. — Publication du *Discours sur l'origine et les fondements de l'inégalité parmi les hommes* (autre sujet proposé par l'Académie de Dijon ; cette fois, son ouvrage n'a pas été couronné).

1756. — *10 avril* : quitte Paris pour s'établir à Montmorency.

1758. — Rédige et publie en quelques semaines la *Lettre à d'Alembert*.

1761. — Publication de *La Nouvelle Héloïse*.

1762 *(janvier-février)*. — Quatre lettres autobiographiques à M. de Malesherbes.

1762 *(mai-juin)*. — Publication du *Contrat social* puis de l'*Émile*. Cette dernière œuvre étant condamnée à Paris, Rousseau s'enfuit en Suisse, à Yverdon puis à Môtiers.

1762 *(novembre)*. — Publication de la *Lettre à Christophe de Beaumont*, pour défendre l'*Émile*.

1764. — Publication des *Lettres écrites de la montagne* pour défendre ses idées religieuses. Herborisations dans le Jura. Son éditeur d'Amsterdam, Marc-Michel Rey, l'incite à écrire les « mémoires de sa vie ».

1764. — *18 novembre* : Kirchberger suggère à Rousseau de s'installer à l'île de Saint-Pierre. « Vous connaissez la situation de l'île, au lac de Bienne ; elle est bien riante et bien solitaire, surtout au printemps et en été ; ce n'est que dans le temps des vendanges qu'on y aborde pour se divertir. Si on trouvait un logement passable et des gens accommodants sur cette île, ne pourriez-vous pas prendre le parti d'y venir demeurer pendant la belle saison ? »

1765. — *24 janvier* : Rousseau trace pour Du Peyrou le plan d'une édition complète de ses œuvres. Elle ne paraîtra pas de son vivant, mais les exécuteurs testamentaires reprendront ce plan pour l'édition posthume, publiée à Genève de 1782 à 1789.

1765 *(juillet)*. — Rousseau passe une dizaine de jours à l'île de Saint-Pierre.

1765 *(9 septembre-25 octobre)*. — Séjour à l'île de Saint-Pierre. Rousseau la quitte, chassé par le gouvernement de Berne. Il compte se rendre à Berlin puis en Angleterre.

1765 *(novembre-décembre)*. — En fait, il réside cinq semaines à Strasbourg, d'où il demande à Du Peyrou des papiers et des lettres dont il a besoin pour la rédaction de ses *Confessions*, puis il gagne Paris.

1766. — Séjour en Angleterre.

1767. — Se cache chez le prince de Conti, à Trye.

1768. — Après une période d'errance, s'installe à Bourgoin. Publication du *Dictionnaire de musique*.

1769. — À Bourgoin, épouse Thérèse civilement.

1770. — *19 avril* : *Pygmalion* est représenté à l'hôtel de ville de Lyon.

1770. — *24 juin* : il laisse des livres à Du Peyrou. Retour à Paris. Il y reprend son métier de copiste de musique.

1770 *(octobre)*. — « On ne parlait que de lui les premiers jours de son arrivée. Aujourd'hui il n'en est plus question » (lettre de Meister à Moultou).

1770 *(décembre)*-**1771**(*mai*). — Il donne plusieurs lectures de ses *Confessions*. Mme d'Épinay les fait interdire par Sartine.

1771 *(juin)*. — Il remet à l'émissaire polonais ses *Considérations sur le gouvernement de Pologne*.

1772-1773. — Il est fort occupé à ses copies de musique et à la botanique avec Jussieu et Malesherbes.

1774. — Compose une nouvelle musique pour *Le Devin du village*.

1775. — Grand succès de *Pygmalion* à la Comédie-Française.

1776. — *24 février* : il tente en vain de déposer le manuscrit des *Dialogues* sur l'autel de Notre-Dame. En confie le lendemain une copie à l'abbé de Condillac.

1776 *(avril)*. — Il confie une autre copie du manuscrit des *Dialogues* à Brooke Boothby. Il distribue dans la rue des copies manuscrites de son appel *À tout Français aimant encore la justice et la vérité*.

1776 *(juillet)*. — Il écrit à la duchesse de Portland qu'il ne fait plus de botanique.

1776. — *2 août* : Mort du prince de Conti. C'est peut-être l'événement qui pousse Rousseau à la rédaction des *Rêveries du promeneur solitaire*.

1776 *(août)*. — L'abbé Rozier dédicace un article du *Journal de physique* : *Vitam vero impendenti*.

1776 *(automne)*. — Début de la rédaction des *Promenades*.

1776. — *24 octobre* : Rousseau est renversé par un chien.

1776 *(novembre)*. — Rousseau reçoit Mme d'Ormoy, qui lui fait envoyer son roman. Fâché par la préface, il la prie de ne plus lui rendre visite.

1776. — *20 décembre* : *Le Courrier d'Avignon* annonce la mort de Rousseau.

1777. — *29 janvier* : succès de reprises du *Devin du village*.

1777 *(printemps)*. — Rédaction des *Promenades* III, IV, V. Mme Delessert témoigne que Rousseau se porte bien.

1777 *(été)*. — Rédaction des *Promenades* VI, VII. Renonce à son travail de copiste de musique. Reprend ses promenades botaniques.

1777 (hiver). — Rédaction probable des *Promenades* VIII et IX.

1777. — *31 décembre* : il remercie le comte Duprat qui lui offre l'hospitalité près de Clermont, en lui précisant qu'il ne peut entreprendre le voyage, vu la saison. « J'étais trop fait pour aimer les hommes pour pouvoir supporter le spectacle de leur haine. Ce douloureux aspect me déchire ici le cœur tous les jours, je ne dois pas aller chercher à Lyon de nouvelles plaies. Ils m'ont réduit à la triste alternative de les fuir ou de les haïr. Je m'en tiens au premier parti pour éviter l'autre. Quand je ne les verrai plus j'oublierai bientôt leur haine, et cet oubli m'est nécessaire pour vivre et mourir en paix. »

1778 *(janvier)*. — Demande des renseignements sur un jardinier qui aurait apprivoisé des hirondelles. Mme Delessert écrit à un proche que Rousseau a finalement refusé le microscope qu'il avait demandé, à cause de sa mauvaise vue : « Je ne sais ce qui a pu occasionner ce changement ; si les raisons qu'il m'a alléguées sont réelles ou si sa défiance à l'égard des hommes lui a rendu cette malheureuse disposition à l'humeur ; qui l'éloigne des hommes et s'oppose à ce qu'il connaisse aucun des plaisirs d'une mutuelle confiance. [...] Il n'est point sorti depuis plusieurs mois, le petit nombre des personnes qu'il recevait se resserre tous les jours, il est tout à fait dégoûté de l'occupation que lui fournissait la musique, et il m'a semblé que son goût pour la Botanique se ralentissait, ce qui me semble serait un malheur très grand, car ce n'est pas impunément qu'une activité comme la sienne ne serait pas employée. »

1778. — *12 avril* : date déclarée de la rédaction de la *Dixième Promenade*.

1778. — *(avril)*. — Rousseau informe l'abbé de Pramont que ses plantes sont prêtes. Le médecin Le Bègue de Presles lui suggère d'accepter l'hospitalité du marquis de Girardin, à Ermenonville, près de Senlis.

1778 *(début mai)*. — Les Girardin viennent à Paris lui renouveler cette offre. *20 mai* : départ pour Ermenonville.

1778 *(juin)*. — Un autre admirateur, le chevalier de Flamanville, lui offre un pavillon isolé dans sa propriété du Cotentin.

1778. — *2 juillet* : promenade matinale de Rousseau. Mort à Ermenonville. *4 juillet* : inhumation dans l'île des Peupliers, sur le lac du parc d'Ermenonville.

1778. — *5 septembre* : Du Peyrou écrit à Moultou qu'il a réuni « quelques cartes écrites au crayon et à moitié effacées et quelques chiffons de papier » (Leigh n° 7291).

1782 *(printemps)*. — *Les Rêveries du promeneur solitaire* paraissent dans le 3e tome des *Œuvres complètes*, publiées à Genève.

1794. — Transfert des cendres de Rousseau au Panthéon.

BIBLIOGRAPHIE

ALBES Claudia, *Der Spaziergang als Erzählmodell : Studien zu Jean-Jacques Rousseau, Adalbert Stifter, Robert Walser und Thomas Bernhard*, Tübingen, Francke Verlag, 1999.

ALFIERI Vittorio Enzo, « L'amico degli ultimi anni di Rousseau », *Scritti in honore di Salvatore Pugliatti,* vol. V, Giuffrè, 1977, pp. 57-67.

BACHELARD Gaston, *La Poétique de la rêverie*, Paris, PUF, 1960.

BACHELARD Gaston, *L'Eau et les rêves*, Paris, Corti, 1943.

BACZKO Bronislaw, *Rousseau : solitude et communauté*, Paris, Mouton, 1974.

BARDEZ Jean-Michel, *Les Écrivains et la musique au XVIIIe siècle*, Paris-Genève, Champion-Slatkine, 1980.

BARGUILLET Françoise, *Rousseau ou l'illusion passionnée*, Paris, PUF, 1990.

BATLAY J. H., « L'herbier, journal de rêveries, comme substitut d'une écriture autobiographique chez Rousseau », *Rousseau et Voltaire en 1978*, Genève-Paris, Slatkine, 1981.

BAYARD Pierre, « Écriture et espace intérieur dans les *Rêveries* », *Littératures*, 11, 1984, pp. 43-53.

BÉNICHOU Paul, *Le Sacre de l'écrivain (1750-1830). Essai sur l'avènement d'un pouvoir spirituel laïc dans la France moderne*, Paris, Corti, 1973.

BENREKASSA Georges, *Le Concentrique et l'excentrique, marges des Lumières*, Paris, Payot, 1980.

BERGSON Henri, *L'Évolution créatrice*, Paris, PUF, 1969.

BERNARDIN DE SAINT-PIERRE Jacques-Henri, *Fragments sur J. J. Rousseau*, dans *Œuvres*, 1818, vol. XII.

BOVIER Gaspard, *Journal du séjour à Grenoble de Jean-Jacques Rousseau sous le nom de Renou*, Grenoble, Roissard, 1964.

BURGELIN Pierre, *La Philosophie de l'existence de Jean-Jacques Rousseau*, Paris, Vrin, 1952.

BURGELIN Pierre, « L'unité de l'œuvre de Rousseau », *Revue de métaphysique et de morale*, n° 2, 1960, pp. 199-209.

COURTOIS Louis, « Rousseau jugé par Étienne Dumont. Pages oubliées et pages inédites », *Annales de la Société Jean-Jacques Rousseau*, XXII, 1933, p. 154-203.

CROGIEZ Michèle, *Solitude et méditation. Étude sur les* Rêveries *de Rousseau*, Champion, 1997.

DAGEN Jean, *L'Histoire de l'esprit humain dans la pensée française de Fontenelle à Condorcet*, Paris, Klincksieck, 1977.

DARNTON Robert, *Bohème littéraire et révolution. Le monde des livres au XVIIIᵉ siècle*, Paris, Le Seuil, 1983.

DE CRUE Francis, *L'Ami de Rousseau et de Necker. Paul Moultou à Paris en 1778*, Paris, 1926.

DELON Michel, « "Cesser de vivre avant de cesser d'exister". L'opposition entre vivre et exister chez Rousseau et ses successeurs », *Études Jean-Jacques Rousseau*, 1988, n° 2, pp. 69-85.

DEPRUN Jean, « Fontenelle, Helvétius, Rousseau et la casuistique du mensonge », *Fontenelle*, Actes du colloque de Rouen, 6-10 octobre 1987, publ. par A. Niderst, Paris, PUF, 1989, pp. 423-428.

DIDEROT Denis, *Essai sur les règnes de Claude et de Néron*, dans *Œuvres*, éd. L. Versini, Paris, Laffont, coll. « Bouquins », tome I, pp. 970-1251.

DORNIER Carole, « Writing The Inner Citadel : the therapeutics of the soul in Rousseau's *Rêveries du promeneur solitaire* », *Subject Matters,* éd. P. Gifford, J. Gratton, Asterdam, 2000, pp. 60-74.

EIGELDINGER Frédéric, « Le paysage suisse vu par Rousseau », *Préromantisme en Suisse ?*, Fribourg, Éditions universitaires, 1982, pp. 109-121.

EIGELDINGER Frédéric, « Le complot universel vu par Rousseau », *Nouvelle Revue Neuchâteloise*, hiver 1998, n° 60, pp. 27-33.

EIGELDINGER Frédéric, *« Des pierres dans mon jardin ». Les années neuchâteloises de J.-J. Rousseau et la crise de 1765*, Paris-Genève, Champion-Slatkine, 1992.

EIGELDINGER Marc, « J.-J. Rousseau, univers mythique et cohérence », dans *Rousseau et la réalité de l'imaginaire*, Neuchâtel, À La Baconnière, 1962.

EIGELDINGER Marc, « Les cartes à jouer de Rousseau », *Nouvelle Revue Neuchâteloise*, hiver 1998, n° 60, pp. 34-48.

EIGELDINGER Marc, édition en fac-similé du manuscrit des *Rêveries*, Genève, Slatkine, 1989.

FABRE Jean, « Le marquis de Mirabeau, interlocuteur et protecteur de Rousseau », dans *Les Mirabeau et leur temps. Actes du colloque d'Aix-en-Provence,* Paris, 1968, pp. 71-90.

FABRE Jean, « Rousseau et le prince de Conti », *Annales de la Société Jean-Jacques Rousseau*, XXXVI, 1963-1965, pp. 4-48.

FRANÇOIS Alexis, « Les provincialismes de J.-J. Rousseau », *Annales de la Société Jean-Jacques Rousseau*, III, 1907, pp. 1-67.

FRANÇON Marcel, « Rousseau et Malesherbes, nouvelles datations de quelques lettres sur la botanique », *Studi Francesi*, n° 2, 1958, pp. 15-23.

GAGNEBIN Bernard, « Voltaire a-t-il provoqué l'expulsion de Rousseau de l'Île Saint-Pierre ? », *Annales de la Société Jean-Jacques Rousseau*, III, 1943-1945, pp. 111-131.

GARAGNON Jean, « Rousseau et la genèse des *Rêveries du promeneur solitaire* : "Un événement aussi triste qu'imprévu" », *Études Jean-Jacques Rousseau*, 6, 1995, pp. 125-161.

GOLDSCHMIDT Georges-Arthur, *Jean-Jacques Rousseau ou l'esprit de solitude*, Paris, Phébus, 1987.

GOLDSCHMIDT Victor, *Anthropologie et politique : les principes du système de Rousseau*, Paris, Vrin, 1974.

GOUHIER Henri, *Les Méditations métaphysiques de Jean-Jacques Rousseau*, Paris, Vrin, 1970.

GOUREVITCH Victor, « Rousseau on lying. A provisionnal reading of the Fourth Reverie », *Berkshire Review*, 16, 1980.

GUÉHENNO Jean, *Jean-Jacques, Histoire d'une conscience*, Paris, Gallimard, nouvelle éd., 1962, 2 vol.

GUITTON Édouard, « À propos du projet "descriptif" de Rousseau dans les *Rêveries* », *Le Préromantisme, hypothèque ou hypothèse ?*, Paris, Klincksieck, 1975.

GUSDORF Georges, *La Découverte de soi*, Paris, PUF, 1948.

GUYOT Charly, *De Rousseau à Mirabeau, pèlerins de Môtiers et prophètes de 89*, Neuchâtel, Attinger, 1936.

GUYOT Charly, *Un ami et défenseur de Rousseau : Pierre-Alexandre Du Peyrou*, Neuchâtel, Ides et Calendes, 1958.

IMBERT Francis, « Éléments pour une théorie du changement chez J.-J. Rousseau », *Revue de Métaphysique et de Morale*, 1982, n° 1, pp. 82-103.

INCORVATI Giovanni, « "Seul avec la nature et vous". Le promeneur solitaire rencontre Linné et ses disciples », *Annales de la Société Jean-Jacques Rousseau*, vol. 42, 1999, pp. 281-325.

JACKSON John E., *Passions du sujet, Essais sur les rapports entre psychanalyse et littérature*, Paris, Mercure de France, 1990.

JACKSON John E., *Mémoire et subjectivité romantiques*, Paris, Corti, 1999.

Jean-Jacques Rousseau, le philosophe botaniste, catalogue de l'exposition, Ville de Montmorency, 1996.

L'AMINOT Tanguy, « Un nouveau genre littéraire : l'écriture posthume de J.-J. Rousseau », *La Carmagnole des Muses*, 1988, pp. 319-326 et 331-332.

L'Aminot Tanguy, *Images de Jean-Jacques Rousseau de 1912 à 1978*, SVEC 300, Oxford, 1992.

Lanson Gustave, « Le rôle de l'expérience dans la formation de la philosophie du XVIIIᵉ siècle », *Revue de Métaphysique et de Morale*, 1916, pp. 177-202.

Lanson Gustave, « L'unité de la pensée de Jean-Jacques Rousseau », *Annales de la Société Jean-Jacques Rousseau*, VIII, 1912, pp. 1-31.

Launay Michel, *Jean-Jacques Rousseau et son temps*, Paris, Nizet, 1969.

Le Hir Yves, *Styles*, Paris, Klincksieck, 1972.

Lecercle Jean-Louis, « Rousseau critique littéraire : "le cœur" et "la plume" », *Reappraisals of Rousseau, Studies in honour of R.A. Leigh*, Manchester UP, 1980, pp. 215-231.

Lectures des Rêveries, textes réunis et traduits par Anne Garréta, Presses Universitaires de Rennes, 1998.

Leigh Ralph A., « La mort de Jean-Jacques Rousseau : images d'Épinal et roman policier », *Revue d'Histoire Littéraire de la France*, mars-juin 1979.

Lejeune Philippe, *L'Autobiographie en France*, Paris, 1971.

Martin-Decaen André, *Le Dernier Ami de Jean-Jacques Rousseau. Le marquis René de Girardin (1735-1808)*, Paris, 1912.

Mauzi Robert, *L'Idée du bonheur dans la littérature et la pensée française au XVIIIᵉ siècle*, Paris, A. Colin, 1969.

May Georges, « Voltaire a-t-il fait une offre d'hospitalité à Rousseau ? », *Studies on Voltaire*, XLVII, 1966, pp. 93-113.

May Georges, *Rousseau par lui-même*, Paris, Le Seuil, 1961.

Mély Benoît, *Jean-Jacques Rousseau, un intellectuel en rupture*, Paris, Minerve, 1984.

Mercier Roger, *La Réhabilitation de la nature humaine (1700-1750)*, Villemomble, 1960.

Mortier Roland, « Paresse et travail dans l'introspection de Rousseau », *Rousseau and the Eighteenth Cen-*

tury, *Essays in memory of R.A. Leigh*, Oxford, The Voltaire Foundation, 1992, pp. 125-134.

MOUNIER Jacques, *La Fortune des écrits de Jean-Jacques Rousseau dans les pays de langue allemande, de 1782 à 1813*, Paris, PUF, 1980.

MOUREAU François, « Les inédits de Rousseau et la campagne de presse de 1778 », *Dix-Huitième Siècle*, 11, 1980, pp. 411-426.

MUNTEANO Basil, *Solitude et contradictions de J.-J. Rousseau*, Paris, Nizet, 1975.

O'DEA Michael, « Correspondance et autobiographie : le cas des *Rêveries du promeneur solitaire* », *Revue d'Histoire Littéraire de la France,* 1997, pp. 550-558.

O'HAGAN Timothy, « La morale sensitive de Jean-Jacques Rousseau », *Revue de Théologie et de Philosophie,* 125, 1993-4, pp. 343-357.

OSMONT Robert, « Contribution à l'étude psychologique des *Rêveries* », *Annales de la Société Jean-Jacques Rousseau*, XXIII, 1934, pp. 7-135.

OSMONT Robert, « Les théories de Rousseau sur l'harmonie musicale et leurs relations avec son art d'écrivain », dans *Jean-Jacques Rousseau et son œuvre*, Paris, Klincksieck, 1964, pp. 329-348.

OSMONT Robert, « Un événement aussi triste qu'imprévu », *Revue d'Histoire Littéraire de la France*, LXV, 1965, pp. 614-628.

OSMONT Robert, « Étude de la *Sixième Promenade* : regards psychanalytiques », *Actes du colloque international de Nice sur Rousseau et Voltaire*, juin 1978, Université de Nice, 1979.

PARENT Monique, « Une aventure stylistique. Diversité et unité dans la ''Deuxième Promenade'' des *Rêveries* de Rousseau », *Neuphilologische Mitteilungen*, t. 66, 1965, pp. 519-535.

PHILONENKO Alexis, *Jean-Jacques Rousseau et la pensée du malheur*, Paris, Vrin, 1984, 3 vol. : *Traité du mal, L'espoir et l'existence, Apothéose du désespoir*.

POULET Georges, *Études sur le temps humain*, Paris, Plon, 1949, rééd. 1972.

Pratiques de la lecture, sous la direction de Roger Chartier, Paris, Rivages, 1985 : DARNTON Robert, « Le lecteur rousseauiste et un lecteur "ordinaire" au XVIIIᵉ siècle », pp. 125-155 ; GOULEMOT Jean M., « De la lecture comme production de sens », pp. 83-99.

RAYMOND Marcel, *Jean-Jacques Rousseau. La quête de soi et la rêverie*, Paris, Corti, 1962.

Rêveries sans fin. Autour des Rêveries du promeneur solitaire, textes réunis par Michel Coz et François Jacob, Orléans, Paradigme, 1997.

RICATTE Robert, « Un nouvel examen des cartes à jouer », *Annales de la Société Jean-Jacques Rousseau*, XXXV, 1959-1962, pp. 239-262.

RICATTE Robert, *Réflexions sur les* Rêveries, Paris, Corti, 1961.

ROCHE Daniel, *Les Républicains des lettres, Gens de culture et Lumières au XVIIIᵉ siècle,* Paris, Fayard, 1988.

RODDIER Henri, *J.-J. Rousseau en Angleterre au XVIIIᵉ siècle, L'œuvre et l'homme*, Paris, Boivin, 1950.

Rousseau after 200 years, Proceedings of the Cambridge Bicentennial Colloquium, ed. by R.A. Leigh, Cambridge UP, 1982.

Rousseau and the Eighteenth Century : Essays in memory of A. A. Leigh, ed. M. Hobson, J.T.A. Leigh, R. Wokler, Oxford, The Voltaire Foundation, 1992.

ROUSSEL Jean, *Jean-Jacques Rousseau en France après la Révolution, 1795-1830*, Paris, Colin, 1972.

ROUSSET Jean, « Les difficultés de l'autoportrait », *Revue d'Histoire Littéraire de la France*, 69, 1969, pp. 540-550.

SAINT-AMAND Pierre, « Rousseau contre la science : l'exemple de la botanique dans les textes autobiographiques », *Studies on Voltaire*, 219, 1983, pp. 159-167.

STAROBINSKI Jean, *La Relation critique*, Paris, Gallimard, 1970.

STAROBINSKI Jean, *Jean-Jacques Rousseau, la transparence et l'obstacle* (1957), Paris, Gallimard, 1973.

STAROBINSKI Jean, *Le Remède dans le mal*, Paris, Gallimard, 1989.

STAROBINSKI Jean, « Rousseau, notes en marge de Montaigne », *Annales de la Société J.-J. Rousseau*, XLI, 1997, pp. 11-56.

TAYLOR Samuel S. B., « Rousseau's contemporary reputation in France », *Studies on Voltaire and the Eighteenth Century*, XXVII, 1963, pp.1545-1574.

TERRASSE Jean, « Public fictif et public réel, *Les Rêveries du promeneur solitaire* », *Revue Belge de Philologie et d'Histoire*, XLIV, 1966, pp. 925-935.

TRAHARD Pierre, *La Vie intérieure*, Paris, Boivin,1947.

TRIPET Arnaud, *La Rêverie littéraire : essai sur Rousseau*, Genève, Droz, 1979.

TRIPET Arnaud, « Rousseau et l'esthétique du paysage », *Annales de la Société Jean-Jacques Rousseau*, XL, 1992, pp. 65-81.

TRITTER Jean-Louis, sous la direction de, *Les Rêveries du promeneur solitaire*, Ellipses, 1997.

TROUSSON Raymond, *Socrate devant Voltaire, Diderot et Rousseau*, Paris, Minard, 1967.

TROUSSON Raymond, « Relire la troisième Rêverie : des mots et des mythes », *Études Littéraires*, 1991, pp. 177-193.

TROUSSON Raymond, *Dictionnaire de Jean-Jacques Rousseau*, Genève, Slatkine, 1996.

TROUSSON Raymond, *Jean-Jacques Rousseau : bonheur et liberté*, PU Nancy, coll. « Phares », 1992.

TROUSSON Raymond, *Jean-Jacques Rousseau*, Paris, Tallandier, 1988, 2 vol. : *La marche à la gloire, Le deuil éclatant du bonheur*.

TROUSSON Raymond, *Rousseau et sa fortune littéraire*, Bordeaux, Ducros, 1971, 2ᵉ éd. aug. 1977.

TROUSSON Raymond, EIGELDINGER Frédéric S., *Jean-Jacques Rousseau au jour le jour, Chronologie*, Paris, Champion, 1998.

VOISINE Jacques, *J.-J. Rousseau en Angleterre à l'époque romantique, les écrits autobiographiques et la légende*, Paris, Didier, 1956.

WYSS André, *Jean-Jacques Rousseau. L'accent de l'écriture*, Neuchâtel, À La Baconnière, coll. « Langages », 1988.

Table

ANNEXES

Composition réalisée par NORD COMPO

Achevé d'imprimer en novembre 2006 en Espagne par
LIBERDÚPLEX
Sant Llorenç d'Hortons (08791)
N° d'éditeur : 79559
Dépôt légal 1re publication : août 2001
Édition 04 - novembre 2006
LIBRAIRIE GÉNÉRALE FRANÇAISE – 31, rue de Fleurus – 75278 Paris cedex 06

31/6099/1